Reihe *Historische Perspektiven 6*

herausgegeben von
Bernd Martin, Hans-Jürgen Puhle,
Wolfgang Schieder, Gottfried Schramm
und Heinrich August Winkler

Hans-Jürgen Puhle (Hrsg.)

Lateinamerika – Historische Realität und Dependencia-Theorien

Hoffmann und Campe

1. bis 2. Tausend 1977

Gesetzt aus der Korpus Garamond-Antiqua
Umschlag Jan Buchholz und Reni Hinsch
Gesamtherstellung Süddeutsche Verlagsanstalt, Ludwigsburg
ISBN 3-455-09200-4 · Printed in Germany

Zum Geleit

»Historische Perspektiven« heißt eine neue wissenschaftliche Reihe, in der Arbeiten aus dem Bereich der Geschichte der Neuzeit erscheinen. Die Reihe wendet sich nicht nur an Spezialisten, sondern an politisch und historisch interessierte Leser überhaupt. Die Bände umfassen Fragen der inneren Entwicklung einzelner Länder wie die Beziehungen zwischen den Staaten und Machtblöcken. Ob es um gesellschaftliche Verhältnisse, um politische Systeme und Ideologien oder um internationale Konstellationen geht: Die gemeinsame Perspektive ist die Herausbildung der Welt von heute.

Die moderne Geschichtswissenschaft versteht sich immer mehr als historische Sozialwissenschaft. Ihr Hauptinteresse gilt der Erforschung von Prozessen und Strukturen. Der historische Ort einzelner Personen und Ereignisse läßt sich nur bestimmen, wenn sie in umfassende Zusammenhänge eingeordnet werden. Um der Erkenntnis dieser Zusammenhänge willen bedienen sich die Historiker zunehmend der Begriffe, Modelle und Theorien, die ihnen die systematischen Sozialwissenschaften zur Verfügung stellen. Große Bereiche der Wirklichkeit, die die traditionelle Geschichtswissenschaft lange Zeit vernachlässigt hat, sind auf diese Weise neu erschlossen worden. Das gilt besonders für Wirtschaft und Gesellschaft. Das hohe Maß an Konkretion, das der Geschichtswissenschaft eigen ist, erlaubt es ihr aber auch, allgemeine Theorien zu modifizieren. Zu der Kritik an wissenschaftlichen oder populären Deutungen historischer Vorgänge tritt somit die Auseinandersetzung mit theoretischen Erklärungsversuchen als eine neue wichtige Aufgabe der Geschichtswissenschaft. Indem die Reihe »Historische Perspektiven« vergangene Wirklichkeit aufzuklären versucht, will sie zugleich zur bewußteren Orientierung in einer Gegenwart beitragen, die durch eben diese Vergangenheit entscheidend geprägt ist.

Zum Programm der neuen Reihe gehört schließlich, daß sie weit über die deutsche Geschichte ausgreift und für eine breite Auswahl von Ländern den Wert moderner Ansätze historischer Analyse zeigen will. Im Vergleich von Zuständen und Entwicklungen in verschiedenen Ländern sieht sie eine der zentralen Aufgaben zeitgenössischer Geschichtsforschung.

Die Herausgeber

Inhalt

Anhang

Zur Einführung

Die in diesem Band vorgelegten Beiträge artikulieren ein in der internationalen sozialwissenschaftlichen Lateinamerika-Forschung weitverbreitetes Unbehagen, das sich auf das unverbundene Nebeneinander und die weitgehend noch fehlende Vermittlung zwischen weiten Bereichen der theoretischen und der empirischen Forschung bezieht. Genauer: auf die Tatsache, daß es oftmals so ist, daß die einen die Theorien entwickeln (und sich oft wenig um die Realitäten scheren), die anderen dagegen die historische oder gegenwärtige Realität aufarbeiten (und meistens nur unzulängliche theoretische Rahmen und Instrumentarien zur Verfügung haben). An sich sind sich dabei zwar in der Regel alle einig, daß dieser Zustand durch vermehrte Kooperation abgestellt werden müsse; wer sich aber je auf ein solches Unternehmen eingelassen hat, wird wissen, wie dornig der Weg ist und wie unbefriedigend oft die Ergebnisse sind. Deshalb kann man mit der Diskussion nur exemplarisch, in einem bestimmten Zusammenhang, beginnen.

In den folgenden Beiträgen ist das Verhältnis zwischen den *Dependencia*-Theorien als dem zur Zeit wohl einflußreichsten und »Schulen« bildenden Interpretationsraster der Lateinamerika-Forschung einerseits und ihren jeweiligen konkreten Entsprechungen und Überprüfungen in der »historischen Realität« andererseits thematisiert worden. Die Wortwahl »historische Realität« bedeutet nun nicht, daß die Autoren der Meinung sind, daß man eine solche als Realität problemlos habe. Was historische Realität genannt wird, ist schon aufgrund der Unvollständigkeit des überlieferten Materials eine Konstruktion von im besten Falle grobem Annäherungswert, und oft nicht einmal das. Sie ist zwar keine beliebige Konstruktion, da vergangene oder gegenwärtige soziale Tatbestände und Wirklichkeiten so etwas

wie »weiche Strukturen« (Wehler) aufweisen; sie spiegelt aber gleichzeitig immer auch das wider, was die Historiker oder die anderen Sozialwissenschaftler »tun« oder was sie für »relevant« halten. Insofern gewinnen die erkenntnisleitenden Theorien oder Erklärungshypothesen große Bedeutung für das, was die Analyse der sogenannten Realität ergibt bzw. ergeben soll.
Aber selbst wenn der Terminus »historische Realität« mit all den sich hieraus ergebenden Einschränkungen und Vorbehalten verstanden wird, lohnt die Frage, wie sich die historischen Realitäten zu den Voraussetzungen, Erklärungshypothesen und Inhalten der Dependencia-Theorien verhalten, ob sie sie in konkreten Einzelfällen bestätigen oder nicht bestätigen, und inwieweit auf der anderen Seite die Dependencia-Theorien in der konkreten und empirischen Überprüfung modifiziert und verfeinert werden müssen. Diese Fragen müssen nüchtern und im angemessenen Kontext diskutiert werden. Die Leidenschaften und das weltanschauliche Engagement, mit dem sie gelegentlich in der politischen Pamphletliteratur behandelt werden, reichen allein zu einer Klärung nicht aus. Vieles deutet darauf hin, daß es sogar schon Dependencia-Ideologen gibt, denen alles Dependenz ist, und auf der anderen Seite Anti-Dependenz-Doktrinäre, die überhaupt nichts von den Strukturen der Abhängigkeit wissen wollen. Beide wären zweifellos schlecht beraten. Die »Wahrheit« liegt zwar nicht unbedingt immer in der Mitte; sie sollte aber auf jeden Fall jeweils konkret ermittelt werden, so gut es geht.
Ökonomen, Soziologen, Politikwissenschaftler und Historiker haben – auch was »Allgemeinheit« und »Konkretheit« angeht – oft unterschiedliche Zugänge zu ihrem Forschungsgegenstand und zu dessen Bearbeitung. Von diesen Unterschieden kann man profitieren. Es sollte deshalb nicht etwa darum gehen, mittels historischer Forschung die Dependenztheorien »widerlegen« zu wollen, genausowenig wie es sinnvoll wäre, wenn die Theoretiker gegenüber der konkret ermittelten Empirie immer recht behalten wollten. Wohl aber muß sich der Anspruch der Dependenztheorien auf eine selbst für die systematischeren Sozialwissenschaften relativ umfassende Erklärungskraft und Plausibilität jederzeit an der Wirklichkeit, und sei sie rekonstruiert, messen und überprüfen lassen. Eben das ist die Absicht der hier vorgelegten Studien, die – ohne jeden Anspruch auf Vollständigkeit oder Systematik – zunächst (im ersten Teil)

einige Fragen und Perspektiven der Kritik aus historischer, politikwissenschaftlicher und wirtschaftswissenschaftlicher Sicht formulieren und dann (im zweiten Teil) an einer Reihe konkreter und sektoraler Beispiele einzelne Aspekte genauer zu überprüfen versuchen.

Auf den Abdruck der dependenztheoretischen Positionen selbst konnte verzichtet werden, da sie sich auch in Deutschland hinreichender Verbreitung erfreuen (vgl. die Literaturangaben in den Anmerkungen zum ersten Beitrag); außerdem hätten die zahlreichen Varianten einen Band für sich gefüllt. Kritisierte Positionen sind jedoch im Einzelfall jeweils ausführlicher referiert worden, wobei die gelegentlich unterschiedliche Akzentsetzung der Autoren die Breite und den Variationsreichtum der Dependencia-Theorien selbst widerspiegelt, die sich nur schwer auf patentierte Einheitsdefinitionen festlegen lassen würden. Die Beiträge dieses Bandes sind zuerst im Juni 1975 in einem internationalen Autorencolloquium im Rahmen der Arbeit des Universitätsschwerpunktes Lateinamerika-Forschung und mit Unterstützung des Zentrums für interdisziplinäre Forschung der Universität Bielefeld diskutiert worden. Die anregenden Argumente von Fernando Henrique Cardoso haben die Diskussion intensiviert; die freundschaftliche Kooperation von Johann Hellwege hat den Editionsprozeß erleichtert. Ihnen, den Teilnehmern des Colloquiums, und allen, die zur Diskussion beigetragen haben, sei herzlich gedankt.

Münster, im April 1976 Hans-Jürgen Puhle

Erster Teil
Fragen und Perspektiven der Kritik

Hans-Jürgen Puhle

Dependencia – eine Kategorie der historischen Lateinamerika-Forschung?

Dependencia heißt Abhängigkeit. Gemeint ist in diesem Zusammenhang vornehmlich die Abhängigkeit der unterentwickelten Länder von den entwickelteren. Die Dependencia-Theorien, die seit einigen Jahren die Interpretation lateinamerikanischer Zustände in den systematischeren Sozialwissenschaften, in Lateinamerika und allmählich auch in Europa, wesentlich bestimmen, wenn nicht sogar dominieren,[1] basieren auf der Grundannahme, daß Entwicklung und Unterentwicklung einander bedingende und strukturell aufeinander bezogene Teilaspekte ein und desselben kapitalistischen Weltsystems darstellen, in dem das Verhältnis zwischen den Zentren oder Metropolen und den Ländern und Gesellschaften der Peripherie durch den Begriff der Abhängigkeit definiert ist. »Abhängigkeit« wird dabei verstanden als eine Situation, »in der die Wirtschaft bestimmter Länder bedingt ist durch die Entwicklung und Expansion der Wirtschaft eines anderen Landes, der sie unterworfen ist. Das Verhältnis der Interdependenz zwischen zwei oder mehr Volkswirtschaften sowie zwischen diesen und dem Welthandel nimmt die Form der Abhängigkeit an, wenn einige Länder (die beherrschenden) in der Lage sind, zu expandieren und sich aus eigener Kraft kontinuierlich zu entwickeln, während andere (die abhängigen) das nur als Reflex dieser Expansion tun können, was entweder positive oder negative Auswirkungen auf die unmittelbare Entwicklung letzterer haben kann« (dos Santos).[2]

Die Dependenz-Theorien bilden über diese plausible und keineswegs neue Erkenntnis hinaus kein einheitliches theoretisches System. Vielfach können sie nicht einmal als Theorien angesehen werden, sondern allenfalls als vorläufige Reihungen weitgehend noch nicht verknüpfter Annahmen, Perspektiven und Begriffe, die der theoretischen Zuordnung erst noch bedürfen. Dies ist zunächst keine Schwäche, sondern ein notwendiges Durchgangsstadium der wissenschaftlichen Theoriebildung. Gerade daraus ließe sich aber auch ein zusätzliches Motiv dafür herleiten, Möglichkeiten und Grenzen des noch keineswegs voll entfalteten Dependencia-Ansatzes in bezug auf eine sehr konkrete (und vor allem auch unsystematische) Sozialwissenschaft, nämlich die Geschichtswissenschaft, zu überdenken. Denn wenn die eigentliche Theorie erst noch zu leisten ist, wie vor nicht langer Zeit in einem Aufsatz von Evers und von Wogau nachzulesen war,[3] dann wäre es doch zumindest nicht falsch, vor ihrer Fertigstellung daran zu denken, daß sie nach Möglichkeit auch und vor allem handhabbar und produktiv sein sollte für die Praxis sozialwissenschaftlicher Einzeldisziplinen.

Hier soll weder die allgemeine Theoriediskussion um die Dependencia geführt noch ihr bisheriger Stand im einzelnen referiert werden. Dazu kann auf den genannten Aufsatz aus einer im Kern marxistischen Sicht verwiesen werden ebenso wie auf die vorzügliche Zusammenfassung des Glasgower Ökonomen und Politikwissenschaftlers Philip O'Brien: »Zur Kritik lateinamerikanischer Dependencia-Theorien«,[4] sowie auf die einschlägige lateinamerikanische Dependencia-Literatur selbst, deren jeweilige individuelle Akzentuierung in der Regel auch eine Kritik jeweils anderer individueller Ausformungen ist, insbesondere bei A. Córdova und F. H. Cardoso.[5]

Auf einige wichtige Punkte einzugehen scheint jedoch zum besseren Verständnis notwendig zu sein: Die Heterogenität der Dependencia-Theorien wird vor allem in den zwei verschiedenen Traditionssträngen deutlich, in denen sie stehen: Der eine ist noch stärker geprägt von den entwicklungstheoretischen bis technokratischen Ansätzen der UN-Wirtschaftskommission für Lateinamerika (CEPAL) und strukturell-funktionalistischen Elementen der nordamerikanischen Sozialwissenschaften. Dafür stehen vor allem Osvaldo Sunkel, Celso Furtado, Aníbal Pinto, Florestan Fernandes, Aníbal Quijano und, als ein Außenseiter, der Anthropologe Darcy Ribeiro.[6] Die andere Traditionslinie ist vornehmlich marxistisch inspiriert, vertreten durch André Gunder Frank, Armando Córdova, Ruy Mauro Marini, Theotonio dos Santos und andere.[7] Beide Traditionen überschneiden sich deutlich, insbesondere in den Arbeiten über Agrarfragen und in der neueren brasilianischen Literatur, z. B.

bei Helio Jaguaribe, Octavio Ianni, Francisco C. Weffort und vor allem bei Fernando Henrique Cardoso, dessen Arbeiten m. E. neben denen Sunkels bislang am meisten zu einer operationalen Konkretheit vorgedrungen sind.[8]

Unabhängig davon, ob sie mehr oder weniger marxistisch inspiriert sind oder nicht, gibt es im Bereich dieses Gegenstandes mehr oder weniger systematische Konstruktionen. Es gibt sowohl theoretische und begriffliche Ansätze, die offen sind für empirische Modifikationen und die konkrete historische Überprüfung aufgestellter Hypothesen, als auch solche, deren *rationale* in einem stark ausgeprägten Determinismus und Monokausalismus besteht und vor ideologischen Verhärtungen und Geschichtsklitterungen nicht halt macht. Beispiele für letztere finden sich insbesondere im Werk von André Gunder Frank.[9] Zunehmende Modifikation, Kritik und Überprüfung zeigt sich etwa, und immer deutlicher, bei Cardoso, ganz besonders im Schlußkapitel des mit Faletto zusammen verfaßten Bandes »Dependencia y desarrollo en América Latina« (1969) und in neueren Aufsätzen über Klassenstruktur und Schichtungsprobleme.[10] Aber selbst hier zeigt sich lediglich, daß diese differenzierteren Dependencia-Ansätze, die für den Historiker ohne Zweifel die brauchbareren sind, zwar nicht, wie manche andere, ahistorisch oder kontra-historisch konzipiert sind, daß sie aber der historisch-konkreten Ausfüllung und der empirischen Beweisführung im einzelnen weitgehend erst noch bedürfen.

Auf der anderen Seite hat die *historische* Lateinamerika-Forschung im engeren Sinne die neueren dependenztheoretischen Ansätze, die wesentlich von Ökonomen und Soziologen entwickelt worden sind, bislang nicht rezipiert, ganz im Gegensatz zu zahlreichen Elementen und Denkfiguren aus dem Arsenal der Modernisierungstheorien, also jener Erklärungsmodelle, gegen die die Dependenz-Theoretiker wissenschaftsgeschichtlich wie politisch gerade zur Rebellion übergegangen sind.[11]

Zu einem großen Teil mag das daran liegen, daß die Lateinamerika-Historiker schon seit geraumer Zeit, selbstverständlich und ohne ein Bedürfnis nach übergreifender Theorie-Rezeption, zentrale Aspekte der lateinamerikanischen Abhängigkeit untersucht haben, deren sich die Dependenz-Theoretiker, gegen die Übermacht der nordamerikanischen Traditionen in den ökonomischen und soziologischen Disziplinen, erst mühsam versichern mußten. Die Daten und Interpretationen zur Rohstoffextraktion, zu den transatlantischen Frachtraten, zur demographischen Entwicklung und zum Profit der kolonialen Kaufleute aus der Schule von Pierre Chaunu[12], die Arbeiten von North zur Verkehrsentwicklung, von Leff über die brasilianische Wirtschaftsentwicklung im 19. Jahrhundert machen das ebenso deutlich wie etwa die Arbeiten von Womack, Kossok oder Katz, die allesamt die vielschichtige Realität der Abhängigkeit thematisiert haben, ohne ihrer spezifischen Theorie zu bedürfen.[13] Ältere Begriffe wie der der *kolonialen Situation*[14] oder der des *Imperialismus*[15] taten dabei gute Dienste und sind noch keineswegs entbehrlich. Eine Sonderstellung nehmen die Studien von Stanley und Barbara Stein ein, die einen modifizierten, historisch aufgeladenen dependenztheoretischen Ansatz mittlerer Reichweite in fruchtbarer Weise für die Bedürfnisse des Historikers operationalisiert haben, wenngleich man annehmen darf, daß die Autoren auch ohne die explizite Verwendung des Vokabulars der Dependencia-Theorie zu denselben Ergebnissen gekommen wären.[16]

Und manches, was im Rahmen der Dependenz-Theorie gelegentlich sehr umständlich formuliert wird, muß dem Historiker als Binsenweisheit erscheinen. Das gilt z. B. für viele Termini, die mit dem anspruchsvollen Adjektiv *»strukturell«* gekennzeichnet sind: *»Strukturelle Heterogenität«*[17] meint nichts anderes als das konkrete Nebeneinander unterschiedener Entwicklungsstufen in sektoralen Bereichen von Wirtschaft, Gesellschaft und Politik, empirische Gleichzeitigkeit des Ungleichzeitigen. *»Strukturelle Deformation«*[18] als Terminus für die historische Konkretheit der Abweichungen von typologischen Modellen, die zudem sehr unklar bleiben, erscheint geradezu banal. Ähnliches gilt für *»Kontinuität im Wandel«*.[19] Und daß zwar nicht alles von allem, wohl aber vieles von vielem und wichtiges von wichtigerem abhängig ist oder zumindest sein kann, daß externe und interne Faktoren, Allgemeines und Besonderes einander bedingen, ist ein gutes altes historistisches Konzept. Der Historiker weiß gewissermaßen als Handwerker, daß die Wirklichkeit heterogen, deformiert, in konkreter Weise interdependent ist. Gelegentlich mag es ihm geradezu so vorkommen, als ob manche Dependenz-Theoretiker, auf der Flucht vor Systemen und allzu linearer Modernisierungs-Eurhythmie, sich anschickten, die historische Wirklichkeit zu entdecken; und manchmal mag er sogar den Eindruck haben, daß sie dabei

womöglich mit etwas zu weitsichtigen Brillen noch ungeschickt hantierten.
Die hinter diesem Eindruck stehende Realität resultiert zum einen sicherlich (und weltweit) aus der Unterentwicklung interdisziplinärer Kooperation in den Sozialwissenschaften (zu denen hier auch die Geschichte gerechnet wird). Für die sozialwissenschaftliche Lateinamerika-Forschung in der Bundesrepublik Deutschland kommt daneben noch erschwerend hinzu, daß sie außerhalb der etablierten älteren Forschungstraditionen in der Ethnologie, Geschichtswissenschaft und Geographie auch nach 1945 noch jahrzehntelang im internationalen Vergleich recht wenig zu bieten hatte und interessante, weiterführende Fragestellungen und Projekte durchweg vermissen ließ – im Unterschied etwa zu der zwar weniger aus öffentlichen Mitteln geförderten, aber m. E. produktiveren Forschung in Großbritannien. Entsprechend ist lange Zeit hindurch insbesondere die noch junge Lateinamerika-Soziologie in der BRD vor allem durch eine gewisse Unsicherheit ihrer Konzepte und durch modisch aufeinander folgende Wellen eines im Ganzen nicht sonderlich schöpferischen Theorie-Imports gekennzeichnet gewesen, dessen letzte Nuancen bislang die Dependencia-Ansätze waren, die von den unterschiedlichsten wissenschaftstheoretischen Positionen her rezipiert werden konnten. Der konzeptionellen Flexibilität entsprach außerdem das weitgehende Fehlen einer Vermittlung zwischen theoretischer und empirischer Arbeit, zwischen Modellkonstruktion und konkreter Kontrolle am Material. Auf der einen Seite wurden so weltumspannende Theoreme – z. B. zum »peripheren Kapitalismus« – entwickelt, denen die historische Absicherung fehlte; auf der anderen Seite hat es einige orientierungs- und perspektivenlose Fliegenbeinzählerei, oft mit sehr fragwürdigen Methoden, gegeben.

Für den hier zur Debatte stehenden Zusammenhang bedeutet das, daß die Dependencia-Theorien in der westdeutschen sozialwissenschaftlichen Lateinamerika-Forschung nicht nur Mode werden konnten wie anderswo auch, sondern daß sie – aufgrund der größeren Bereitschaft zu unkritischer Rezeption und aufgrund des Mangels konkreter Überprüfungsmöglichkeiten und handfester Modifikationen – hier eine größere Breitenwirkung erreichten als in irgendeinem anderen Land außerhalb Lateinamerikas. Gleichzeitig sind aber nur wenige Vorausset-

zungen zu jener schöpferischen Anwendung und Weiterentwicklung vorhanden gewesen, die in der lateinamerikanischen, angelsächsischen oder französischen Forschung inzwischen begonnen haben.
Auf der anderen Seite läßt sich die Expansion und Durchsetzungsfähigkeit des Dependencia-Ansatzes freilich nicht nur als ein modisches Phänomen erklären. Als Gegenschlag gegen den »Wissenschaftsimperialismus« der Europäer und Nordamerikaner im allgemeinen und die Modernisierungs- und Entwicklungstheorien der Weltbank oder der UN-Wirtschaftskommission für Lateinamerika (CEPAL) im besonderen hat er durchaus seine historische Berechtigung. Er entsprach einem zentralen Bedürfnis der Lateinamerikaner, die Entwicklung der Welt und die Unterentwicklung ihres Subkontinents geographisch, ökonomisch und politisch *aus ihrer Sicht* zu interpretieren und in ihrem eigenen Interesse nach Entwicklungsstrategien zu suchen.
Deshalb und aufgrund des allgemeinen und umfassenden Anspruchs des Dependencia-Ansatzes scheinen mir die Fragen wichtig, berechtigt und des Nachdenkens wert zu sein, ob

1. die Dependencia-Theorien auch einen analytischen Rahmen für eine Geschichtswissenschaft abgeben können, die sich versteht als eine konkrete, kritische, weitgehend vom Vergleich und von Typologisierungen und deren konkreten Modifikationen profitierende, durchaus auch theoriehaltige Sozialwissenschaft, und
2. ob mithin Dependencia eine geeignete *Kategorie* der auf Lateinamerika bezogenen historischen Wissenschaft sein kann.

Dazu wäre aufzuzeigen,

1. wo die Stärken und Schwächen des Dependencia-Ansatzes in bezug auf Gegenstände und methodische Erfordernisse der Geschichtswissenschaft liegen,
2. wie ein solcher Ansatz eventuell modifiziert oder ergänzt werden müßte, und
3. welches, wenn nein, die Alternativen sein könnten.

Der Begriff der Dependenz ist insgesamt immer noch zu wenig operationalisiert und konkret gemacht worden. Er steht gelegentlich noch für das »System« der Systemtheoretiker oder die »Totalität« bei Marx und Engels. Als ein neues Paradigma wissenschaftlicher Analyse, wenn auch mit uraltem Inhalt, hat er zweifellos hervorragende wissenschaftspolitische und in Lateinamerika auch erhebliche allgemeinpolitische Bedeutung. In vieler Hinsicht hat er durchaus die Funktion eines politischen Kampfbegriffs, ähnlich wie die Begriffe: *Imperialismus* oder *Faschismus.*[20] Sein Frontalangriff gegen die erstarrte, harmonisierende, in der Regel auf Wachstumsraten fixierte Evolutionsmechanik und die linearen und plumpen Vereinfachungen halbwegs dogmatisierter Modernisierungstheorien hat ohne Zweifel auch frischen Wind in die wissenschaftlichen Diskussionen gebracht, wenngleich man sich allzuoft fragen muß, ob es weise ist, mit den Verirrungen der Modernisierungstheorie auch deren brauchbare Ansätze zu verwerfen.[21]

So ist es sicher gerechtfertigt, die beliebten Pauschalierungen von »traditionaler Gesellschaft« vs. »moderner Gesellschaft« wegen mangelnder Produktivität aufzugeben. Es erweist sich jedoch immer noch als äußerst fruchtbar, im Rahmen eines entwicklungstheoretischen Ansatzes *traditionale* und *moderne Elemente* in derselben konkreten Gesellschaft zu unterscheiden und jeweils auf ihr entwicklungsförderndes, entwicklungshemmendes oder status quo-bewahrendes Potential hin zu untersuchen. Voraussetzung dafür ist allerdings eine konkrete, auch inhaltliche Definition von *Entwicklung*, die nicht bloß formal ist, sowie die Anerkenntnis, daß unter Umständen auch traditionale Elemente gelegentlich entwicklungsfördernd und moderne entwicklungshemmend sein können, und daß manches, wie z. B. der Nationalismus in Lateinamerika, mehreres gleichzeitig sein kann.[22]

Es ist zweifellos ein Verdienst, gegenüber den abstrakt bleibenden Formeln der Wachstumsraten, des per capita income oder der Kommunikationsintensität wieder die Frage nach dem emanzipatorischen Potential des technologischen Fortschritts aufgeworfen und die Mechanismen von Ausbeutung, Herrschaft, induzierter Gewalt und Imperialismus stärker in den Vordergrund gestellt zu haben. »Entwicklung« in diesem Zusammenhang aber im Kern nur als grundlegende Aufhebung der Widersprüche im Produktionsbereich zu begreifen, würde mir genauso abstrakt und zu eng erscheinen wie z. B. die Formel von der Entwicklungskapazität als der *kreativen Problemlösungskapazität* ihrerseits zu abstrakt und zu weit ist.[23] Mir scheint, daß man über das formal bleibende hinauskäme mit einer vorläufigen Definition von immer *relativer* und *sektoral bezogener Entwicklung*, die etwa folgende Elemente mindestens enthalten müßte:

- Verbesserung der materiellen Lebensbedingungen und der politischen Partizipationschancen,
- Vergrößerung der Freiräume für einzelne und für Gruppen,
- zunehmende Absicherung politischer, sozialer und wirtschaftlicher Autonomie.

Es ist auch ein Verdienst der Dependencia-Ansätze, daß sie die enge Verflochtenheit von *innerer* Situation einer Gesellschaft und *äußerer* Beeinflussung oder Beherrschung gegenüber einigen wissenschaftlichen Isolierungstendenzen wieder betont haben. Manche Theoretiker laufen allerdings Gefahr, die imperialistische *Penetration*, die in einer konkreten Stellenwertzuordnung in der Tat in den meisten und wichtigsten Fällen als *der wesentliche* Unterentwicklung konstituierende Faktor nachgewiesen werden kann, von vornherein zum *einzigen* Bestimmungsfaktor zu erklären, was dann die Perspektive erheblich einengt. Die Tatsache, daß das die Peripherie ausbeutende Spanien z. B. im 18. Jahrhundert eher als Anhängsel seines Imperiums angesehen werden muß und unter den europäischen Mächten der Metropole selber Peripherie war, müßte ebenso Platz in einem dependenztheoretischen Ansatz haben können wie die Feststellung, daß sich entscheidende Entwicklungsdifferenzen zwischen Anglo- und Lateinamerika aus den zeitlich, konjunkturell, politisch und sozial verschiedenen Bedingungen der kolonialen Eroberung ergeben haben. Der Begriff des *einheitlichen* und *von Anfang an* kapitalistischen Weltsystems wäre hier erheblich zurechtzurücken. Vorkapitalistische und spätfeudale Elemente der Herrschaftsstrukturen, z. B. im hacienda-System, im Warenhandel und Indianerschutz, in Konsumtions- und Investitionsgewohnheiten, usw., wären genauer herauszuheben.[24]

Vor allem aber wäre es wichtig, weniger tautologisch als bisher und konkreter anzugeben, was *im einzelnen* die dependenten Länder dependent macht und warum, im Detail, Lateinamerika heute unterentwickelt, abhängig und schwach ist. Diese Frage markiert für mein Verständnis gleichzeitig die zentralen Gegenstände nicht nur für die Sozialwissenschaften im allgemeinen, sondern auch für die Wissenschaft von der Geschichte Lateinamerikas. Sie hilft Problemfelder abstecken, die Stellenwertzuordnungen erlauben und Antworten darauf vorbereiten, welche Faktoren in welchem Maße mit welchen anderen zusammenhängen. Dabei erweist es sich als notwendig, die verkappte Tautologie der Dependencia aufzuschlüsseln, zu sektoralisieren, aspekthaft zu behandeln, gewissermaßen in ihre Einzelteile zu zerlegen, ein Verfahren, das außerdem auch noch von der Eigenart historischer Methode diktiert wird, allenfalls mit Theorien und Typisierungen *mittlerer*, aber nicht großer Reichweite arbeiten zu können.

Auch dabei erweisen sich die ökonomischen Seiten der Abhängigkeit in der Regel als am stärksten wirklichkeitsmächtig. Ihre *Vermittlungs*mechanismen in den sozialen und politischen Bereich hinein sind jedoch wesentlich komplexer, als die noch verhältnismäßig groben politökonomischen Raster der Dependenz-Theoretiker bisher ermittelt haben. Und neben der je aktuellen Einwirkung der entwickelteren Metropolen auf die Peripherieländer sind auch *interne* Faktoren umfassend zu analysieren, bei denen es sich meistens um internalisierte Überreste und Folgen früherer externer Einwirkung handelt (Stichwort: Koloniale Situation).

Zu den zentralen Problemkreisen gehören in diesem Zusammenhang neben Komplexen, die von den Dependenz-Theorien thematisiert worden sind wie: Weltmarktabhängigkeit und Binnenmarkt- und Verkehrsentwicklung, Kapitalabzug, Importsubstitution und Technologie-Transfer auch andere, die noch nicht gebührend behandelt wurden. Und selbst für die ersteren glaubt der Historiker gelegentlich mit den besser handhabbaren Begriffen: Imperialismus, koloniale Situation, Neokolonialismus (etwa im Sinne von Frantz Fanon und Stanley Stein) besser arbeiten zu können als mit dem der Abhängigkeit.[25]

Neben den auf Importsubstitution abzielenden *Industrialisierungstechniken* des 20. Jahrhunderts, dem *Wechsel der imperialistischen Agenturen* von Spanien zu England und dann zu den USA, bzw. heute auch zu den multinationalen Konzernen – ein Wechsel, der manche Dependenz-Theoretiker in Periodisierungsschwierigkeiten gebracht hat[26] – und neben den *Motiven* der Veränderung im *Interventionsstil* der United Fruit Company um die Jahrhundertwende und ITT heute wäre hier, im Zusammenhang mit einer genaueren Analyse der sozialen *Schichtung* unter dem Druck der Abhängigkeit, insbesondere auch die *Rolle der Staatsmacht* im abhängigen Land genauer zu untersuchen, die sich in den letzten 50 Jahren oftmals in dem

Maße verändert hat, in dem den traditionellen oligarchischen Eliten die Kontrolle entglitten ist. Marcos Kaplan hat zu diesem Komplex einige anregende Studien vorgelegt. Und auch die Überlegungen von F. H. Cardoso, die wesentlich stärker von Max Weber und Gramsci als etwa von Marx inspiriert worden sind, könnten hier weiterführen.[27] Besonders wären im einzelnen die konkreten Grenzen eines militärisch oder technokratisch verwalteten *Etatismo* aufzuzeigen, der zwar das Entwicklungspotential erhöhen, aber nicht im Alleingang Dependencia insgesamt abschaffen kann, es auf absehbare Zeit im sozialen Bereich nicht einmal könnte, selbst wenn er es im ökonomischen fertigbrächte. Wenn man weiß, daß die Außenhandelsabhängigkeit Mexicos von den USA in der Vergangenheit durchweg 65 % und mehr betrug gegenüber einem lateinamerikanischen Durchschnitt von etwa 35 %, dann versteht man die Genugtuung des Präsidenten Echeverría besser, diesen Anteil in zwei Jahren, und trotz einer erheblichen Bevölkerungszunahme, von 63 % auf 60 % reduziert zu haben im Rahmen einer sehr sophistisch formulierten Strategie der »Diversifizierung der Abhängigkeit«, die der vom vorrevolutionären Porfiriat proklamierten Zielsetzung einer »Diversifizierung des Imperialismus« durchaus entspricht.[28]

In einer Reihe von Zusammenhängen tritt Abhängigkeit sehr *vermittelt* und in bestimmter Weise *tradiert* in Erscheinung: Das gilt insbesondere für alle Faktoren, die mit den aus der kolonialen Situation überkommenen Institutionen und Verhaltensweisen, der über die Unabhängigkeit hin andauernden Elitenkontinuität und der traditionellen *politischen Kultur* der lateinamerikanischen Länder zusammenhängen. Dazu gehören u. a. die chronische und strukturelle *Schwäche von Institutionen*, caudillismo, Herrschaftsteilungs- und Patronagegewohnheiten, rhetorische Formalisierung anstelle rationaler Effizienz, mangelnde Kreativität in bezug auf die Regelung sozialer Beziehungen, nationale Desintegration, irrationale Konsumgewohnheiten, traditionale Gesellungsformen, Sozialisations- und Bewußtseinsinhalte mit veränderungsfeindlicher Tendenz. Insbesondere der Bereich der Sozialisation wäre hier gründlicher Untersuchungen wert.[29]

Die Schwierigkeiten geplanter Reformpolitik hängen mit diesen Faktoren ebenso zusammen wie die Lösung der Probleme nachrevolutionärer Stabilisierung und Konsolidierung, die in

einem konsistenten Vergleich etwa zwischen Mexico, Argentinien, Bolivien und Cuba deutlicher zu machen wären als bisher.[30] Dabei müßten die Variablen vor allem im Bereich der Prioritätenskala der Entwicklungs*ziele* zwischen Partizipation, Mobilisierung und Emanzipation einerseits und den Erfordernissen ökonomischer Konsolidierung andererseits wie auch im Vergleich des unterschiedlichen Transformationspotentials von Institutionen, alten und neuen Eliten und Trägergruppen aufgesucht werden. Die Frage nach der *»nationalen Bourgeoisie«* und den Motiven z. B. des *radicalismo,* nach dem Klassenbewußtsein von Mittel- und Unterklassen ist dabei ebenso wichtig wie etwa die nach der Dauerkrise nationalrevolutionärer oder populistischer Bewegungen und nach der offenkundigen Unattraktivität des orthodoxen Kommunismus in Lateinamerika. Ganz zentral ist auch das Problem des Konflikt- und des Kompromißpotentials einzelner Gruppen und das der Chancen und Grenzen von Klassenbündnissen und Koalitionen, insb. zwischen Militärs und Nichtmilitärs und zwischen städtischen und ländlichen Gruppen und ihren Organisationen.
Diese Aufzählung ließe sich noch fortsetzen. Bei der Behandlung der erwähnten Problemkreise kann teilweise auf einige der schon genannten historischen Arbeiten zurückgegriffen werden, teilweise auch auf eine ganze Reihe soziologischer, ökonomischer oder politikwissenschaftlicher Arbeiten aus den 50er und 60er Jahren, die ja keineswegs alle den vereinfachten Ideologien des *Desarrollismo* verfallen gewesen sind, selbst wenn ihnen eine explizite Theorie von Unterentwicklung und Dependenz noch gefehlt hat. Man denke z. B an die bedeutenden Beiträge von J. L. de Imaz, T. di Tella, C. Veliz, J. Nun, V. Urquidi, O. Paz, V. Alba, oder speziell für Zentralamerika J. J. Arevalo, J. Bosch, G. Toriello, A. Bauer Paíz und viele andere.[31]
Viele der hier aufgeworfenen Fragen werden jedoch in diesen schon geleisteten Vorarbeiten ebensowenig eine Antwort finden wie in den Beiträgen der vom Konzept der *Dependencia* inspirierten Forschung auf dem derzeitigen Stand ihrer Entwicklung. In vielen, mitunter ganz zentralen Untersuchungsbereichen sind die jeweils angemessenen interdisziplinären Forschungsstrategien erst noch zu entwickeln. Und es scheint offensichtlich, daß auch die Dependenz-Theorien in diesem Prozeß ihren Beitrag leisten, ihren Nutzen erweisen und ihren festen Ort haben können. Mir erscheint jedoch die Forderung

gerechtfertigt, daß sie dazu noch wesentlich konkreter und stärker empiriebezogen werden müssen, als sie es bisher gewesen sind, und zwar auch um den Preis von dann sicherlich notwendigen, möglicherweise in Teilbereichen sogar wesentlichen Modifikationen ihrer operationalen Ausgangshypothesen.

Die speziellere Frage im Hinblick auf die Geschichtswissenschaft, die sich mit Lateinamerika beschäftigt, ob denn Dependencia eine sinnvolle *Kategorie* auch für die konkreten Analysen historischer Lateinamerika-Forschung sein könne oder nicht, muß demgegenüber m.E. etwas zurückhaltender beantwortet werden. Dependencia, Abhängigkeit und die durch sie im Laufe von fast fünfhundert Jahren bewirkten Konstellationen sind zentrale, wahrscheinlich sogar *die zentralen Gegenstände* der historischen ebenso wie aller sozialwissenschaftlichen Lateinamerika-Forschung, die im einzelnen empirisch aufgeschlüsselt werden müssen. Dependencia weist auch in Richtung auf eine sehr wichtige *Perspektive* der damit zusammenhängenden Analysen, wenngleich die Gefahr bestehen bleibt, daß eine allzugroße Fixierung auf »Dependencia« im Bereich der Politik u.U. das konkrete Handlungspotential der Akteure verringert. Die Erfordernisse der Methoden der Geschichtswissenschaft und die Prioritäten der Gegenstände des Interesses lassen aber das Konzept der Dependencia als Kategorie der historischen Lateinamerika-Forschung vor allem deswegen weder sonderlich geeignet noch sonderlich notwendig erscheinen, weil sehr viele Aspekte der Abhängigkeit durchaus durch konkretere und handfestere Kategorien ersetzbar sind, die oft eine genauere Überprüfung erlauben, ohne deshalb den Weg zur Theoriebildung mittlerer Reichweite zu verbauen.
Mit der Realität der Dependenz in der Sache, im Gegenstand, hat es auch der Lateinamerika-Historiker auf Schritt und Tritt zu tun. Ob er aber – bei aller Theoriebedürftigkeit der Geschichtswissenschaft – bei deren Analyse wesentlich weiter kommt, wenn er die Dependenztheorien auf dem gegenwärtigen Stand ihrer Entfaltung aus den systematischen Sozialwissenschaften übernimmt, scheint mir dagegen doch sehr fraglich.

Anmerkungen

1 Vgl. in Deutschland vor allem die von Dieter Senghaas herausgegebenen Aufsatzsammlungen: Imperialismus und strukturelle Gewalt. Analysen über abhängige Reproduktion, Frankfurt 1972, und: Peripherer Kapitalismus. Analysen über Abhängigkeit und Unterentwicklung, Frankfurt 1974 sowie Armando Córdova u. Héctor Silva Michelena. Die wirtschaftliche Struktur Lateinamerikas, Frankfurt 1969 und Armando Córdova, Strukturelle Heterogenität und wirtschaftliches Wachstum, Frankfurt 1973; im französischen und italienischen Sprachraum: Samir Amin, L'accumulation à l'échelle mondiale, Paris 1971[2]; ders., Le Développement Inegal, Paris 1973; Giovanni Arrighi, Sviluppo Economico e Sovrastrutture in Africa, Torino 1969; im englischsprachigen Bereich die Sammlungen: Frank Bonilla u. Robert Girling Hg., Structures of Dependency, MS Institute of Political Studies, Stanford Univ. 1973; David E. Stansfield u. a. Hg., Dependency and Latin America. A Workshop, CEDLA, Amsterdam 1974. Zu Genesis, allmählicher Entfaltung und Diversifizierung der Dependenztheorien vgl. nach den wesentlich von Paul A. Baran (z. B.: Unterdrückung und Fortschritt, Frankfurt 1969) inspirierten, noch sehr »rohen« und polemischen Anfängen bei André Gunder Frank, Capitalism and Underdevelopment in Latin America, N. Y. 1967[1], 1969[4], deutsch: Frankfurt 1968; ders., Latin America. Undervelopment or Revolution, N. Y. 1969; ders., Lumpenbourgeoisie et lumpen-développement, Paris 1971 (span. Original Santiago 1970); ders. u. a., Economía política del subdesarrollo en América Latina, Buenos Aires (Bs.As.) 1970, vor allem die dependenztheoretischen »Klassiker«: Celso Furtado, Teoría y política del desarrollo económico, México (1968) 1972[4]; ders., La economía latinoamericana desde la conquista iberica hasta la revolución cubana, México (1969) 1971[2]; Hélio Jaguaribe – Aldo Ferrer – Miguel S. Wionczek – Theotonio dos Santos, La dependencia político – económica de América Latina, México (1970) 1971[3]; Osvaldo Sunkel u. Pedro Paz, El subdesarrollo latinoamericano y la teoría del desarrollo, México (1970) 1971[2]; Fernando Henrique Cardoso, Ideologías de la burguesía industrial en sociedades dependientes. Argentina y Brasil, México 1971; ders. u. Enzo Faletto, Dependencia y desarrollo en América Latina, México (1969) 1971[4]; sowie Armand Mattelart u. a., La ideología de la dominación en una sociedad dependiente, Bs. As. 1970 u. zahlreiche Artikel von C. Furtado, O. Sunkel, Th. dos Santos u. F. H. Cardoso (vgl. die ausführliche Bibliographie in Senghaas Hg., Imperialismus, 379–403). Zur kritischen Auseinandersetzung vgl. zunächst Richard F. Behrendt, Die Zukunft der Entwicklungsländer als Problem des Spätmarxismus, futurum 4, 1970, 574–616; Joseph Hodara, La dependencia de la dependencia, Aportes 21, 1971, 6–15; Tilmann Tönnies Evers u. Peter v. Wogau, »dependencia«: lateinamerikanische Beiträge zur Theorie der Unterentwicklung, Das Argument H. 79, 1973, 404–54; neuerdings vor allem Ronald H. Chilcote u. Joel C. Edelstein, Alternative Perspectives of Development and Underdevelopment in Latin America, in: dies. Hg., Latin America: the struggle with dependency and beyond, N. Y. 1974, 1–87, Robert R. Kaufman u. a., A Preliminary Test of The Theory of Dependency, Comparative Politics 7, 1975, 303-30 u. Philip J. O'Brien, A critique of Latin American theories of

dependency, in: Ivar Oxaal u. a. Hg., Beyond the sociology of development, London 1975, 7–27, dt. in diesem Band, 33–60

2 Theotonio dos Santos, Über die Struktur der Abhängigkeit (1970), in: Senghaas Hg., Imperialismus, 243–57, hier 243.

3 Evers u. v. Wogau, bes. 446–48.

4 In diesem Band, 33–60

5 Vgl. z. B. Córdova, Heterogenität, 55–107, 108–67; Cardoso u. Faletto, 11 ff., 22 ff., 130 ff., 161 ff.

6 Vgl. Sunkel u. Paz; Osvaldo Sunkel, Transnationale kapitalistische Integration und nationale Desintegration: Der Fall Lateinamerika (1970), in: Senghaas Hg., Imperialismus, 258–315; ders., Política nacional de desarrollo y dependencia externa, Estudios Internacionales 1, 1967, 43–75; ders., The Structural Background of Development Problems in Latin America, Weltwirtschaftliches Archiv 97, 1966, 22–63; Celso Furtado, Teoría; ders., Economía; ders., Dialéctica del desarrollo. Diagnóstico de la crisis del Brasil, Rio de Janeiro 1965; ders., Développement et sous-développement, Paris 1966; ders., La concentración del poder económico en los Estados Unidos y sus reflejos en la América Latina, Bs.As. 1969; ders., Externe Abhängigkeit und ökonomische Theorie (1971), in: Senghaas Hg., Imperialismus, 316–34; ders., Unterentwicklung und Abhängigkeit. Eine globale Hypothese (1952), in: Senghaas Hg., Kapitalismus, 159–65; Aníbal Pinto, Aspectos políticos del desarrollo económico latinoamericano, Revista Económica Latinoamericana 17, 1965, 71–123; ders., El modelo del desarrollo reciente de la América Latina, El Trimestre Económico 38, 1971, 477–98; Florestan Fernandes, The Meaning of Military Dictatorship in Present Day Latin America, MS Columbia Univ. N.Y. 1970; ders., Muster der externen Beherrschung in Lateinamerika, in: Jürgen Gräbener Hg., Klassengesellschaft und Rassismus, Düsseldorf 1971, 295–311; ders., Rassenbeziehungen in Brasilien: Mythos und Wirklichkeit, in: Celso Furtado Hg., Brasilien heute, Frankfurt 1971, 84–105 (span. 1968); Aníbal Quijano, Dependencia, cambio social y urbanización en Latinoamérica, in: F. H. Cardoso u. Francisco C. Weffort Hg., América Latina. Ensayos de interpretación sociológico-política, Santiago 1970, 96–140; ders., Marginaler Pol der Wirtschaft und marginalisierte Arbeitskraft (1971), in: Senghaas Hg., Kapitalismus, 298–341; Darcy Ribeiro, Las Américas y la civilización, 3 Bde., Bs.As. 1969; ders., Fronteras indigenas de la civilización, México 1971; ders., Der zivilisatorische Prozeß, Frankfurt 1971.

7 Vgl. die in Anm. 1 und 2 genannten Titel sowie Ruy Mauro Marini, Sous-développement et révolution en Amérique Latine, Paris 1972, teilw. auch dt.: Unterentwicklung und Revolution in Lateinamerika. Versuch einer marxistischen Interpretation, in: A. G. Frank u. a., Kritik des bürgerlichen Anti-Imperialismus, Berlin 1969, 45–66; ders., Dialektik der Abhängigkeit (1972), in: Senghaas Hg., Kapitalismus, 98–136, u. Theotonio dos Santos, La crisis de la teoría del desarrollo y las relaciones de dependencia en América Latina, in: Hélio Jaguaribe u. a., La dependencia político-económica de América Latina, México 1971[3], 147–87; ders., Socialismo o Fascismo. Dilema de América Latina, Santiago 1969; ders., El nuevo caracter de la dependencia, Pensamiento crítico 43, 1970, 60–106; ders., Dependencia y cambio social, Santiago 1970; ders., Brazil: The Origins of a Crisis, in: Chilcote u. Edelstein Hg., 415–90.

8 Zum Agrarsektor vgl. vor allem Rodolfo Stavenhagen Hg., Agrarian Problems and Peasant Movements in Latin America, Garden City 1970; Ernest Feder, The Rape of the Peasantry, Garden City 1971; ders., Gewalt und Ausbeutung, Hamburg 1973; zur Kontinuität der Argumentation vgl. z. B. Antonio García, Sociología de la Reforma Agraria en América Latina, Bs. As. 1973 mit den Beiträgen in: Oscar Delgado Hg., Reformas Agrarias en la América Latina, México 1965.– Insgesamt vgl. Jaguaribe u. a., La dependencia; ders., Causas del subdesarrollo latinoamericano, Revista Paraguaya de Sociología 7/19, 1970, 54–66; Octavio Ianni, Imperialismo y cultura de la violencia en América Latina, México 1971²; ders., La sociología de dependencia en América Latina, Revista Paraguaya de Sociología 8/21, 1971, 18–29; ders., Estado nacional e organizações internacionais na América Latina, MS Berlin 1973; Miguel S. Wionczek, El nacionalismo mexicano y la inversion extranjera, México 1967; Rodolfo Stavenhagen, Las clases sociales en las sociedades agrarias, México 1969; die Beiträge in: Karl-Heinz Stanzick u. Horacio Godoy Hg., Inversiones extranjeras y transferencia de tecnología en América Latina, Santiago 1972; Furtado Hg., Brasilien heute; Fernando Fuenzalida Vollmar u. a., Perú, hoy, México 1971; Luis Benvenuto u. a., Uruguay, hoy, Bs.As. 1971 sowie Cardoso, Ideologías; Cardoso u. Faletto, Dependencia; F. H. Cardoso, Abhängigkeit und Entwicklung in Lateinamerika (1972), in: Senghaas Hg., Kapitalismus, 201–20; ders., Sociologie du développement en Amérique Latine, Paris 1969; ders., Politique et développement dans les sociétés dépendantes, Paris 1971; ders., Teoría de la dependencia o análisis de situaciones concretas de dependencia?, Revista Latinoamericana de Ciencia Política 1, 1970, 402–14; ders., Industrialización, dependencia y poder en América Latina, Revista Paraguaya de Sociología 7/19, 1970, 104–16; ders., A Questão do Estado no Brasil, MS DADOS, São Paulo 1974.

9 Vgl. die Titel in Anm. 1. Zur Kritik vgl. Behrendt; Córdova, Heterogenität, 108–67; in feinsinniger Zurückhaltung auch: Wolfgang Hirsch-Weber, Lateinamerika: Abhängigkeit und Selbstbestimmung, Opladen 1972, und neuerdings vor allem: Harold Blakemore, Limitations of dependency: an historian's view and case study, CEDLA-Boletin 18, 1975, 74–87.

10 Cardoso u. Faletto, 144–66; Cardoso, Questão; bereits ders., Bürgerliche Hegemonie und wirtschaftliche Unabhängigkeit, in: Furtado Hg., Brasilien heute, 58–83. Vgl. auch Anm. 8.

11 Vgl. stellvertretend Albert O. Hirschman, Ideologies of economic development in Latin America, in: ders. Hg., Latin American Issues, N. Y. 1961, 3–42.

12 Vgl. Pierre Chaunu, Séville et l'Atlantique (1504–1650), 12 Bde., Paris 1955–60; ders., L'Amérique et les Amériques de la Préhistoire à nos jours, Paris 1964; ders., Conquête et exploitation des Nouveaux Mondes, Paris 1969; Daniel Alden, The population of Brazil in the late 18th century, HAHR 43, 1963, 173–205; Frédérick Moreau, Des produits et des hommes. Essais historiques latinoaméricaines, XVI–XX siècle, Paris 1972; L'Histoire quantitative du Brésil de 1800 à 1930, Colloques Internationaux du CNRS No. 543, Paris 1973.

13 Douglas C. North, Ocean freight rates and economic development 1750–1913, Journal of Economic History 18, 1958, 537–55; Nathaniel H. Leff, Economic Policy-Making and Development in Brazil, N. Y. 1968;

ders., Uma perspectiva a longo prazo do desenvolvimento e do subdesenvolvimento brasileiros, Revista Brasileira de Economía 26. 1973, 147–68; ders., Tropical Trade and Development in the 19th Century: the Brazilian Experience, Journal of Political Economy 81, 1973, 678–96; ders., Long Term Viability of Slavery in a Backward Closed Economy, Journal of Interdisciplinary History 5, 1974, 103–08; John Womack, Zapata and the Mexican Revolution, N. Y. 1968; Manfred Kossok, Im Schatten der Heiligen Allianz. Deutschland und Lateinamerika 1815–1830, Berlin 1964; ders., Klassenlage und Befreiungsbewegung in Lateinamerika, Deutsche Außenpolitik, Sonderheft 2, 1961, 56–79; ders., Revolution und Bourgeoisie in Lateinamerika, ZfG Sonderheft 1961, 123–43; ders., Der iberische Revolutionszyklus 1789–1830, in: ders. Hg., Studien über die Revolution, Berlin 1969, 209–30; ders. u. a., Ein Versuch zur Dialektik von Revolution und Reform in der historischen Entwicklung Lateinamerikas (1809–1917), in: ders. Hg., Studien zur vergleichenden Revolutionsgeschichte 1500–1917, Berlin 1974, 160–79; ders., Funzioni politiche e sociali delle forze armate latino-americane, Rassegna Italiana di Sociologia 12, 1971, 611–34; Friedrich Katz, Mexiko und die Erdölpolitik in den Jahren 1876 bis 1913, in: Werner Markov Hg., Lateinamerika zwischen Emanzipation und Imperialismus, 1810–1960, Berlin 1961, 211–33; ders., Deutschland, Díaz und die mexikanische Revolution, Berlin 1964.

14 Zur Begriffsprägung vgl. Georges Balandier, La situation coloniale: Approche Théorique, u. ders., Contribution à une Sociologie de la Dépendance, beide in: Cahiers Internationaux de Sociologie 11, 1951, 44–79 u. 12, 1952, 47–69; ersteres auch dt. in: Rudolf v. Albertini Hg., Moderne Kolonialgeschichte, Köln 1970, 105–24.

15 Zum Begriff vgl. neben den klassischen Werken von Hobson, Lenin und Schumpeter die Beiträge in: Hans-Ulrich Wehler Hg., Imperialismus, Köln 1970.

16 Stanley J. u. Barbara H. Stein, The Colonial Heritage of Latin America. Essays on Economic Dependence in Perspective, N. Y. 1970.

17 Z. B. Córdova, Heterogenität, bes. 63 f.

18 Ebd., 65.

19 Frank, Capitalism, 12 ff.; Córdova, Heterogenität, 111 ff.

20 Vgl. dazu Wolfgang Schieder, Faschismus, in: SDG 2, Freiburg 1968, 438–77, bes. 438 f.

21 Vgl. die Argumentation von Hans-Ulrich Wehler, Modernisierungstheorie und Geschichte, Göttingen 1975, sowie die Sammlung von Wolfgang Zapf Hg., Theorien des sozialen Wandels, Köln 1971[3].

22 Vgl. Hans-Jürgen Puhle, Nationalismus in Lateinamerika, in: Wolf Grabendorff Hg., Lateinamerika. Kontinent in der Krise, Hamburg 1973, 48–77; ders., Sehnsucht nach Revolution, in: Klaus Lindenberg Hg., Politik in Lateinamerika, Hannover 1971, 13–32.

23 Vgl. zuletzt vor allem die Beiträge in: Leonard Binder u. a., Crises and Sequences in Political Development, Princeton 1971 u. die Diskussion in den Artikeln von Huntington und Verba in: Martin Jänicke Hg., Politische Systemkrisen, Köln 1973, 260–313.

24 Vgl. die Beiträge von Liehr u. Pietschmann in diesem Band; ferner Puhle, Sehnsucht; ders., Tradition und Reformpolitik in Bolivien, Hannover 1970. Zur Differenz der spanisch-katholischen Erschließung Lateinamerikas im

prosperierenden 16. Jh. und der britisch-protestantischen Besiedlung Nordamerikas im krisenhaften 17. Jh. und zur *Conquista-* bzw. *Frontier*-Problematik Johann Hellwege, Frontier und Conquista. Zur amerikanischen Entwicklungsdivergenz am Beispiel eines fragwürdigen historischen Vergleichs, Ibero-Amerikanisches Archiv NF 2, 1976, 1–37.

25 Vgl. die Hinweise in Anm. 1, 13–15 sowie Frantz Fanon, Die Verdammten dieser Erde (1961), Frankfurt 1966.

26 So würde es sicher zu empfehlen sein, die jeweiligen Anfänge der Industrialisierung, die Übergänge zur Hochindustrialisierung sowie zum stärker organisierten Kapitalismus zum einen in den entwickelten und dominierenden Ländern und zum anderen in den relativ unterentwickelten »Peripherie«-Ländern stärker als Zäsuren der Periodisierung herauszuarbeiten, die auch die jeweiligen Inhalte von »kolonialer Situation«, »Imperialismus«, »Abhängigkeit« oder »peripherem Kapitalismus« teilweise wesentlich verändert haben. Auf diese Weise käme man evtl. auch zu konkreteren, modifizierenden Unterbegriffen, sei es im Rahmen oder außerhalb eines dependenztheoretischen Ansatzes.

27 Marcos Kaplan, Aspectos Políticos de la Planificación en América Latina, Montevideo 1968; ders., La estructura del Estado en el desarrollo de América Latina, in: Hans-Jürgen Puhle Hg., Perspectivas del Progreso, Hannover–Santiago 1969, 105–15; ders., La concentración del poder político a escala mundial, El Trimestre Económico 41, 1974, 81–136. Vgl. auch die zit. Arbeiten von Cardoso sowie Laurence Whitehead, The State in Latin America, u. E.V.K. Fitzgerald, State Capitalism in Peru, beides MS Glasgow 1976.

28 Vgl. dazu neuerdings Manfred Mols u. Hans Werner Tobler, Mexiko: Bilanz einer Revolution. Revolution und nachrevolutionäre Entwicklung im Lichte der historischen und sozialwissenschaftlichen Forschung, Jb. f. Geschichte von Staat, Wirtschaft und Gesellschaft Lateinamerikas 12, 1975, 284–392.

29 Vgl. Puhle, Sehnsucht; ders., Politik in Uruguay, Hannover 1968, 19 ff. Die Forschung im Bereich von kollektiven Mentalitäten, traditionalen Bewußtseinsinhalten und Sozialisationsmechanismen in Lateinamerika steckt noch in den Kinderschuhen. Wichtige Ansätze z. B. bei Louk De La Rive Box, Organization of Educational Broadcasting in Brazil, Ph. D. Diss. Columbia Univ. N. Y. 1973. Einige theoretische Vorüberlegungen in John A. Clausen Hg., Socialization and Society, Boston 1968.

30 Dazu jetzt die Beiträge von Puhle, Waldmann, Tobler, Brunn u. Katz, in: Hans-Jürgen Puhle Hg., Revolution und Reformen in Lateinamerika, Geschichte und Gesellschaft 2, 1976, 143–243.

31 Vgl. José Luis de Imaz, Los que mandan, Bs. As. 1964; Torcuato S. Di Tella u. a., Argentina. Sociedad de masas, Bs. As. 1965; Claudio Veliz Hg., Obstacles to Change in Latin America, London 1965; ders. Hg., The Politics of Conformity in Latin America, London 1967; José Nun, The Middle Class Military Coup, in: Veliz Hg., Politics, 66–118; ders., Lateinamerika. Die Hegemoniekrise und der militärische Staatsstreich, in: KZSS Sonderheft 13, 1969, 328–66; Victor L. Urquidi, Viabilidad económica de América Latina, México 1962; Octavio Paz, El laberinto de la soledad, México (1950) 1969^7; ders., Posdata, México (1970) 1972^7; Victor Alba, The Latin Americans, N. Y. 1969; Juan José Arevalo, Fabula del tiburon y las sardinas, Bs. As. 1961^6; ders., Guatemala. La democracia y el imperio, Bs. As. 1964^7; Juan

Bosch, El Pentagonismo, sustituto del imperialismo, Madrid 1968; Guillermo Toriello, La Batalla de Guatemala, Santiago 1955; Alfonso Bauer Paíz, Como opera al capital yanqui en Centroamerica (El caso de Guatemala), México 1956.

Philip J. O'Brien

Zur Kritik lateinamerikanischer Dependencia-Theorien

Der Begriff der Abhängigkeit ist große Mode in Lateinamerika. Viele Arbeiten über kulturelle, politische, soziale und wirtschaftliche Fragen benutzen das Konzept der Abhängigkeit als analytischen Rahmen. Angesichts einer so überwältigenden Masse von Literatur ist es angemessen, eine Reihe von Fragen zu stellen: Welches ist der Hintergrund der Dependencia-Schule und was ist der Grund für den spezifischen Zeitpunkt ihres Entstehens? Mit welchem Erfolg hat sie einen Rahmen für die Analyse der Dynamik der lateinamerikanischen Gesellschaft aufgestellt? Welches sind die beteiligten Mechanismen? Scheint verfügbares empirisches Material die Theorie zu stützen? Welche politischen Implikationen können (wenn überhaupt) aus der Theorie abgeleitet werden? Und wie neu, wie nützlich und wie wichtig ist das Konzept der Abhängigkeit wirklich?

In einem scharfsichtigen Aufsatz »Ideologies of economic development in Latin America« ist A. O. Hirschman den wichtigsten Ansichten nachgegangen, die von Lateinamerikanern zur Erklärung der Ursachen für die Unterentwicklung Lateinamerikas und darüber, was man dagegen tun könnte, vorgebracht worden sind.[1] Die Dependencia-Theorie ist eine Antwort auf das Versagen dieser Erklärungen und jener, die von entwickelten Ländern angeboten wurden, um entweder eine überzeugende Erklärung für die Rückständigkeit Lateinamerikas oder einen Weg aus dieser Rückständigkeit heraus anzugeben. Insbesondere ist die Dependencia-Theorie eine Antwort auf das offenbare Versagen der früher in Lateinamerika herrschenden Entwicklungsideologie, der Theorie der Industrialisierung durch »Import-Substitution«.

A. Gerschenkron hat in seinem Aufsatz »Economic backwardness in historical perspective« bemerkt, daß in rückständigen

Ländern bestimmte institutionelle Innovationen und die Annahme bestimmter Ideologien, die gegenüber der Industrialisierung positiv eingestellt sind, notwendig waren, um die Kluft niederzureißen, die zwischen den Hindernissen einer Industrialisierung und den Verheißungen, die einer solchen Entwicklung innewohnten, bestand.[2] Rückständige Länder mußten einige Faktoren ersetzen, die anderswo Voraussetzungen für Industrialisierung waren. Dieser Substitutionsprozeß und das Streben nach Industrialisierung waren gewöhnlich begleitet von einer Ideologie, die die Ursachen der relativen Rückständigkeit des betreffenden Landes erklärte und Vorschläge zur Abhilfe machte. Allerdings brachte das Lateinamerika des neunzehnten Jahrhunderts wenige Ideen hervor, die seine Unterentwicklung betrafen, und erst im zwanzigsten Jahrhundert konzentrierten sich lateinamerikanische Autoren auf Versuche, die lateinamerikanische Unterentwicklung zu erklären.

Zwei Themen beherrschten diese frühen Erklärungen relativer Rückständigkeit: Philosophische und psychologische Erklärungen und die imperialistische Ausbeutung. Das erste Thema war sehr populär und ist es noch; Lateinamerikaner haben, so wird argumentiert, bestimmte Charakterzüge oder Lebensphilosophien, die sie daran hindern, entschlossen eine schnelle Entwicklung voranzutreiben. Diese Lebensphilosophien oder Charakterzüge (wobei die letzteren oft mit rassistischen Interpretationen einhergingen) wurden unterschiedlich benannt: als Faulheit, Traurigkeit und Arroganz (z. B. C. O. Bunge, »Nuestra América«[3]) oder als antimaterialistische, geistige Eigenschaften, wie in José Rodós »Ariel«[4], oder als Ungleichheit, die das Resultat eines kollektiven Minderwertigkeitsgefühls ist, wie in »Profile of Man and Culture in Mexico«[5] von Samuel Ramos.

Das zweite Thema, das der peruanische Führer und Gründer der APRA (Alianza Popular Revolucionaria Americana), Haya de la Torre, populär gemacht hat, schiebt die Schuld an der Unterentwicklung Amerikas schlicht auf die imperialistische Ausbeutung. Interessant und wichtig ist aber, daß *die Schuld nicht auf den Kapitalismus geschoben wird.* Haya de la Torre argumentierte explizit, das lateinamerikanische Proletariat sei zu schwach, um eine Revolution zu machen, und die Verantwortung für die Entwicklung Lateinamerikas liege bei den Intellektuellen und den Mittelklassen, die Haya de la Torre im Vergleich mit ihrem europäischen Gegenstück als die Dynamischeren charakteri-

Zum Kauf dieses Buches

Autor/Hrsg.: __________

Titel: __________

wurde ich angeregt durch

- O Anzeige in __________
- O Besprechung in __________
- O Schaufensterauslage
- O Beilageprospekt im Vorlesungsverzeichnis
- O Empfehlung eines Hochschullehrers
- O Empfehlung eines Kommilitonen
- O Empfehlung aus Bekanntenkreis
- O Empfehlung des Buchhändlers
- O Verlagsprospekt »Hoca Wissenschaft«
- O Ich erhielt das Buch als Geschenk
- O __________

Bitte senden Sie mir regelmäßig Ihren wissenschaftlichen Prospekt. Ich interessiere mich für:

O Linguistik	O Psychologie
O Ökonomie	O Soziologie
O Pädagogik	O Verhaltensforschung
O Philosophie	O Zeitgeschichte/Geschichte
O Politologie	

(Zutreffendes bitte ankreuzen)

Bitte in Druckschrift ausfüllen:

VOR- UND ZUNAME

PLZ	ORT

STRASSE

BERUF	DATUM

Bitte diesen Raum freihalten

DISZIPLIN	BERUF		

siert: »In unseren Ländern muß sich das kapitalistische Stadium daher unter der Führung des antiimperialistischen Staates entfalten.«[6] Die antiimperialistische und antimarxistische Perspektive sollte in Lateinamerika ungeheuren Einfluß bekommen und besitzt ihn noch. Zum Beispiel traten fast alle populistischen Führer nach dem Zweiten Weltkrieg für sie ein. Aber keine dieser Ideologien – weder die philosophisch-psychologische, noch die antiimperialistische – brachte es zu einem zusammenhängenden Wirtschaftsprogramm.

Bis 1929 hat Lateinamerika eine Entwicklungsstrategie verfolgt, die *desarrollo hacia afuera* (ein nach außen gerichteter Entwicklungsweg) genannt wurde, ein Hinweis auf die Tatsache, daß der Export der Motor des Wachstums der lateinamerikanischen Volkswirtschaften war. Die Große Depression enthüllte dramatisch, welches der Preis für die Abhängigkeit von Exporten als Wachstumsmotor war; denn als Lateinamerika einen bedeutenden Rückgang seines Exporteinkommens erlitt, war das Ergebnis ein wirtschaftliches und politisches Chaos. Dies schien nach einer neuen Strategie und einem neuen Entwicklungsweg zu rufen, einer Strategie, die den Schwerpunkt auf eine nach innen gerichtete Entwicklung legte, *desarrollo hacia adentro*.

So wurden nach dem Zweiten Weltkrieg eine zusammenhängende Ideologie und ein Wirtschaftsprogramm entwickelt, die sowohl die Probleme Lateinamerikas als auch den Weg nach vorn erklärten und die das *desarrollo hacia adentro* betonten. Bemerkenswerterweise kamen diese Ideologie und das Programm von der neuerrichteten Wirtschaftskommission der Vereinten Nationen für Lateinamerika (CEPAL), deren Büros 1948 in Santiago de Chile eröffnet wurden. Dies ist wichtig, weil die neue Ideologie mehr die Frustrationen von Technokraten und Intellektuellen widerspiegelte als die einer neuentstehenden, mächtigen sozialen Klasse. Im Unterschied zu Adam Smiths »The Wealth of Nations«, in dem die Ideologie der mächtigen Industriebourgeoisie Englands zum Ausdruck kam, vertrat die CEPAL eine Ideologie für eine Klasse, die zu schwach war, sie durchzusetzen – für die lateinamerikanische Industriebourgeoisie, die von einer gebildeten Mittelklasse, welche die Staatsmaschinerie betätigte, unterstützt wurde. Darüber hinaus spiegelte sich in der Stimme der CEPAL die Tatsache, daß sie eine UN-Behörde war. Die hochbezahlten CEPAL-Beamten, so radikal sie auch im Rahmen internationaler Behörden sein mochten, paßten sich nichtsdestotrotz dem Analysestil der UNO an, dieser milden, apolitischen Sprache der internationalen Bürokraten. Durch seinen Lebensstil vom Kontakt mit der Masse der Armen Lateinamerikas abgeschnitten, hat der internationale Bürokrat eine Tendenz, nach Kompromissen und nach dem kleinsten gemeinsamen Nenner zu suchen und tut auf diese Weise niemandem weh. Es überrascht nicht, daß es der CEPAL gelang, eine Auseinandersetzung mit den Realitäten des Klassenkampfes in Lateinamerika und der Rolle der USA in diesem Kampf zu vermeiden.

Die Perspektive der CEPAL beruhte auf dem Glauben, die konventionelle ökonomische Theorie, wie sie in entwickelten kapitalistischen Ländern vertreten wurde, sei zur Behandlung der Probleme der Unterentwicklung nicht geeignet. Die Erforschung der Unterentwicklung erforderte, so dachte man, eine »strukturalistische« Perspektive, eine Einschätzung verschiedener historischer Situationen und nationaler Zusammenhänge. Ein unterentwickeltes Land ist genau deswegen unterentwickelt, weil es aus verschiedenen Strukturen mit jeweils spezifischen Verhaltenstypen besteht. Es wurde argumentiert, die konventionelle ökonomische Theorie, mit ihrer Betonung der Preistheorie und des allgemeinen Gleichgewichts, erkenne die Existenz unterschiedlicher Strukturen nicht an.

Die Hauptgrundsätze der frühen CEPAL-Position waren diejenigen, die ihr erster Generalsekretär, Raúl Prebisch, vortrug. Er vertrat die Ansicht, daß die lateinamerikanische Unterentwicklung das Ergebnis der Position Lateinamerikas in der Weltwirtschaft sei und der Tatsache, daß es eine liberalkapitalistische Wirtschaftspolitik betrieb. Prebischs Theorie war eine Fortsetzung der antiimperialistischen, antimarxistischen Tradition – wenn auch in einer viel subtileren und milderen Form –, indem sie z. B. politisch stärkere und präzisere Ausdrücke für Imperialismus durch den irreführenden Ausdruck der ›Zentrum-Peripherie-Beziehungen‹ ersetzte (irreführend insoweit, als der Klasseninhalt der Imperialismus-Theorie aufgelöst wird).

Prebisch argumentierte, der lateinamerikanische Wachstumsmotor, die Rohstoffexporte, seien mit einem langfristigen, säkularen Niedergang im Hinblick auf ihre *terms of trade* konfrontiert; die Einkommenselastizität der Zentren in bezug auf die Nachfrage nach diesen Exporten nehme ab, während die Einkommenselastizität der Peripherie in bezug auf die Nachfra-

ge nach den Importen aus dem Zentrum zunehme. Ergebnis sei eine chronische strukturelle Krise der Zahlungsbilanz. Zusätzlich gebe es noch eine ungleiche Verteilung der Produktivitätssteigerungen; im Zentrum führten Produktivitätssteigerungen zum Anziehen von Löhnen und anderen Faktorpreisen, während sie an der Peripherie zu einem Sinken der Warenpreise und zu stagnierenden Löhnen führten.[7]
Die CEPAL ging davon aus, daß Lateinamerika für seine Industrialisierung hohe Schutzmauern brauche. Diese Mauern sollten nicht nur den »jungen Industrien« helfen, sondern auch, strukturelle Arbeitslosigkeit und zu geringe Kapitalnutzung vorausgesetzt, die optimale Allokation der Ressourcen fördern. Es wurde anerkannt, daß die Industrialisierungsbestrebungen durch den Staat und insbesondere durch staatliche Planung gefördert werden müßten. Später betonte die CEPAL auch noch die Notwendigkeit, einen lateinamerikanischen Gemeinsamen Markt zu schaffen, um Volkswirtschaften von einigem Gewicht aufzubauen. Auf diese Weise sollte Lateinamerika zu einer Inland-orientierten Entwicklung kommen. Diese Strategie wurde als Industrialisierung durch Importsubstitution bekannt, da sie auf dem Aufbau von Industrien beruhte, die eine Nachfrage befriedigen sollten, die vorher durch Importe abgedeckt worden war. Man nahm an, daß dies die Nachfrage nach Importen verringern und daher dem Zahlungsbilanzausgleich nützlich sein würde. Diese Strategie nahm das bestehende Nachfragemuster, d. h. das bestehende Muster der Einkommensverteilung, als vorgegeben an und führte zu einer Ausbreitung der Industrien, die Fertigwaren für den Konsum, insb. langlebige Konsumgüter, produzierten.

1. Varianten der Dependencia-Theorie

Die Dependencia-Theorie ist die Antwort auf den erkannten Fehlschlag nationaler Entwicklung auf dem Wege einer Industrialisierung durch Import-Substitution und auf eine wachsende Desillusionierung in bezug auf die bestehende Entwicklungstheorie. Dos Santos hat die Intentionen des Nachkriegsmodells der Entwicklung in Lateinamerika wie folgt zusammengefaßt:

1. ein Wechsel von der Entwicklung nach dem Prinzip *hacia afuera* zu einer Entwicklung nach dem Prinzip *hacia adentro*

sollte die Abhängigkeit vom Außenhandel verringern und zu einer stärker lokal kontrollierten Wirtschaft führen;

2. Industrialisierung sollte die Macht traditioneller Oligarchien schmälern und zu einem Prozeß politischer Demokratisierung führen, der
3. eine gerechtere Einkommensverteilung mit sich bringen und die ländlichen Massen in eine moderne Gesellschaft integrieren sollte.
4. Während die drei genannten Punkte die Herausbildung eines modernen, entwicklungsorientierten Staates begünstigten, sollte dieser Staat umgekehrt wieder deren Entwicklung fördern;
5. und alles zusammen sollte einen Wandel des Bewußtseins hervorrufen, zur Bildung eines lateinamerikanischen Bewußtseins anregen, das dazu beitragen sollte, die Gesellschaft im Streben nach nationaler Unabhängigkeit zu vereinen.[8]

Mit den 1960er Jahren war offenbar geworden, daß sich dieses Modell in der Krise befand. Die Industrialisierung durch Import-Substitution hatte die Abhängigkeit nicht verringert. Die Einkommensverteilung schien noch ungerechter zu werden, und ein großer Teil der Bevölkerung blieb marginal. Kulturelle Entfremdung war weitverbreitet, und die lateinamerikanischen Gesellschaften waren immer noch gespalten und instabil. Die nationalen Industrialisierungsversuche waren den multinationalen Konzernen erlegen, und Industrialisierung wurde in Lateinamerika primär von ausländischen Investoren durchgeführt. Schließlich hatten sich in vielen lateinamerikanischen Ländern die Militärs in Machtpositionen verschanzt. Die Dependencia-Theorie entstand als ein Versuch, dies Versagen zu erklären.

Es gibt jedoch eine Reihe unterschiedlicher Traditionen innerhalb der Dependencia-Theorie: Eine entstammt offenbar der strukturalistischen Perspektive der CEPAL und könnte als Fortsetzung und Vertiefung dieser Perspektive betrachtet werden. Eine andere kommt von einer marxistischen Perspektive her, besonders von jener, die mit dem verdummenden Dogmatismus des stalinistischen Erbes gebrochen hat. Mit der ersten verbinden sich die Namen Osvaldo Sunkel und Celso Furtado und mit der zweiten die Namen von Ruy Mauro Marini, Theotonio Dos Santos und A. G. Frank. Dann gibt es noch eine Gruppe von Autoren, hauptsächlich Soziologen wie Aníbal Quijano, Fernando Cardoso, Octávio Ianni und Florestan

Fernandes, die sowohl von der marxistischen als auch der strukturalistischen Perspektive ausgehen. Am klarsten werden die Unterschiede zwischen diesen Gruppen, wenn es um die Perspektiven für politisches Handeln geht.

Einem Sozialwissenschaftler, der mit der dominierenden positivistischen, hypothetisch-deduktiven Methodologie aufgezogen worden ist, mögen Dependencia-Theorien bestenfalls trivial oder irrelevant, schlimmstenfalls als politische Slogans erscheinen, die als Theorie aufgemacht worden sind. Daher ist es wichtig, die Methodologie zu würdigen, die hinter den Dependencia-Theorien steht. Diese Methodologie scheint der marxistischen sehr ähnlich zu sein (was nicht überrascht, denn viele Dependencia-Theoretiker erkennen die Dependencia-Theorie explizit als ein untergeordnetes Feld innerhalb einer allgemeinen marxistischen Theorie des Kapitalismus und im besonderen als einen komplementären Teil der Imperialismustheorie an), ähnlich darin, daß man es nicht für möglich hält, die Dynamik einer Gesellschaft lediglich auf einer empirischen oder impressionistischen Ebene zu erforschen. Statt dessen müssen als Voraussetzung zur Erkenntnis der Realität Abstraktionen gebildet werden, die in der wirklichen Welt in reiner Form nicht vorkommen, und der Zugang zum Konkreten muß in »sukzessiven Annäherungsschritten«[9] gesucht werden.

Die Dependencia-Theorie ist daher eine Hypothese auf höherer Ebene oder eine allgemeine Hypothese, deren Ziel es ist, das Problem oder Interessengebiet zu definieren und auszuprobieren und zu zeigen, wie Hypothesen auf niedriger Ebene, bzw. spezifischere *ad-hoc*-Hypothesen in diesen Rahmen hineinpassen. Der Zweck einer Interpretation auf höherer Ebene ist es, Erklärungen auf unteren Ebenen, z. B. Erklärungen für den letzten brasilianischen Staatsstreich, auf einer abstrakteren Ebene abzuleiten und zusammenhängender zu machen. Wenn keine ausreichende Anzahl von *ad-hoc*-Erklärungen innerhalb der Hypothese auf höherer Ebene untergebracht wird, müssen Plausibilität und Nützlichkeit des Rahmens bestritten werden. Die Dependencia-Theorie stellt also einen Bezugsrahmen dar, innerhalb dessen verschiedene heterogene Phänomene analysiert werden, um zu sehen, wie sie miteinander zusammenhängen und interagieren, so daß sie ein ganzes System bilden. Die Theorie muß daher in bezug auf ihre Adäquanz oder Inadäquanz als Rahmen beurteilt werden, in dem sich die Dynamik bestimmter

Beziehungen artikuliert. Kurz gesagt, sie ist der Versuch, ein neues Paradigma zu etablieren.[10]

Selbstverständlich birgt ein totaler Blickwinkel in unkritischen Händen immer die Gefahr in sich, daß Abhängigkeit leicht zu einem Pseudo-Konzept werden kann, das alles im allgemeinen und daher im besonderen nichts erklärt. In den Händen einiger lateinamerikanischer Autoren wird die Dependencia-Theorie als eine *deus-ex-machina*-Erklärung für alles benutzt, was in der lateinamerikanischen Gesellschaft nicht zu stimmen scheint. Statt daß man eine Synthese des historischen Prozesses hat, bekommt man einen deskriptiven Katalog verschiedener Typen von Abhängigkeit. Aber die Tatsache, daß einige oder sogar die Mehrheit das Konzept der Abhängigkeit falsch anwenden, sollte einen nicht blind machen gegenüber den Verdiensten der Theorie.[11]

Die grundlegende Hypothese der Dependencia-Theorie ist, daß Entwicklung und Unterentwicklung partielle, interdependente Strukturen eines einzigen globalen Systems sind. Dos Santos formuliert dies wie folgt:

»Unter Abhängigkeit verstehen wir eine Situation, in der die Wirtschaft bestimmter Länder bedingt ist durch die Entwicklung und Expansion der Wirtschaft anderer Länder. Das Verhältnis der Interdependenz zwischen zwei oder mehr Volkswirtschaften sowie zwischen diesen und dem Welthandelssystem nimmt die Form der Abhängigkeit an, wenn einige Länder (die beherrschenden) in der Lage sind, zu expandieren und sich aus eigener Kraft kontinuierlich zu entwickeln, während andere (die abhängigen) das nur als Reflex dieser Expansion tun können, was entweder positive oder negative Auswirkungen auf die unmittelbare Entwicklung letzterer haben kann.«[12]

Sunkel und Paz drücken denselben Punkt mit sehr ähnlichen Worten aus: Entwicklung ist ein globaler, struktureller Prozeß des Wandels, und unterentwickelte Länder sind diejenigen Länder, denen eine autonome Fähigkeit zu Wandel und Wachstum fehlt und die darin vom Zentrum abhängig sind.[13] Auf diese Weise sind die Ziele, die Intensität, die Instrumente und die Effizienz der Entwicklung innerhalb bestimmter Flexibilitätsgrenzen beschränkt.[14] Furtado betont ebenfalls die Notwendigkeit, mit der Struktur der Weltwirtschaft als einer Totalität zu beginnen, innerhalb deren unterentwickelte Länder Subsysteme sind, und so stellt sich die Theorie der Unterentwicklung ihrem

Wesen nach als Theorie der Abhängigkeit heraus.[15] Und schließlich behaupten Cardoso und Faletto, daß Entwicklung/Unterentwicklung nicht verschiedene Stadien oder Zustände eines produktiven Systems sind, sondern vielmehr Funktionen oder Positionen innerhalb eines internationalen Systems von Distribution und Produktion.[16]

Die Ansicht, daß Unterentwicklung nur als Teil des kapitalistischen Weltsystems verstanden werden kann, ist natürlich nicht neu. Alle marxistischen Autoren über den Imperialismus betonen diesen Aspekt. Was aber an der Dependencia-Theorie neu ist, ist der Versuch, von der Struktur der Weltwirtschaft auszugehen, um dann die Bewegungsgesetze der abhängigen Wirtschaften zu entwickeln. So klar wie der Kapitalismus sich von einer Phase zur anderen verändert, würde man erwarten, daß diese Veränderungen Veränderungen in den Strukturen der unterentwickelten Länder in Bewegung setzen. Tatsächlich ist ein großer Teil der Literatur über Abhängigkeit ein Versuch, einen Periodisierungsansatz anzuwenden, um zu typologisieren und zu erklären, wie die Veränderungen im Kapitalismus zu Veränderungen innerhalb Lateinamerikas führten. Gerade in dieser historischen Analyse und an der Gegenwartsanalyse der Probleme Lateinamerikas begründet sich das Interesse an einer Theorie der Abhängigkeit. Denn die Dependencia-Theorien versuchen zu zeigen, daß die innere Dynamik der lateinamerikanischen Gesellschaft und ihre Unterentwicklung durch die Stellung Lateinamerikas in der internationalen Wirtschaft und die sich daraus ergebenden Verknüpfungen zwischen den internen und den externen Strukturen primär bestimmt wurden und werden.

Allerdings betont jeder Autor andere Aspekte der Frage, wie und warum die internationale Wirtschaft und ihre Veränderungen Veränderungen in Lateinamerika bedingen. Cardoso ist primär am ökonomischen Prozeß als einem sozialen Prozeß interessiert. Er und Faletto betonen, daß Abhängigkeit keine externe Variable, sondern Teil eines Systems sozialer Beziehungen zwischen verschiedenen sozialen Klassen innerhalb desselben breiten Umkreises von Abhängigkeit ist. Sie legen Gewicht darauf, daß die sozialen und politischen Aspekte des Entwicklungsprozesses konkret mit den ökonomischen Aspekten verknüpft werden müssen und nicht einfach nur nebeneinandergestellt werden dürfen. Denn der Wirtschaftsprozeß ist auch ein

sozialer Prozeß, in dem ökonomische Gruppen ein System sozialer Beziehungen errichten oder zu errichten versuchen, das es ihnen erlaubt, der Gesellschaft eine Wirtschaftsform aufzuzwingen, die mit ihren Interessen und Zielen vereinbar ist. In einer abhängigen Wirtschaft sind die dominierenden Wirtschaftsgruppen diejenigen, die sich um die Austauschbeziehungen mit dem Metropolland scharen, und diese Gruppen entwikkeln ein Interesse daran, diese Austauschbeziehungen zu erhalten oder nur geringfügig zu modifizieren. Daher ist die Dynamik der lateinamerikanischen Gesellschaft von Veränderungen in der Weltwirtschaft abhängig und davon, wie diese Veränderungen Wandlungen in der lateinamerikanischen Wirtschaft hervorrufen, die wiederum den zündenden Funken für politische und soziale Prozesse in Richtung auf Veränderung abgeben usw. Die Betonung liegt durchweg auf der Entstehung von Klassen, Klassenwidersprüchen, Klassenbündnissen und den Wechselwirkungen zwischen ihnen und Veränderungen in der Wirtschaft. Die Intention geht dahin, die Verbindung zwischen der ökonomischen und der politischen Sphäre, die grundlegenden Beziehungen zwischen einem abhängigen Lateinamerika und den hegemonialen Zentren und das Warum und Wofür besonderer lateinamerikanischer sozioökonomischer Formationen zu prüfen und in einer präzisen Form darzustellen.
Sunkel hat diesen grundlegenden Ansatz wie folgt zusammengefaßt: »Ein analytisches Schema, das sich für die Erforschung der Unterentwicklung und zur Formulierung von Entwicklungsstrategien eignet, sollte auf den Begriffen Prozeß, Struktur und System aufbauen. Es ist nicht legitim zu argumentieren, Unterentwicklung sei ein Stadium in der Evolution einer Gesellschaft, die zugleich autonom wie auch ökonomisch, kulturell und politisch isoliert ist. Wir machen im Gegensatz dazu geltend, daß Entwicklung und Unterentwicklung die beiden Gesichter desselben universellen Prozesses sind ... und daß ihr geographischer Ausdruck sich in zwei große Polarisierungen übersetzt: auf der einen Seite die weltweite Polarisierung zwischen industriellen, fortgeschrittenen, entwickelten und als Metropole fungierenden Ländern und den unterentwickelten, rückständigen, armen, peripheren und abhängigen Ländern sowie auf der anderen Seite eine Polarisierung innerhalb der Länder in bezug auf Umfang, Rückständigkeit, Primivität, Marginalität und Abhängigkeit von Gruppen und Aktivitäten.«[17] Zum Verständ-

nis dieser Polarisierungen ist es notwendig, einen historischen, strukturellen und totalen Ansatz anzuwenden, der nicht willkürlich gewählt, sondern das Ergebnis theoretischer und empirischer Reflexion über die historische Entwicklung Lateinamerikas ist. Der Ansatz ist außerdem das Ergebnis eines prä-analytischen kognitiven Aktes – einer ›Vision‹:

»Um die Implikationen irgendeines Problems aufzuzeigen, müssen wir zuerst eine definierte Gruppe zusammenhängender Phänomene festlegen, die Gegenstand unserer analytischen Bemühungen sein sollte . . . Bemühungen, denen notwendigerweise ein kognitiver, prä-analytischer Akt vorausgehen muß, . . . den wir mit Schumpeter ›eine Vision‹ nennen könnten.«[18]

Was Sunkel dabei im Auge zu haben scheint, ist, daß jede Struktur sich aus bestimmten Elementen aufbaut, die ihre eigenen Gesetze haben, daß der Strukturenkomplex, der durch bestimmte Gesetze zusammengehalten wird, ein System darstellt und daß das System einem Veränderungsprozeß unterliegt. Der historische Ansatz erlaubt es, die sich verändernden Strukturen zu identifizieren; die produktiven und sozialen Strukturen und die aus ihnen abgeleitete Macht erlauben es festzustellen, wie diese Wirtschafts- und Sozialpolitik beeinflussen; der gesamte Ansatz schließlich ermöglicht es, die Beziehung der Teile zum Ganzen als Facetten oder Dimensionen des Wandlungsprozesses eines Systems zu verstehen – insbesondere, im Falle von abhängigen Ländern, wie Veränderungen in der produktiven Struktur und Machtveränderungen das Resultat von Veränderungen in den Zentralländern und der Bindungen zwischen diesen und den abhängigen Ländern sind. Die Schlußfolgerung, die aus diesem Ansatz abgeleitet werden kann, ist, daß viele der sogenannten Ursachen der Unterentwicklung in Wirklichkeit die Symptome oder Ergebnisse des normalen Funktionierens des Gesamtsystems sind. D. h., Unterentwicklung mit all ihren allgemein erkannten Charakteristika ist ein normaler Bestandteil des Prozesses der kapitalistischen Entwicklung im Weltmaßstab.

Nach Ansicht Dos Santos' ist Abhängigkeit eine konditionierende Situation, die sowohl Rückständigkeit als auch Ausbeutung der unterentwickelten Länder verursacht. Mit konditionierender Situation meint er eine Situation, die »die Handlungsgrenzen und -möglichkeiten und das Verhalten von Menschen bestimmt.«[19] Die Entwicklung des Kapitalismus führte und führt zu einer kombinierten und ungleichen Entwicklung seiner konstitutiven Teile: ungleich, weil die Entwicklung von Teilen des Systems sich auf Kosten anderer Teile des Systems vollzieht; kombiniert, weil es gerade die Kombination von Ungleichheiten und dazu der Transfer der Ressourcen aus unterentwickelten in entwickelte Länder ist, der die Ungleichheit erklärt, sie vertieft und sie in ein notwendiges und strukturelles Element der Weltwirtschaft umwandelt.[20] Die konditionierende Situation der Abhängigkeit erfordert eine Analyse der Wirtschaftsbeziehungen in den kapitalistischen Zentren, ferner der Expansion der Zentren nach außen, der ökonomischen Beziehungen in der Peripherie und der Kompromisse und abgekarteten Spiele »zwischen den verschiedenen internationalen und nationalen Elementen, die die abhängige Situation erzeugen«[21].

Die genauen Mechanismen der Abhängigkeit werden natürlich variieren, und für detaillierte Forschungen über die Mechanismen gibt es keinen Ersatz. Auch das Wesen der Auslandsverbindungen sowie ihr genereller und spezifischer Einfluß müssen innerhalb identifizierbarer historischer Zeitspannen analysiert werden. Dependencia-Theoretiker unterscheiden im allgemeinen drei solcher Perioden für Lateinamerika: die koloniale Periode, die Periode des *desarrollo hacia afuera* und die Periode der Gegenwart. Ihre Analyse von Abhängigkeitsmustern während der kolonialen Periode führt kaum über Arbeiten wie z. B. »The Colonial Heritage of Latin America« von S. und B. Stein hinaus. Allerdings gelingt Cardoso und Faletto doch eine begrüßenswerte soziale und politische Analyse des *desarrollo hacia afuera*-Ansatzes im Stile von Prebisch. Sie machen eine interessante Unterscheidung zwischen den Entwicklungsmustern in Ländern, in denen eine nationale Bourgeoisie die inländische Produktion für den Export kontrollierte (auch wenn sie selbst wieder durch die Kontrolle der Metropolländer über die Vermarktung, etc. kontrolliert wurde) und durch die Ausbeutung billiger Arbeitskräfte und übergroßer Landgebiete einen Prozeß der Kapitalakkumulation einleitete, und jenen Ländern, in denen die herrschenden Gruppen Kapital primär durch Besteuerung einer ausländischen Enklave akkumulierten.

Allgemein herrscht die Ansicht, daß die Eingliederung Lateinamerikas in die sich herausbildende kapitalistische Weltwirtschaft erst durch direkte Kolonialverwaltung und dann subtiler durch den freien Handel sicherstellte, daß die lateinamerikanische Produktion darauf ausgerichtet wurde, Exporte für die dominierenden Wirtschaften zu produzieren. Das politische und soziale System garantierte dabei, daß die Gewinne zwischen einer kleinen lateinamerikanischen Klasse (die einen großen Teil ihrer Gewinne für den Import von Luxuskonsumgütern statt für diversifizierende Investitionen verwandte) und den herrschenden Metropolländern geteilt wurden. Dieses System war nicht statisch, aber allgemein gesprochen waren sowohl die soziale Infrastruktur als auch die direkten Produktionsinvestitionsentscheidungen von den Metropolländern abhängig. So blieb der entscheidende Faktor für Wachstum und Struktur der sozioökonomischen Formationen in Lateinamerika weitgehend fremdbestimmt. Durch seine Konzentration auf den Export von Rohstoffen war Lateinamerika unfähig, aus eigener Kraft Kapazitäten für Wachstum und Wandel zu entwickeln. Dagegen bildeten die Metropolländer, indem sie sich auf einen Produktionsprozeß konzentrierten, der eine eingebaute Tendenz zu technischem Fortschritt besaß, »Befehlszentren«[22], in denen die Kapitalakkumulation, Entscheidungen über Kapitalströme, Preisbildung, technischer Wandel, etc. fast vollständig innerhalb ihrer Grenzen konzentriert wurden. Ergebnis waren Wachstum und Entwicklung in den dominierenden Ländern und Unterentwicklung in den abhängigen Ländern.

Mit dem Zusammenbruch der kapitalistischen Weltwirtschaftsordnung im Jahre 1929 begann Lateinamerika mit dem Versuch, seine externe Verwundbarkeit auf den Weltmärkten zu vermindern. Dies führte sowohl zu radikalen Verschiebungen in den politischen Bündnissen und Machtverhältnissen (Cardoso und Faletto geben einen sehr treffenden Überblick über die Vielfalt und die Ursachen dieser Verschiebungen) als auch zur Anwendung verschiedener politischer Maßnahmen zwecks nationaler Entwicklung – direkte und indirekte Außenhandelskontrollen, Maßnahmen der Steuer- und Preispolitik, staatliche Investitionen und neue Kontrollen über ausländische Investitionen. Dieser Vorstoß nahm in der Hauptsache die Form der Industrialisierung durch Import-Substitution an. Aber statt nationaler Entwicklung war das Resultat nur eine andere Form von Abhängigkeit.

2. Die multinationalen Konzerne

Die Identifizierung des Mechanismus und der Konsequenzen dieser neuen Abhängigkeit unterlag und unterliegt noch dem Wandel. Sunkel hat einmal die Ansicht vertreten, daß die wechselseitige Verknüpfung von vier wesentlichen Elementen – Stagnation der traditionellen Landwirtschaft, Mono-Export eines Rohprodukts, Typus der Industrialisierungspolitik und Funktionen des Staates – zu einer »überwältigenden und unerbittlichen Notwendigkeit, ausländische Finanzquellen zu bekommen«,[23] dem entscheidenden Mechanismus der Abhängigkeit, führte. Jetzt aber argumentiert er, der Schlüssel zur gegenwärtigen Abhängigkeit sei »die Durchdringung der unterentwickelten Länder durch den mächtigsten Träger wirtschaftlichen Handelns in den entwickelten Ländern«[24] – den multinationalen Konzern. In bezug auf diese Ansicht scheint es unter den Autoren über das Problem der Abhängigkeit einen Konsens zu geben.
Diese These lautet, daß der multinationale Konzern (dessen grundlegendes Charakteristikum die Integration verschiedener Aktivitäten innerhalb einer einzigen Firma ist) die dynamischen Sektoren der lateinamerikanischen Wirtschaft internationalisiert. So werden – nach einem kurzen Anstieg nationaler Importsubstitution – das Wesen der Produktionsstruktur, das System des Entscheidungsprozesses, die Einkommensverteilung und die Muster der Konsumtion zunehmend mit der Internationalisierung des Kapitals verbunden. Aber im Gegensatz zu früheren Formen der Abhängigkeit ist es nicht der Handel, sondern die Produktion für den Inlandsmarkt, die die moderne Abhängigkeit charakterisiert. Gleichzeitig damit hat die staatliche Lenkung der abhängigen Wirtschaft zugenommen.
Der Schlüssel zur Macht der multinationalen Konzerne wird gewöhnlich darin gesehen, daß sie die kommerzielle Technologie kontrollieren. Um Zugang zu moderner Technologie zu bekommen, verbinden sich lokale Industrielle mit multinationalen Konzernen und leiten auf diese Weise einen Prozeß der Entnationalisierung der lateinamerikanischen Industrie ein. Dies ist Teil eines Prozesses, durch den, im Gegensatz zur früheren Form der Abhängigkeit, jetzt inländische Märkte eine besondere strategische Bedeutung gewinnen. Cardoso zitiert aus einer CEPAL-Studie, die zeigt, daß der Anteil direkter industrieller

Investitionen an den Gesamtinvestitionen der USA in Lateinamerika von 7 % im Jahre 1929 auf 34 % im Jahre 1968 angestiegen ist; in den stärker industrialisierten Ländern des Kontinents, Argentinien, Brasilien und Mexico, ist der Satz von 17 % im Jahre 1929 auf 66 % im Jahre 1968 gestiegen.[25]
Die Umstrukturierung der internationalen Wirtschaft durch den multinationalen Konzern hat eine Reihe wichtiger Implikationen für Lateinamerika. Obwohl die Kontrolle über Rohstoffe für die entwickelten Länder weiterhin wichtig bleibt, bringt die Tendenz, daß ausländische Investoren für innere Märkte produzieren, es zunächst mit sich, daß die ausländischen Investitionen hauptsächlich dahin gehen, wo solche Märkte bestehen – d. h. in entwickelte Länder. Darum hat die Beteiligung Lateinamerikas am internationalen Handel von 12 % im Jahre 1948 auf 6 % im Jahre 1968 abgenommen, und sein Anteil an den Auslandsinvestitionen der USA ist von 39 % im Jahre 1950 auf 20 % im Jahre 1968 gesunken. Zweitens hat die Tendenz, lokale Kapitalisten an die multinationalen Konzerne zu binden, zu einer wachsenden Verwendung lokalen Kapitals zur Finanzierung gemeinsamer Unternehmungen geführt. Wie in Tabelle 1 gezeigt wird, kommt nur ein winziger Anteil der Investitionsfonds von US-Tochtergesellschaften in Lateinamerika aus den USA.[26]

Tabelle 1: Herkunft der Investitionen in Lateinamerika in %

	1957–59			1963–65		
	IF	LF	US	IF	LF	US
Bergbau	46	11	43	104	13	–17
Öl	57	9	34	96	14	–10
Industrie	36	40	24	38	40	22
Insgesamt	50	17	33	60	31	9

IF = interne Fonds (Reininvestitionen von Profiten und Abschreibungen)
LF = lokale Fonds oder Mittel aus Drittländern
US = Mittel aus den USA

Die Folge dieser Verschiebung zu lokalen Kapitalquellen hin war eine Zunahme des Netto-Kapitalexports aus Lateinamerika in die dominierenden Wirtschaften. Die Repatriierung von Kapital durch multinationale Konzerne (nicht zu reden von dem

Kapital, das von Lateinamerikanern nach Übersee geschickt wird) kann viele Formen annehmen[27] – Repatriierung von Profiten, Konzessionsabgaben und anderen Provisionen, von Zinsen und Zahlungen im Rahmen von Schuldverhältnissen innerhalb des Konzerns und von Transferpreisen. Dieser Abfluß und die Defizite, die er in den Zahlungsbilanzen der meisten lateinamerikanischen Ländern bewirkt, werden durch ausländische Darlehen ersetzt. Solche »Hilfe« bringt jedoch einen weiteren Verlust nationaler Entscheidungshoheit mit sich und fügt der Abhängigkeit eine neue Dimension hinzu. Denn Hilfe impliziert das Recht der Geber, an politischen Entscheidungen beteiligt zu werden; für die abhängigen Länder entsteht dadurch die Notwendigkeit, ständig ihre Politik zu rechtfertigen, um dafür zu sorgen, daß die ausländischen Darlehen weiter fließen. Außerdem müssen Kredite mit Zinsen zurückgezahlt werden, und die sich folgerichtig spiralenförmig entwickelnde Verschuldung Lateinamerikas vermehrt die obengenannten Probleme zusätzlich. So machte die »nationale Entwicklungspolitik« der Industrialisierung durch Importsubstitution die Zahlungsbilanz zur Achillesferse der lateinamerikanischen Wirtschaften. Um die zur Industrialisierung notwendigen Importe zu bekommen und um die Kapitalabflüsse zu finanzieren, hielten die meisten Länder an ihren agrarischen oder Bergbau-Export-Strukturen fest (wobei dies in vielen Fällen die Aufrechterhaltung der politischen Macht der Oligarchien einschloß, die sie kontrollierten) und verschuldeten sich an die USA – an das Land, dessen Herrschaft über Lateinamerika sie zu verringern hofften.

Der Verlust eines reinvestierbaren Überschusses, so beträchtlich er auch sein mag, wird von Cardoso, Sunkel und Furtado dennoch für weniger wichtig gehalten als die Umstrukturierung der internen Produktionsstruktur Lateinamerikas durch die multinationalen Konzerne und die sich daraus ergebenden soziopolitischen Auswirkungen dieses Wandels. Im Gegensatz zu ausländischer Investitionstätigkeit in der Vergangenheit industrialisiert der multinationale Konzern die abhängigen Länder durch die Befriedigung oder sogar die Schaffung von Nachfrage auf dem inländischen Markt. Aber diese Inlandsnachfrage ist die einer kleinen Bourgeoisie und Mittelklasse, die sich die Früchte des technischen Fortschritts und andere Quellen hoher Einkommen aneignet[28] und so Konsumtionsmuster und Lebensstil beibehalten kann, die denen ihres Gegenstücks in den

entwickelten Ländern vergleichbar sind. (Die Anzeigen im TIME-Magazin bestätigen das ausdrücklich.) Wachstumsraten und -muster werden schließlich von einem schiefen Muster der Einkommensverteilung und der Allokation der Ressourcen im Einklang mit dieser Einkommensverteilung abhängig.
Cardoso vertritt (im Gegensatz zu A. G. Franks Begriff von der Entwicklung der Unterentwicklung) die Ansicht, daß »sich hier eine Art abhängiger kapitalistischer Entwicklung in denjenigen Sektoren der Dritten Welt vollzieht, die in neue Formen monopolistischer Expansion integriert sind«[29]. Damit scheint er zu meinen, daß der Kapitalismus, wiewohl durch ausländisches Kapital, die fortgeschritteneren unterentwickelten Länder industrialisieren kann: Die neue Abhängigkeit ist nicht so sehr Stagnation, sie besitzt vielmehr eine strukturelle Dynamik. Nichtsdestotrotz sind die sozialen und wirtschaftlichen Kosten dieser Industrialisierung hoch. Denn die Technologie des multinationalen Konzerns verdrängt Arbeitskräfte. Auch werden zahlreiche lokale Unternehmer, die sich nicht erfolgreich mit dem multinationalen Konzern verbinden können, verdrängt; ebenso werden Teile des Kleinbürgertums, z. B. kleine Ladeninhaber durch große Supermärkte, verdrängt. Das Ergebnis ist massive Arbeitslosigkeit und massenhafte Marginalisierung von Personen, die Tätigkeiten mit niedriger Produktivität ausüben. Die Unterschiede zwischen dem internationalisierten und dem nicht internationalisierten oder marginalen Sektor sind das unmittelbare Resultat kapitalistischer Expansion und werden zu einer Art strukturellem Dualismus.
Cardoso bestreitet zu Recht, daß es möglich sei, die politischen und sozialen Konsequenzen der neuen Abhängigkeit in einer mechanistischen Weise abzuleiten. Aber er und Sunkel sind sich über eine Reihe wahrscheinlicher Trends einig. Alle Gruppen der Bevölkerung, die mit dem internationalisierten Sektor verbunden sind – die lokale Agrar-, Handels-, Finanz- und Industrie-Bourgeoisie, ein großer Teil der Mittelklasse und jener Teil der Arbeiterklasse, der im internationalisierten Sektor beschäftigt ist –, können aufgrund der neuen Entwicklungen prosperieren und wahrscheinlich tun sie das auch. Das Ergebnis ist eine Fragmentierung der Interessen – nach Sunkels Ansicht die Ersetzung des Klassenkampfes durch einen sektoralen Kampf zwischen denjenigen, die mit dem internationalisierten Sektor verbunden sind und jenen, die sich in einer marginalen

Position dazu befinden. Darüberhinaus wirkt die Umstrukturierung Lateinamerikas durch die multinationalen Konzerne destabilisierend. Zur Überwindung der Instabilität, gleichzeitig aber zur Aufrechterhaltung des Entwicklungsprozesses sind einige lateinamerikanische Länder (besonders Brasilien) in die Hände einer modernisierenden und autoritären Militärherrschaft gefallen.

Das empirische Material, das zur Unterstützung dieser Hypothesen angeboten wird, ist zugegebenermaßen etwas zufälliger Natur. Ein Historiker würde das Beweismaterial im historischen Teil wahrscheinlich eher dünn finden. Aber dazu läßt sich sagen, daß die Dependencia-Theorie nicht dazu gedacht ist, eine historische Theorie Lateinamerikas anzubieten; sie soll vielmehr eine Perspektive liefern, innerhalb deren die Geschichte analysiert werden kann. Auch das Beweismaterial, das zur Unterstützung der Gegenwartsanalyse der Abhängigkeit angeboten wird, ist spärlich. Was es genau mit der Einkommensverteilung und anderen Charakteristika auf sich hat, bleibt problematisch; aber das vorhandene Beweismaterial scheint die Dependencia-Theoretiker zu bestätigen. Dennoch wären mehr empirische Beweise (und vor allem zwingendere) willkommen.

Die Schlußfolgerungen, die aus dieser Analyse der Abhängigkeit für die Politik abgeleitet worden sind, wurden in sehr allgemeine Worte gefaßt. Furtado argumentiert, die Eliminierung oder Kooptation der nationalen Bourgeoisie schließe die Möglichkeit des klassischen kapitalistischen Weges einer autonomen Entwicklung aus, und der Ausweg bestehe für den Staat darin, Institutionen zu schaffen, die verhindern sollen, daß der technische Fortschritt sich in Einkommenskonzentration und verzerrter Allokation auswirkt, und die den Markt ausweiten und die technische Entwicklung dahingehend beeinflussen sollen, daß sie mit den Bedürfnissen der Massen übereinstimmt.[30] Um zu dieser Art von Staatsintervention zu kommen, ist die Mobilisierung der Massen notwendig. Für Sunkel bedeutet die Abhängigkeit überwinden: bestehende Strukturen transformieren, um eine Fähigkeit zu autonomem Wachstum zu erzeugen.[31] Im Streben nach wirtschaftlicher Entwicklung muß man in der Lage sein, sowohl natürliche, technische und soziale Faktoren als auch Beziehungen zu anderen Ländern zu manipulieren. Um diese Ziele zu erreichen, ist die Partizipation marginaler Gruppen wesentlich. Dos Santos vertritt eine ähnliche These: Abhängigkeit, mit all ihren Konsequenzen, kann nicht durch Autarkie überwunden werden; um mit der Abhängigkeit zu brechen, ist es notwendig, »ihre innere Struktur zu verändern – ein Kurs, der zwangsläufig zur Konfrontation mit der bestehenden internationalen Struktur führt«[32]. Und schließlich erklärt Cardoso, nationale Entwicklung – Souveränität, innerer Zusammenhalt und progressive soziale Integration – müßte der abhängigen kapitalistischen Entwicklung, wie sie von den multinationalen Konzernen vorangetrieben werde (und für alle diejenigen attraktiv sei, die mit dem internationalisierten Sektor verbunden sind, einschließlich der Arbeiteraristokratie) als Alternative gegenübergestellt werden. Man müsse ein Bewußtsein für soziale Ungleichheit und nationale Abhängigkeit wecken. Und dazu ist wieder die Organisation der unstrukturierten Massen in den marginalen Sektoren notwendig.[33]

Es kann kaum Zweifel daran bestehen, daß viele der Punkte, die in der Dependencia-Theorie betont werden – z. B. der Begriff der Abhängigkeit selbst – wichtige Perspektiven zum Verständnis von Entwicklung und Unterentwicklung geliefert haben. Die internationale Wirtschaft wird sich wahrscheinlich als ein fruchtbarerer Ausgangspunkt erweisen als z. B. traditionelle und moderne Gesellschaft, Wachstumsstadien, Leistungsmotivation und selbst als Myrdals kausal miteinander verknüpfte Voraussetzungen eines sozialen Systems. Ein Ausgangspunkt ist natürlich nichts weiter als ein Ort, von dem man ausgeht; aber er legt doch das Fundament für die Richtung der Analyse.[34] Die neue Perspektive ist relevant für ein breites Spektrum von Problemen. Sie stützt sich außerdem auf eine Reihe verschiedener geistiger Strömungen: den Strukturalismus, den Marxismus und den Nationalismus. Das ist allerdings nicht notwendigerweise eine Tugend: Der Eklektizismus einer Theorie, die kleinbürgerlichen Nationalismus und sozialistische Revolution unter einen Hut bringen kann, sollte Bedenken erregen.

Dependencia-Theoretiker betonen gewöhnlich, die klassische marxistische Theorie des Imperialismus sei eurozentrisch gewesen: D. h., Lenin, Bucharin, Luxemburg und Hilferding sei es darum gegangen, das charakteristische Stadium des Kapitalismus, dessen Ergebnis der Imperialismus war, sowie dessen Auswirkungen auf den europäischen Klassenkampf zu analysieren; dagegen hätten die durch den Imperialismus beherrschten Länder kaum Beachtung gefunden, und es sei kaum versucht worden, die Dynamik ihrer Situation zu analysieren. Grob gesprochen trifft das zu. Eine kurze Analyse machte Rosa Luxemburg, die voraussagte, daß »die imperialistische Phase der Kapitalakkumulation oder die Phase der Weltkonkurrenz des Kapitals ... die Industrialisierung und kapitalistische Emanzipation der früheren Hinterländer des Kapitals (umfaßt) ... Die Revolution ist in dem Prozeß der kapitalistischen Emanzipation der Hinterländer notwendig, um die aus den Zeiten der Naturalwirtschaft und der einfachen Warenwirtschaft übernommene, deshalb veraltete Staatsform zu sprengen und einen für die Zwecke der kapitalistischen Produktion zugeschnittenen modernen Staatsapparat zu schaffen.«[35] Darin folgte sie der Ansicht von Marx, daß die Kolonien gezwungen werden würden, die kapitalistische Produktionsweise anzunehmen, und daß sie schließlich industrialisieren würden. Die formale Unabhängigkeit wurde allerdings erreicht, ohne daß der größte Teil des Hinterlandes industrialisiert wurde, und etwas mehr als fünfzig Jahre lang schien der Kapitalismus die unterentwickelten Länder nicht zu industrialisieren, sondern behinderte eher ihre Industrialisierung. Bucharin war sich der Probleme des Imperialismus als eines Problems der Weltwirtschaft und auch der Notwendigkeit bewußt, Tendenzen in der Entwicklung der Weltwirtschaft und wahrscheinliche Veränderungen in ihrer inneren Struktur zu analysieren. Aber obwohl er die Bedeutung der Konzentration und Zentralisation des Kapitals und der Rivalität unter den imperialistischen Kapitalen um »verstärkten Wettbewerb auf den Warenmärkten, den Rohstoffmärkten und um die Sphären der Kapitalinvestition«[36] betonte, hat er nirgendwo analysiert, welche Auswirkungen diese Entwicklungen auf abhängige Wirtschaften haben würden.

Wenn man die marxistische Analyse Rußlands zu Beginn des zwanzigsten Jahrhunderts (als man Rußland als abhängiges Land betrachten konnte) in Rechnung stellt, kann man den marxistischen Zugang zur Entwicklung des Kapitalismus allerdings als differenzierter betrachten, als dies von den lateinamerikanischen Dependencia-Theoretikern zugegeben wird. Lenins *Entwicklung des Kapitalismus in Rußland* und Trotzkis *Geschichte der Russischen Revolution* betonen beide die ambivalente Rolle des ausländischen Kapitals in Rußland und das schwache und abhängige Wesen der russischen Bourgeoisie, das Ausmaß von Arbeitslosigkeit und Unterbeschäftigung, usw. Trotzki zog selbstverständlich den Schluß, das russische Industrieproletariat (klein im Verhältnis zur übrigen Bevölkerung, aber in großen Fabriken konzentriert) könne in einer revolutionären Situation die entscheidende Rolle spielen – ein Schluß, von dem Dependencia-Theoretiker zu bezweifeln scheinen, daß man ihn auf Lateinamerika anwenden könne. Trotzki gab auch eine brillante Zusammenfassung des Gesetzes der ungleichmäßigen und kombinierten Entwicklung (ein Ausdruck, den Dos Santos aufgenommen hat), das eine »Wiederholung der Entwicklungsformen bei verschiedenen Nationen« ausschließt . . . »Die Gesetze der Geschichte haben nichts gemein mit einem pedantischen Schematismus«.[37]

In einiger Hinsicht scheinen Baran und Frank die Perspektiven der Dependencia-Theoretiker zu teilen. Baran[38] bot sowohl einen analytischen Rahmen an, der eine historische Perspektive und deren Bedeutung für die Erkenntnis der bestehenden Strukturen unterentwickelter Länder betonte, als auch eine Analyse der Interaktionen zwischen unterentwickelten und entwickelten Ländern. Er argumentierte, Unterentwicklung sei das Resultat der Unterwerfung vorkapitalistischer Strukturen durch Kapitalisten. Denn obwohl der Kontakt die Dekomposition vorkapitalistischer Strukturen beschleunigte und auf diese Weise einige der Voraussetzungen für rasche Entwicklung schuf, entzog doch die Art und Weise des Kontakts dem unterentwikkelten Land einen bedeutenden Teil seines Überschusses zur Verwendung in den entwickelten Ländern. Sie verhinderte die Möglichkeiten der Industrialisierung, prägte Klassenbildungen (brachte z. B. eine *Comprador*-Bourgeoisie hervor) und verzerrte den ganzen Entwicklungsprozeß derart, daß er sich eher für die Bedürfnisse eines entwickelten Landes eignete. A. G. Frank[39] nimmt dieses Thema auf und entwickelt es weiter: Unterentwicklung ist das Ergebnis des kapitalistischen Entwicklungsprozesses, der zu einer Reihe von Metropole-Satelliten-Beziehungen führte und noch führt, innerhalb deren die zu Satelliten gemachten nationalen, regionalen und lokalen Metropolen in einen weltkapitalistischen Prozeß eingegliedert werden, der ihre Entwicklung der Unterentwicklung und ihre Unterentwicklung der Entwicklung sichert. Die Mechanismen dieses Prozesses sind die Metropolen-Satelliten-Beziehungen, die Enteignung/Aneignung des wirtschaftlichen Überschusses und eine Kontinuität im Wandel, die die Grundstrukturen intakt läßt.

In vielen wichtigen Aspekten erweitert und bereichert die Dependencia-Theorie den klassischen marxistischen und *Monthly Review*-Ansatz von Imperialismus und Unterentwicklung. Den Analysen der marxistischen Klassiker hat sie einen Versuch hinzugefügt, den Blickwinkel und die Bewegungsgesetze der unterentwickelten Länder zu formulieren. Sie hat auf diese Weise die vereinfachten marxistischen Ansichten über die wahrscheinlichen Auswirkungen der kapitalistischen Expansion in den unterentwickelten Ländern wesentlich modifiziert, indem sie das Wechselspiel zwischen den internen und den externen Strukturen betonte, während klassische Marxisten dazu neigten, die Expansion des Kapitalismus in unterentwickelte Länder lediglich als einen Prozeß der Zerstörung und der Ersetzung vorkapitalistischer Strukturen zu sehen.
Barans Analyse war eine der ersten kritischen marxistischen Arbeiten über die Auswirkungen des Kapitalismus in unterentwickelten Ländern. Zusätzlich haben die Dependencia-Theoretiker dazu noch eine differenziertere und realistischere Klassenanalyse beigetragen. Sie haben die Vielfalt historischer Beispiele vermehrt, z. B. um das »unabhängige« Entwicklungsmuster von Ländern wie Argentinien, und sie haben gezeigt, daß Barans Annahme, Kapitalismus in einem unterentwickelten Land gebe einen Rahmen ab für wirtschaftliche Stagnation, archaische Technologie und für soziale Rückständigkeit, weitaus zu vereinfacht ist.
Frank ist kritisiert worden, weil er nicht anerkannt habe, daß der Prozeß der Unterentwicklung nicht ein Prozeß der Satellitisierung sei, sondern ein Prozeß der »Ausbildung eines bestimmten Typus einer inneren Struktur, die durch internationale Abhängigkeitsbeziehungen geprägt wird«[40]. Diese Kritik ist etwas unfair, da Frank häufig die Wichtigkeit innerer Strukturen und ihrer Beziehungen zur internationalen Wirtschaft betont. Trotzdem bieten die Dependencia-Theoretiker eine subtilere und überzeugendere Analyse der Wechselbeziehungen zwischen inneren und äußeren Strukturen an, als dies Franks eher krude, propagandistische Slogans zu diesem Thema vermögen. Cardoso greift auch explizit Franks berühmtes Motto von der »Entwicklung der Unterentwicklung« an. Er argumentiert, daß diese Formulierung die strukturelle Dynamik der Industrialisierung ignoriert, wie sie jetzt von den multinationalen Konzernen durchgeführt wird – damit wird »abhängige Entwicklung«

möglich –, und daß dieser Prozeß zu bedeutenden Reformen der alten oligarchischen Strukturen führen kann, z. B. etwa zu einer Reform der Agrarverfassung und anderer traditioneller Muster der Unterentwicklung.[41] Aber es ist nicht richtig, daß Frank die Möglichkeit einer abhängigen Industrialisierung bestreitet: Was er tatsächlich bestreitet, ist die Möglichkeit einer *unabhängigen*, autonomen Industrialisierung. Er bestreitet auch, daß irgendein Prozeß dieser Art eine Auswirkung auf die zunehmende Armut der großen Masse der Bevölkerung haben würde; der Prozeß der Unterentwicklung stürzt mit Notwendigkeit die große Mehrheit des betreffenden Volkes sogar in noch größere Armut.[42] Wenn Cardoso die Ansicht vertritt, daß Reformen der oligarchischen Strukturen z. B. dazu beitragen könnten, die Lage der ländlichen Massen zu verbessern, dann stellt er wirklich die Franksche These von der »Entwicklung der Unterentwicklung« in Frage. Aber es ist keineswegs klar, daß Cardoso mit Frank im Hinblick auf die Verelendung der Masse der Bevölkerung nicht übereinstimmen würde. Da weder die »Entwicklung der Unterentwicklung« noch die »abhängige Entwicklung« genügend ausformuliert sind, ist nicht klar, wo die Unterschiede liegen.

Die aktuellen Mechanismen der Abhängigkeit werden selten im Detail geschildert. In dem richtigen Bestreben, unzulässige Vereinzelung zu vermeiden (ein Fehler, den man Dependencia-Theoretikern sicher nicht vorwerfen kann), tendiert man dazu, die Teile im Ganzen zu verlieren. Alles ist mit allem verknüpft; aber wie und warum, bleibt oft dunkel. So ist z. B. die Feststellung von Dos Santos, daß die Entwicklung von Teilen des Systems auf Kosten der anderen Teile geht, möglicherweise richtig. (Myrdal hat eine ähnliche These aufgestellt, wird aber überraschenderweise von den Dependencia-Theoretikern nie erwähnt.) Das Argument könnte jedoch überzeugender sein, wenn die Mechanismen im einzelnen aufgezeigt würden. Darüber hinaus erfahren die Politik und das politische Instrumentarium der Vergangenheit nur eine kursorische Behandlung; gewöhnlich wird darauf verwiesen, daß sie ungeeignet zur Förderung nationaler Entwicklung waren.

In vieler Hinsicht bietet daher die Dependencia-Theorie eine weniger nützliche Perspektive als zahlreiche marxistische Arbeiten. Lenins Imperialismusdefinition, sei sie nun richtig oder falsch, zählte die Punkte auf, die er für die grundlegenden Charakteristika desjenigen Stadiums des Kapitalismus hielt, das zum Imperialismus führte. In den Dependencia-Theorien sucht man vergebens nach den grundlegenden Charakteristika der Abhängigkeit. Stattdessen bekommt man ein Argument, das sich im Kreise dreht: abhängige Länder sind solche, denen die Fähigkeit zu autonomem Wachstum fehlt, und diese Fähigkeit fehlt ihnen, weil sie abhängige Strukturen haben.

In einer Welt zunehmender Interdependenz ist es aber wichtig zu wissen, was ein abhängiges Land abhängig macht. Denn es ist klar, daß viele Länder Wesenszüge der Abhängigkeit haben. Kanada ist ein offensichtliches Beispiel für ein abhängiges Land, und doch hat Kanada viele Wesenszüge eines entwickelten Landes – hohe Pro-Kopf-Einkommen und ein hohes Niveau in bezug auf Erziehung, Gesundheitswesen, Wohlfahrt, usw. Wenn das Konzept der Abhängigkeit das der Unterentwicklung ersetzen soll, wie das z. B. Celso Furtado vorgeschlagen hat, ist es wichtig, die Frage zu beantworten, warum einige abhängige Länder reich und andere arm sind – denn der zentrale Gesichtspunkt ist immer noch die Armut in all ihren Erscheinungsformen. Offensichtlich können viele der Probleme Kanadas – Ungleichheit der Regionen, Arbeitslosigkeit, der Nationalismus in Quebec – innerhalb des Rahmens des Konzepts der Abhängigkeit fruchtbar analysiert werden. Dennoch muß man, wenn man – wie Dos Santos – Abhängigkeit als die Bedingungsstruktur für Armut nimmt, erklären, warum einige abhängige Länder reich sind und andere arm.

Das Fehlen einer Aufzählung und Analyse der grundlegenden Charakteristika von Abhängigkeit führt zu Verwirrung, wenn es um politische Strategien geht. Denn politische Schlußfolgerungen werden ebenfalls (vielleicht bewußt) im unklaren gelassen. Es ist an keiner Stelle klar, ob die multinationalen Konzerne nationalisiert werden oder durch Regulierung der Auslandsinvestitionen im Stile des Anden-Pakts kontrolliert werden sollen, und auch nicht, welche spezifische Politik im Hinblick auf Technologie-Transfer und technische Entwicklung, Arbeitslosigkeit und Einkommensverteilung, usw. verfolgt werden soll. Die wichtigste politische Strategie, die empfohlen wird, zielt ab auf eine Veränderung der inneren Strukturen zwecks nationaler Entwicklung. Dos Santos scheint den Sozialismus als Vorbedingung für diesen Wandel zu betrachten. Cardoso nimmt möglicherweise denselben Standpunkt ein: Seine Analyse der industriellen Bourgeoisie in Brasilien und Argentinien[43] hat ihn zu dem Schluß geführt, daß diese, um ihre Marktpositionen zu halten, eher ein Bündnis mit dem ausländischen Kapital und bequeme politische Allianzen vorzieht, statt zu versuchen, die Staatsmacht direkt in die Hand zu bekommen. So »ist es nicht mehr realistisch zu erwarten, die nationale Bourgeoisie werde den Widerstand gegen die Durchdringung von außen anführen«[44]. Aber Cardoso vermittelt auch den Eindruck, daß das industrielle Proletariat gekauft worden sei und daß man das Banner des Nationalismus (wer es vorantragen soll und welche politischen Losungen darauf geschrieben werden sollen, bleibt unklar) ergreifen müsse, um alle marginalen Sektoren im Streben nach nationaler Integrität zu vereinen. Sunkel und Furtado stehen vielleicht ehrlicher in der Tradition der reformistischen CEPAL, die nationale Entwicklung ohne Klassenkampf und Unabhängigkeit ohne Revolution anstrebt. Vieles, was über Dependencia geschrieben worden ist, scheint einen mit der Vision zurückzulassen, daß ein antiimperialistischer, populistischer Führer herbeizuwünschen ist, der sein Volk unter einem technokratischen Staat vereinigt. Der Trend mag in diese Richtung gehen. Aber ist es in irgendeiner Weise wahrscheinlicher, daß jener diesmal erfolgreich ist, als es in der Vergangenheit oder andernorts der Fall war?

Dependencia-Konzepte werden zweifellos Bestand haben. Die grundlegende These, die sie aufstellen – daß das Wechselspiel zwischen den inneren Strukturen Lateinamerikas und den internationalen Strukturen der entscheidende Ausgangspunkt für ein Verständnis des lateinamerikanischen Entwicklungsprozesses ist – ist von entscheidender Bedeutung. Sie eröffnet neue Möglichkeiten für zukünftige Arbeit. Aber war es wirklich notwendig, so viele Millionen Worte zu schreiben, nur um diese Perspektive aufzutun?

Anmerkungen

Abdruck mit freundlicher Genehmigung des Verfassers und des Verlages Routledge & Kegan Paul Ltd., London. Der Beitrag wurde zuerst veröffentlicht unter dem Titel: A critique of Latin American theories of dependency, in: Ivar Oxaal u.a. Hg., Beyond the sociology of development. Economy and society in Latin America and Africa, London 1975, 7–27. Übersetzt von Hannelore Bruchhold.

1 Albert O. Hirschman, Ideologies of economic development in Latin America, in: Albert O. Hirschman Hg., Latin American Issues. Essays and Comments, New York 1961, 3-42; wiederabgedruckt in: Albert O. Hirschman, A Bias for Hope, New Haven 1971.
2 Alexander Gerschenkron, Economic backwardness in historical perspective, zuerst in: B. Hoselitz Hg., The Progress of underdeveloped Areas, Chicago 1952, dt. in: H.-U. Wehler Hg., Geschichte und Ökonomie, Köln 1973, 121–39.
3 Carlos Octavio Bunge, Nuestra América, Buenos Aires 1903[1].
4 José Enrique Rodó, Ariel, Montevideo 1900[1]; die Ausgabe Cambridge 1967 enthält Anmerkungen und eine Einleitung von G. Brotherston in englischer Sprache.
5 Samuel Ramos, El Perfil del Hombre y de la Cultura en México, México 1930[1]; engl.: Profile of Man and Culture in Mexico, Austin 1962.
6 Victor Raúl Haya de la Torre, El Antiimperialismo y el APRA, Lima 1928.
7 Raúl Prebisch, The Economic Development of Latin America and its Principal Problems, New York 1950.
8 Theotonio Dos Santos, The crisis of development theory and the problem of dependence in Latin America, in: H. Bernstein Hg., Underdevelopment and Development, Harmondsworth 1973, zuerst span. 1968.
9 Vgl. Paul M. Sweezy, The Theory of Capitalist Development, New York 1942, Kap. 1.
10 Vgl. Thomas Kuhn, The Structure of Scientific Revolutions, Chicago 1962.
11 Joseph Hodara, La dependencia de la dependencia, Aportes 21, 1971, 6–15.
12 Vgl. Dos Santos.
13 Osvaldo Sunkel u. Pedro Paz, El Subdesarrollo Latinoamericano y la Teoria del Desarrollo, México 1970.
14 Osvaldo Sunkel, National Development policy and external dependence in Latin America, Journal of Development Studies 6, 1969.
15 Celso Furtado, Dependencia externa y teoria económica, El Trimestre Económico 1971, dt. in: D. Senghaas Hg., Imperialismus u. strukturelle Gewalt, Frankfurt 1972, 316–34. Übersetzungen aus spanischen Quellen stammen vom Autor.
16 Fernando Henrique Cardoso u. Enzo Faletto, Dependencia y Desarrollo en América Latina, México 1970.
17 Osvaldo Sunkel, Capitalismo transnacional y desintegración nacional, El Trimestre Económico 1971, dt. in: Senghaas Hg., 258–315.
18 Sunkel u. Paz.
19 Vgl. Dos Santos.
20 Theotonio Dos Santos, The structure of dependence, American Economic Review 1970.
21 Dos Santos, 1973.
22 Celso Furtado, Economic Development of Latin America: A Survey from Colonial Times to the Cuban Revolution, Cambridge 1970.
23 Sunkel, 1969.
24 Sunkel, 1971.
25 Fernando Henrique Cardoso, Dependency and Development in Latin America, New Left Review 74, 1972, dt. in: D. Senghaas Hg., Peripherer Kapitalismus. Analysen über Abhängigkeit und Unterentwicklung, Frankfurt 1974, 201–20.

26 Quelle: Survey of Current Business; einige Zahlen aus der CEPAL-Analyse in: F. Fajnzylber, Estrategia Industrial y Empresas Internacionales, Rio de Janeiro 1971, wiedergegeben in Cardoso, Dependency, 92.

27 Vgl. C. Vaitsos, Transfer of resources and preservation of monopoly rents, MS, das auf der Konferenz des Development Advisory Service der Harvard-Universität in Dubrovnik vom 2.-6. Juni 1970 vorgelegt wurde.

28 Sunkel, 1971 bezeichnet die Quellen als: »(a) Tätigkeiten mit hoher Produktivität; (b) Einkommenstransfer von Sektoren hoher Produktivität in Gebiete, die mit ihnen nicht verbunden sind; (c) monopolistische Ausbeutung von Waren- oder Faktormärkten in Sektoren mit niedriger Produktivität; (d) externe Einkommenstransfers«.

29 Vgl. Cardoso u. Faletto.

30 Celso Furtado, La Concentración del poder económico en los Estados Unidos y sus proyecciones en América Latina, Estudios Internacionales (Santiago de Chile) 1968.

31 »Wirtschaftliche Unabhängigkeit kann nicht die magische Konsequenz eines heroischen Aktes sein.« Sunkel, 1969.

32 Dos Santos, 1973.

33 Cardoso, 1972.

34 Vasconi argumentiert, Abhängigkeit sei keine kausale Kategorie, sondern eine Matrix von Beziehungen eines allgemeinen Zustandes. Also bietet sie keine spezifischen empirischen Belege, sondern eher eine neue Perspektive. Vgl. Tomás A. Vasconi, Dependencia y superestructura, Revista Mexicana de Sociología 1969, auch in: Economía y Ciencias Sociales 11, 1969, 99-131.

35 Rosa Luxemburg, Die Akkumulation des Kapitals, Berlin 1913, 394.

36 N. Bucharin, Imperialismus und Weltwirtschaft, Neudruck Frankfurt 1969.

37 Leo Trotsky, The History of the Russian Revolution, London 1965.

38 Paul Baran, The Political Economy of Growth, New York 1957, Harmondsworth 1973.

39 André Gunder Frank, Capitalism and Underdevelopment in Latin America, überarb. Aufl. New York 1969, Harmondsworth 1972, dt. Frankfurt 1968; ders., Latin America: Unterdevelopment or Revolution, New York 1969; ders., Lumpenbourgeoisie – Lumpendevelopment, New York 1972.

40 Dos Santos, 1973; auch von einem marxistischen Standpunkt aus (in: E. Laclau, Feudalism and Capitalism in Latin America, New Left Review 67, 1971) ist Frank dafür kritisiert worden, daß er »Kapitalismus« in der Bedeutung verwende »(a) eines Systems der Produktion für den Markt, in dem (b) Profit das Motiv für die Produktion darstellt und (c) dieser Profit zum Nutzen eines anderen als des unmittelbaren Produzenten realisiert wird, dem dadurch der Profit enteignet wird«. Laclau argumentiert, daß diese Definition nur die Warenzirkulation berücksichtigt und die Produktionsverhältnisse ignoriert. Es ist richtig, daß Frank seine Schlüsselbegriffe – Kapitalismus, Metropole-Satellit, Ausbeutung, Unterentwicklung – nicht klar oder angemessen definiert; z. B. stützt er sich auf ein Bild der Ausbeutung (ein Weg, der vom bolivianischen Bauern bis zum reichen New Yorker Kapitalisten führt), anstatt eine Analyse dieser Ausbeutung zu geben. Seine einzige eingleisige Erklärung allen Ungleichgewichts ist ein Weg, die Erklärung des Mechanismus differenzierender Ungleichgewichte zu vermeiden. Trotzdem hält Franks grundlegende Aussage stand: daß es der Kapitalismus war, der im Süden der USA die Sklaverei, in Lateinamerika die

Latifundien usw. entstehen ließ. Es mag richtig sein (wie Laclau sagt), daß z. B. die Sklaverei im amerikanischen Süden eine Produktionsweise der Sklavenhaltergesellschaft war, aber der wichtige Punkt ist die Beziehung zwischen dieser und der dominierenden Produktionsweise, dem industriellen Kapitalismus. Dort, wo die Quelle der untergeordneten Produktionsweise vorindustrieller oder merkantiler Kapitalismus war (wie z. B. im Falle der Latifundien in Lateinamerika), ist die Frage offensichtlich komplizierter.

41 Cardoso gibt ein paar Beispiele.

42 Frank, 1969.

43 Fernando Henrique Cardoso, Ideologías de la Burguesía Industrial en Sociedades Dependientes (Argentina y Brasil), México 1971.

44 Cardoso, 1972.

Hermann Sautter

Unterentwicklung und Abhängigkeit als Ergebnisse außenwirtschaftlicher Verflechtung. Zum ökonomischen Aussagewert der Dependencia-Theorie

1. Einführung

Die Mehrheit lateinamerikanischer Sozialwissenschaftler sieht heute einen engen Zusammenhang zwischen der Unterentwicklung und der Abhängigkeit des Subkontinents. Der Abhängigkeitsbegriff scheint ihnen so offensichtlich zur Erklärung der gegenwärtigen Situation geeignet zu sein, daß sie eine gründliche theoretische Analyse und eine umfassende empirische Untermauerung ihrer Thesen häufig für unnötig halten. »Dependencia« ist aber nicht nur zum wichtigsten Begriff der sozialwissenschaftlichen Arbeit in Lateinamerika geworden, sondern dient zugleich als Kampfwort in der politischen Auseinandersetzung. Es enthält die Hoffnung auf völlig neue Entwicklungsstrategien, die einen Ausweg aus dem Teufelskreis der Armut versprechen und die die politisch-ökonomische Identität Lateinamerikas wiederherstellen. Die weite Verbreitung, die das Gedankengut der »Dependencistas« in Lateinamerika findet, läßt den Eindruck entstehen, daß in diesem Denken die tiefverwurzelte Identitätskrise Lateinamerikas ihren modernen Ausdruck findet.

Diese Vorbemerkung ist notwendig, bevor im folgenden eine kritische Auseinandersetzung mit der Dependencia-Literatur erfolgt. Es wäre zu billig, wollte man den Protest der »Dependencistas« dadurch als inhaltsleer abtun, daß man auf die Schwächen und Widersprüche ihres theoretischen Ansatzes hinweist. Gerade wenn man diesen Protest ernst nimmt, ist allerdings eine Kritik der Dependencia-Thesen unerläßlich. Dabei kann aus zwei Gründen auf eine Auflösung der »Gesamtschau«, die sich häufig mit dem Dependencia-Begriff verbindet, nicht verzichtet werden. Einmal muß sich der Erklärungswert einer Theorie darin zeigen, daß sie sich zur Deutung typischer

Einzelphänomene eignet. Zum anderen hat es auch die praktische Entwicklungspolitik, der die »Dependencistas« Anregungen vermitteln wollen, immer mit konkreten Einzelproblemen zu tun. Es ist deshalb legitim, wenn sich dieser Beitrag auf einzelne Thesen beschränkt, die sich mit der gegenwärtigen Phase der Unterentwicklung Lateinamerikas befassen. Diese Phase ist gekennzeichnet durch die auf dem Wege der Importsubstitution vorgenommene Industrialisierung. Im Mittelpunkt dieser Untersuchung steht deshalb die Diskussion einiger Thesen der »Dependencistas« zum Mißerfolg der Importsubstitution bei der Überwindung von Unterentwicklung und Abhängigkeit. (3. Abschnitt). Im Anschluß daran soll nach den Vorstellungen der »Dependencistas« vom Weg einer eigenständigen Entwicklung gefragt werden (4. Abschnitt). Zunächst muß aber geklärt werden, was die »Dependencistas« unter Abhängigkeit verstehen und inwieweit eine empirische Untermauerung ihrer Thesen möglich ist (2. Abschnitt).

2. Begriffsinhalte und empirische Relevanz der Dependencia-These

Man begegnet in der Dependencia-Literatur einer Fülle von Definitionen des Abhängigkeitsbegriffs, die häufig sehr unscharf sind, die sich teilweise widersprechen oder überschneiden und die manchmal tautologischer Art sind. Der Versuch, die zahlreichen Definitionen wenigstens zu einigen Gruppen zusammenzufassen, führt zu folgendem Ergebnis.

Erstens wird von Abhängigkeit im Blick auf die Beziehungen zwischen einzelnen Wirtschaftssektoren oder zwischen Personengruppen und Dingen gesprochen. So kann z. B. davon gesprochen werden, die Industrie sei »abhängig« von den Rohstoffimporten, die Exporterlöse vom Produktionsvolumen einzelner Sektoren (z. B. des Erdölsektors im Falle Venezuelas[1]), der Staatshaushalt von ausländischen Krediten usw. Der Abhängigkeitsbegriff besitzt dabei keinerlei spezifischen Aussagewert, denn man könnte in diesen Fällen ebensogut Begriffe wie »Einflußnahme« oder »Auswirkung« verwenden. In der neueren Dependencia-Literatur spielt dieses Verständnis des Begriffs kaum eine Rolle, und es soll deshalb bei den weiteren Überlegungen nicht mehr berücksichtigt werden.

Zweitens wird der Abhängigkeitsbegriff verwendet, um ein ungleichgewichtiges Verhältnis in den Beziehungen zwischen verschiedenen Volkswirtschaften auszudrücken. Ein Land ist in diesem Sinne abhängig, wenn seine gesamte sozio-ökonomische Entwicklung durch externe Faktoren – wie beispielsweise die Investitionsentscheidungen ausländischer Unternehmen, die Importnachfrage ausländischer Produzenten oder Konsumenten, die Kreditbewilligungen ausländischer Banken – determiniert wird, *ohne* daß das betroffene Land einen äquivalenten Einfluß auf seine ausländischen Wirtschaftspartner ausüben kann. Anders als bei der ersten Gruppe von Definitionen sind hier gesamtgesellschaftliche Beziehungen gemeint, und die externen Faktoren, die den Entscheidungsspielraum sowie die Entwicklungsmöglichkeiten eines Nationalstaates einengen, sind die Gesamtheit seiner außenwirtschaftlichen Beziehungen. Die folgenden Zitate stellen Beispiele für dieses Verständnis des Dependencia-Begriffs dar. Von Abhängigkeit wird gesprochen, wenn »einige Länder (die beherrschenden) in der Lage sind, zu expandieren und sich aus eigener Kraft kontinuierlich zu entwickeln, während andere (die abhängigen) das nur als Reflex dieser Expansion tun können« (Theotonio Dos Santos)[2]; »die Unterordnung einer Wirtschaft unter die autonomen Entscheidungen . . ., die in anderen Wirtschaften vorgenommen werden«, erzwungen wird (Córdova)[3]; ». . . die wirtschaftliche Entwicklung irgendeines Landes nicht mehr nur ein Ergebnis seiner eigenen inneren Struktur und Dynamik ist, sondern von der Größe und Beschaffenheit seiner Beziehungen mit den übrigen Ländern der Welt abhängt« (Córdova-Michelena)[4]. Dieses Verständnis der Abhängigkeit berührt sich eng mit der Theorie von F. Perroux. Im Sinne dieser Theorie könnten Länder als abhängig bezeichnet werden, deren Entwicklung sich den von anderen Ländern gesetzten Daten anpaßt im Gegensatz zu unabhängigen Ländern, die aktiv andere Gebiete beeinflussen[5], oder – so ließe sich ergänzen – im Gegensatz zu »interdependenten« Ländern, die ebenso sehr andere Gebiete beeinflussen, wie sie von diesen beeinflußt werden.

Will man die in diesem Sinne zu verstehende Abhängigkeit empirisch nachweisen, so sind zahlreiche Formen außenwirtschaftlicher Beziehungen zu berücksichtigen. Nach Pinto könnten z. B. Indikatoren hinsichtlich der Auslandsverschuldung oder der Export- und Importstruktur Aufschluß über die

»Situation der Abhängigkeit« geben, wobei hinter dieser Nennung möglicher Kennziffern die Annahme steht, ein hoher Verschuldungsgrad, eine einseitige Exportstruktur usw. bedeute »Abhängigkeit«.[6] Um eine empirische Aussage über die Abhängigkeit eines Landes machen zu können, müßte ein gewogenes Mittel aller solcher Indikatoren berechnet werden. Ein derartiger »Abhängigkeitskoeffizient«, der den »Grad der Sensibilität«, wiedergeben könnte, »mit der ein Land auf die Veränderungen der unabhängigen (d. h. der ausländischen, d. Verf.) Variablen reagiert«,[7] ist bisher von den Dependencistas nicht entwickelt worden.[8] Es ist auch fraglich, ob mit seiner Berechnung sehr viel gewonnen wäre. A. Pinto weist darauf hin, daß »Abhängigkeit« ebenso wie »Unterentwicklung« vor allem in qualitativer Hinsicht im Sinne eines »Entwicklungsstils« zu sehen sei,[9] wobei er allerdings nichts zur Definition dieses Begriffs sagt. Es hat aber wenig Sinn, den »Stil« der Entwicklung quantitativ erfassen zu wollen.

Bei dieser zweiten Gruppe von Definitionen wird deutlich zwischen internen und externen Faktoren der Unterentwicklung unterschieden, wobei die externen Faktoren zum Datenkranz einer auf die Entwicklungsländer konzentrierten Untersuchung gerechnet werden. Diese Unterscheidung wird bei einem *dritten* Bedeutungsgehalt des Abhängigkeits-Begriffs durchbrochen, insofern einmal davon gesprochen wird, einzelne Wirtschaftssektoren oder Personengruppen im Inland (z. B. ausländische Tochtergesellschaften, die auslandsorientierte Ober- und Mittelschicht) handelten in Interessenübereinstimmung mit den dominierenden ausländischen Mächten und verlagerten dadurch Abhängigkeitsbeziehungen ins Inland, und zum anderen die Wirtschaft der beherrschenden Länder in die Analyse einbezogen wird. Das Interesse von Autoren, deren Arbeiten dieser Bedeutungsgruppe des Dependencia-Begriffs zuzurechnen sind, gilt einem globalen System, in dem interne und externe sozio-ökonomische Beziehungen in gleicher Weise berücksichtigt werden. Der Abhängigkeitsbegriff ist hier ein Korrelat zum Imperialismus-Begriff und wird im Sinne einer Ausbeutung und Beherrschung der Entwicklungsländer im globalen System des Kapitalismus verstanden, wobei die externe Beherrschung und Ausbeutung ihre Entsprechung in internen Klassengegensätzen findet. Dieses Verständnis des Begriffs wird vor allem von marxistischen Autoren vertreten.[10]

Die genaue Abgrenzung der einzelnen Dependencia-Begriffe, besonders der zur zweiten und dritten Bedeutungsgruppe gehörenden, erscheint schwierig. Zum einen übersehen auch Autoren, die »Dependencia« vorwiegend im Sinne der zweiten Bedeutung verstehen, keineswegs die internen Erscheinungsformen von Abhängigkeit, und zum anderen ist es auch für eine marxistische Denkweise nur im Blick auf unausgewogene zwischenstaatliche Beziehungen sinnvoll, von »Abhängigkeit« ganzer Volkswirtschaften zu sprechen. Ein Beispiel für den fließenden Übergang zwischen diesen beiden Bedeutungen bietet Córdova, der zur marxistischen Richtung der Dependencia-Schule gerechnet wird, dessen folgende Formulierung aber auch als Beispiel für den zweiten Bedeutungsgehalt angesehen werden kann: Wie in der Mathematik aus der impliziten Funktion, die eine gegenseitige Abhängigkeit der Variablen einschließt, die explizite Funktion mit einer Unterscheidung zwischen abhängigen und unabhängigen Variablen gebildet werden kann, so entsteht nach Córdova aus dem interdependenten weltwirtschaftlichen System durch die Machtausübung der imperialistischen Staaten eine einseitige Abhängigkeitsbeziehung der Entwicklungsländer.[11] Die enge Verwandtschaft zwischen den beiden Bedeutungen des Dependencia-Begriffs macht es schwierig, streng zwischen einer marxistischen und einer bürgerlich-nationalistischen Richtung der Dependencia-Schule unterscheiden zu wollen. Eine solche Unterscheidung ist allenfalls im Blick auf die wirtschaftspolitischen Vorstellungen der Dependencistas möglich (vgl. dazu S. 70 ff.).

Trotz des fließenden Übergangs zwischen den verschiedenen Begriffsinhalten machen allerdings marxistische Dependencistas für sich geltend, den einzigen »wissenschaftlichen« und »theoretischen« Dependencia-Begriff zu besitzen.[12] Sie nehmen ferner für ihre Theorie in Anspruch, daß sie a priori richtig sei.[13] Empirische Forschungen könnten demnach niemals die These der »abhängigen Entwicklung« widerlegen. Am deutlichsten kommt dies in der folgenden Formulierung zum Ausdruck, die in einer marxistischen Rezension der Dependencia-Literatur zu finden ist: »Dependencia umfaßt als theoretischer Begriff unendlich viele Faktoren und kann daher niemals selbst operationalisiert oder ›bewiesen‹ werden«.[14] Die Abneigung gegen den Versuch, mit einer als *cientificismo* bezeichneten empirischen Analyse die Hypothesen der Dependencia-Schule zu untermauern, geht bei Dos Santos so weit, daß er mit dem Wortspiel *datos* (Daten) = *dadas* (gegeben) jede statistisch-ökonometrische Arbeit als Stabilisierung gegebener Verhältnisse ansieht und sie deshalb ablehnt.[15] Folgt man dem Popperschen Wissenschaftsverständnis, dann nimmt die prinzipielle Nicht-Falsifizierbarkeit ihrer Hypothesen dieser Richtung der Dependencia-Schule den Charakter einer Wissenschaft. Dieser Einwand macht aber nur deutlich, daß eine Diskussion der marxistischen Richtung der Dependencia-Schule nicht auf einzelwissenschaftlicher Ebene, wie z. B. der Wirtschaftswissenschaften oder der Soziologie, erfolgen kann, sondern letztlich auf erkenntnistheoretischer und wissenschaftstheoretischer Ebene geführt werden muß.

Viele Autoren, die »Dependencia« im Sinne der zweiten oder dritten Bedeutung verstehen, behaupten einen engen Zusammenhang zwischen Abhängigkeit und Unterentwicklung. Eine Diskussion der verschiedenen Bedeutungen des Dependencia-Begriffs muß deshalb auf diesen Zusammenhang eingehen. A. G. Frank geht am weitesten mit seiner These von der »Entwicklung zur Unterentwicklung«.[16] Die abhängige Arbeitsteilung mit den industrialisierten Ländern hat danach nicht nur eine Entwicklung verhindert, sondern Unterentwicklung erst herbeigeführt. Nach Furtado ist die Wurzel der Unterentwicklung eine spezifische Verbindung von internem Ausbeutungsprozeß und externer Abhängigkeit.[17] Die Behauptung eines engen Zusammenhangs zwischen Abhängigkeit und Unterentwicklung führt aber insofern zu Widersprüchen, als auch ein Land wie Kanada als »abhängig« bezeichnet wird.[18] Ebenso wird im Blick auf Japan und »einige europäische Länder« von Abhängigkeit gesprochen.[19] Der Dependencia-Begriff verliert durch diese Ausuferung jede analytische Schärfe, und man führt die Begriffsverwirrung auf die Spitze, wenn Kanada das »reichste unterentwickelte Land der Welt« genannt wird.[20]

Cardoso und Pinto, die ebenfalls zur Dependencia-Schule gerechnet werden, stellen deshalb die Gleichsetzung von Abhängigkeit und Unterentwicklung infrage und weisen darauf hin, daß in zahlreichen peripheren Ländern die Abhängigkeit der sozio-ökonomischen Entwicklung von den industriellen Zentren eine eigene Entwicklung offensichtlich nicht verhindert hat (so nach Pinto z. B. in Neuseeland, Australien, Kanada, Mexiko und Brasilien).[21] Auch marxistisch orientierte Autoren differenzieren auf der Grundlage dieser Beobachtungen ihr Urteil. Vasconi versteht unter Entwicklung den Prozeß einer zunehmenden Differenzierung des Produktionsapparates. Dies ist nach Vasconi möglich, ohne daß sich etwas an der Tatsache der Abhängigkeit ändert, während andererseits die Durchbrechung der Abhängigkeit nicht automatisch die Entwicklung eines Landes zur Folge hat.[22] Innerhalb der Dependencia-Literatur gibt es also keine einheitliche Deutung der Beziehungen zwischen Abhängigkeit und Unterentwicklung: die logische Trennung der beiden Begriffe findet sich ebenso wie die Behauptung, diese Begriffe seien gleichbedeutend, ja, es wird sogar von zunehmender Abhängigkeit als einer Konsequenz hoher wirtschaftlicher Wachstumsraten in Entwicklungsländern gesprochen.[23]

Dieser kurze Überblick über die wichtigsten in der Dependencia-Schule vertretenen Ansätze macht deutlich, daß es unmöglich ist, dem Dependencia-Begriff einen eindeutigen Inhalt abzugewinnen. Außerdem ergibt sich, daß zahlreiche Dependencistas eine Prüfung ihrer Hypothesen durch quantitativ-empirische Methoden für unmöglich oder für unnötig halten. Ein quantitativ-empirischer Test ist unmöglich, insofern der Tatbestand der »Abhängigkeit« durch Einbeziehung qualitativer Merkmale (»Entwicklungsstil«) außerordentlich weit definiert wird, und er ist unnötig, insofern »Abhängigkeit« als eine a priori-Kategorie der sozialwissenschaftlichen Forschung angesehen wird, die unabhängig vom Gelingen oder Mißlingen empirischer Falsifizierungsversuche richtig ist.

Für das weitere Vorgehen ergeben sich daraus folgende Konsequenzen: Es ist unmöglich, die komplexen Thesen der »Dependencistas« einem vollständigen empirischen Test zu unterwerfen. Es kann hier nur darum gehen, am Beispiel ausgewählter ökonomischer Probleme, die für die gegenwärtige Entwicklungsphase lateinamerikanischer Länder typisch sind, die Zuverlässigkeit der von der Dependencia-Schule entwickelten Deutungsschemata zu überprüfen. Dabei entsteht folgende Schwierigkeit. Würde man sich auf die Diskussion der Thesen eines Autors beschränken, so entstünde ein verzerrter Eindruck vom Denken der »Dependencistas«. Auf die Meinungsunterschiede innerhalb der Dependencia-Schule einzugehen, ist hier aber aus Raumgründen nicht möglich. Deshalb bleibt nur die Möglichkeit, aus zahlreichen, in der Dependencia-Literatur zu findenden

Behauptungen, die als Gemeingut vieler Dependencistas angesehen werden können, selbständig einige Thesen zu formulieren und diese der kritischen Auseinandersetzung zugrundezulegen. Es ist dem Verfasser bewußt, daß es dieses Verfahren nicht erlaubt, dem Denken einzelner Autoren vollständig gerecht zu werden.[24] Er sieht aber in der angegebenen Methode den einzig gangbaren Weg zur Lösung der gestellten Aufgabe, einen kritischen Überblick über das ökonomische Denken der Dependencia-Schule zu geben.

Die Kritik der »Dependencistas« an der Importsubstitutions-Industrialisierung wird im folgenden zusammenhängend wiedergegeben. Im Anschluß daran werden drei Thesen diskutiert, in die sich diese Kritik zusammenfassen läßt. Das diesen Thesen zugrundeliegende Abhängigkeitsverständnis entspricht der zweiten und dritten Bedeutung des Begriffs.

3. »Abhängigkeit« durch Importsubstitution und ausländische Direktinvestitionen. Drei Thesen der Dependencia-Schule

Die »Dependencistas« unterscheiden verschiedene Entwicklungsphasen Lateinamerikas nach den in ihnen vorherrschenden Formen der Abhängigkeit. Auf die Kolonialzeit folgte nach dieser Deutung seit etwa Mitte des 19. Jahrhunderts eine Abhängigkeit, die mit der einseitigen Festlegung Lateinamerikas auf die Rolle des Rohstoffexporteurs innerhalb der weltwirtschaftlichen Arbeitsteilung gekennzeichnet war.[25] Die gegenwärtige Phase ist durch die Industrialisierung gekennzeichnet, die in den meisten Fällen – beginnend während der Weltwirtschaftskrise und verstärkt nach dem 2. Weltkrieg – auf dem Wege der Importsubstitution vorgenommen wurde.

Diese Industrialisierung hat nach Ansicht der »Dependencistas« die ursprüngliche Abhängigkeit nicht beseitigt, sondern ihr lediglich eine neue Form verliehen und sie auf ein »höheres Niveau«[26] gehoben. Die fortgesetzte Substitution importierter Güter durch im Inland hergestellte Erzeugnisse hatte nach dieser Sicht zur Folge, daß die Bedürfnisse Lateinamerikas mit den für die reichen Industrieländer entwickelten Gütern befriedigt wurden, ohne daß die Entwicklung von Produkten angeregt worden wäre, die dem Wohlstandsniveau Lateinamerikas angemessen waren. Die Konsumgüter ausländischer Prägung seien nur für die dünne Ober- und Mittelschicht erschwinglich gewesen, deren gesamtwirtschaftliche Nachfrage zu gering war, um die Vorteile einer Massenproduktion zu ermöglichen. Dadurch seien die Beschäftigungseffekte der Industrialisierung gering geblieben. Die Übernahme ausländischer Produktionstechniken, die den Faktorrelationen der Industrieländer angepaßt und deshalb kapitalintensiv waren, habe diese Konsequenz verschärft. Das Ergebnis dieser Industrialisierung ist nach Sicht der Dependencistas eine »frühreife Überflußgesellschaft«[27], die den differenzierten Konsumbedarf einer kleinen Schicht Privilegierter befriedigt, in der aber zugleich das Heer der Arbeitslosen und Unterbeschäftigten ständig zunimmt und der Lebensstandard eines großen Teils der Bevölkerung nicht verbessert wird. Die durch die Importsubstitution geförderte Niederlassung ausländischer Unternehmen in Lateinamerika habe diesen Prozeß gefördert, weil dadurch die Übernahme fremder Konsummuster und Produktionstechniken verstärkt und die Entfaltung eigenständiger Industrialisierungsansätze behindert worden sei. Die ausländischen Unternehmen hätten darüber hinaus einen Netto-Abfluß von Kapital aus Lateinamerika verursacht und dadurch die sich im Laufe der Importsubstitution ergebenden Devisenengpässe verschärft. Dies habe zu einer zunehmenden Auslandsverschuldung geführt, in der die gegenwärtige Abhängigkeit ihren deutlichsten Ausdruck finde.[28] Eine technologische Abhängigkeit – z. B. in Form der ausschließlichen Verwendung ausländischer Produktionstechniken oder der dominierenden Rolle ausländischer Tochtergesellschaften – und eine finanzielle Abhängigkeit – z. B. in Form einer wachsenden Auslandsverschuldung – seien die typischen Kennzeichen einer Gesellschaft[29], in der die Mehrheit der Bevölkerung nicht an der Entwicklung teilgenommen habe und in der die Arbeitslosigkeit ständig wachse.

Von den Thesen, in die sich diese Kritik zusammenfassen läßt, befaßt sich die erste mit den begrenzten Effekten der Importsubstitution auf die inländische Entwicklung, die zweite mit der Tätigkeit ausländischer Unternehmen und die dritte mit der Verschlechterung der Zahlungsbilanz.

Die Industrialisierung auf dem Wege der Importsubstitution hat kapitalintensive Produktionsstätten entstehen lassen, die wenig zur Lösung des Beschäftigungsproblems beitragen und die als Folge eines »Demonstrationseffektes«[30] vorwiegend dauerhafte Konsumgüter herstellen, die von der Ober- und Mittelschicht nachgefragt werden. Die Importsubstitution führte auf diese Weise zur Entstehung von »Industrieenklaven«, die kein gesamtwirtschaftliches Wachstum unter Beteiligung breiter Bevölkerungsschichten ermöglichten und keinen Ausweg aus der Unterentwicklung schufen.

In der kritischen Diskussion dieser These wird zunächst auf die Beschäftigungseffekte der Importsubstitutions-Industrialisierung eingegangen. An zweiter Stelle soll die im Gefolge der Importsubstitution entstandene Konsum- und Produktionsstruktur geprüft werden, und als drittes wird die Frage behandelt, inwieweit auf diese Weise gesamtwirtschaftliche Wachstumsprozesse ausgelöst wurden.

a) Die Beschäftigungseffekte der Importsubstitution. Vergleicht man die Wachstumsraten der Bevölkerung und der industriellen Beschäftigten in Lateinamerika, so erscheint die Behauptung der Dependencistas auf den ersten Blick berechtigt zu sein. Während die Gesamtbevölkerung lateinamerikanischer Länder zwischen 1950 und 1970 um durchschnittlich jährlich 2,8 % zugenommen hat, betrug die jährliche Wachstumsrate der industriellen Beschäftigten nur 2,6 % (1950/60) bzw. 2,3 % (1961/70), obwohl der Produktionswert der Industrie im gleichen Zeitraum mit 6,2 % bzw. 6,9 % stärker zugenommen hat als der anderer Sektoren, wie z. B. der Landwirtschaft (3,5 bzw. 3,3 %) oder des Bergbaus (6,1 bzw. 3,2 %).[31] Es kann angenommen werden, daß die im Rahmen der Importsubstitution angewandten wirtschaftspolitischen Maßnahmen eine der Ursachen für die geringen Beschäftigungswirkungen der bisherigen Industrialisierung darstellen, da diese Maßnahmen in vielen Fällen die Anwendung kapitalintensiver Produktionsverfahren begünstigten. So wurden beispielsweise häufig bei überbewerteter Inlandswährung hohe Schutzzölle für Konsumgüter, dagegen relativ niedrige Zölle für Kapitalgüter und Halbfertigerzeugnisse erhoben. Dies hat die Einfuhr von Kapitalgütern begünstigt, die der in den

Industrieländern herrschenden relativen Arbeitsknappheit angepaßt und deshalb kapitalintensiv waren. Zinssubventionen und Abschreibungserleichterungen einerseits sowie die Erhöhung von Lohnnebenkosten durch sozialpolitische Maßnahmen andererseits verstärkten die Vorteile einer kapitalintensiven Produktionsweise.[32] Es läßt sich schwer abschätzen, welche Beschäftigungswirkungen möglich gewesen wären, hätten die lateinamerikanischen Länder eine Bevorzugung kapitalintensiver Produktionsverfahren durch ihre Außenhandels-, Kredit- und Preispolitik vermieden. Immerhin haben Modellrechnungen für Brasilien ergeben, daß ein Lohn-Zins-Verhältnis, das den tatsächlichen Knappheitsverhältnissen von Arbeit und Kapital besser angepaßt gewesen wäre als das geltende Faktor-Preis-Verhältnis im Jahre 1968, eine Steigerung der Beschäftigtenzahl in der verarbeitenden Industrie um 11,4 % ermöglicht hätte.[33]

Selbst wenn aber die Importsubstitutions-Politik die Anwendung arbeitsintensiver Techniken stärker gefördert hätte als dies der Fall war, so wären die Beschäftigungseffekte unbefriedigend gewesen. Der Grund liegt darin, daß bei Anwendung arbeitsintensiver Verfahren in aller Regel niedrigere Wachstumsraten der industriellen Produktion und damit auch niedrigere Wachstumsraten der industriellen Beschäftigung erzielt werden als bei der Anwendung kapitalintensiver Verfahren. Dies ist darauf zurückzuführen, daß technische Neuerungen, die produktionssteigernd wirken, häufig nur in Verbindung mit kapitalintensiven Produktionstechniken eingeführt werden können und daß diese Techniken zugleich die Ausnutzung von Massenproduktionsvorteilen ermöglichen. Eine von Morley-Williamson durchgeführte ökonometrische Simulation der Industrialisierung Brasiliens in den Jahren 1949–62 hat ergeben, daß eine veränderte Industrialisierungsstrategie, die stärker auf die Produktion arbeitsintensiv hergestellter Güter ausgerichtet gewesen wäre, niedrigere Wachstumsraten der industriellen Produktion zur Folge gehabt hätte und daß damit auf die Dauer auch weniger Arbeitsplätze in der Industrie geschaffen worden wären als dies tatsächlich der Fall war.[34] Daraus läßt sich verallgemeinernd der Schluß ziehen, daß unabhängig von der Form der Industrialisierung die Beschäftigungswirkungen der Industrie nicht ausreichen, das Arbeitslosenproblem in Lateinamerika zu lösen. Ansatzpunkte dazu liegen in der Landwirtschaft, wo durch eine Agrarreform neue Arbeitsplätze geschaffen werden können, und in den städtischen Dienstleistungssektoren, die eng mit der verarbeitenden Industrie verflochten sind. Berücksichtigt man die weitgehend von der Industrie abhängigen Dienstleistungsbereiche wie das Transportwesen, das Baugewerbe und den Handel, so zeigt sich bereits heute, daß die Beschäftigungswirkungen der Importsubstitution keineswegs so negativ zu beurteilen sind, wie dies häufig geschieht.[35] Dies gilt auch dann noch, wenn die versteckte Unterbeschäftigung in den Städten berücksichtigt wird. Das Beschäftigungswachstum in den Städten (verarbeitende Industrie und Dienstleistungssektoren) war in allen lateinamerikanischen Ländern höher als das Wachstum der Gesamtbevölkerung.[36]

b) Konsum- und Produktionsstruktur. Die Dependencistas kritisieren an der Importsubstitution, sie habe im wesentlichen nur zur Produktion dauerhafter Konsumgüter im Inland geführt, die dem durch das Ausland beeinflußten »Luxusbedarf« einer privilegierten Minderheit entsprochen habe; eine Fortführung des Substitutionsprozesses im Bereich der Kapitalgüterproduktion und der Herstellung von Vorprodukten sei nicht erfolgt. Zunächst sei festgestellt, daß die Importsubstitution gerade mit der industriellen Fertigung von Massenkonsumartikeln begann, so daß nicht behauptet werden kann, diese Industrialisierung habe nur den Bedarf einer Minderheit befriedigt. Es ist zweifellos richtig, daß in späteren Phasen des Substitutionsprozesses auch differenziertere Konsumentenwünsche befriedigt wurden, aber die Tatsache, daß es auffällige Einzelbeispiele für »Luxuskonsumgüter« gibt (teure Sportwagen, Farbfernsehgeräte) sollte nicht darüber hinwegtäuschen, daß diese Güter nur eine relativ geringe Bedeutung für die industrielle Gesamtproduktion besitzen.[37] Es ist im übrigen außerordentlich schwer, einen gesellschaftlichen Konsensus darüber zu finden, welche Güter »notwendig« oder »unnötig« sind. Schon im Hinblick auf die in Lateinamerika angefertigten Kleinwagenmodelle dürfte das Urteil nicht mehr ganz so eindeutig ausfallen.
Abgesehen davon kann die Behauptung, die Importsubstitution habe lediglich zur inländischen Erzeugung von Konsumgütern geführt, allenfalls im Blick auf kleine Länder aufrechterhalten bleiben, dagegen nicht für die größeren lateinamerikanischen Länder. Wie Tabelle 1 zeigt, war der Importanteil am inländi-

Tabelle 1: Anteile der Importe am inländischen Gesamtangebot in %

Land, Jahr	Konsumgüter			Produktionsmittel	
	dauerhafte	nicht dauerhafte	insg.	Halbfertig-erzeugnisse	Kapital-güter
Brasilien					
1949	64,5	3,7		25,9	63,7
1955	10,0	2,2		17,9	43,2
1959	6,3	1,1		11,7	32,9
1964	1,6	1,2		6,6	9,8
Mexiko					
1939	.	.	.	.	89,3
1945	17,3	5,9	6,3	.	90,1
1950	8,0	5,4	5,6	13,2	66,5
1955	6,9	4,8	5,0	.	63,4
1960	.	.	.	10,4	54,9
1965	.	.	.	9,9	59,8
	Textilien	Nahrungsmittel und Getränke		chemische Erzeugnisse	Elektr. Maschinen u. Geräte
Argentinien					
1937/39	44	5		40	5,6
1946/49	15	2		19	22
1950/54	8	2		14	21
1955/59	5	2		14	8
1960/61	4	2		15	9
Chile					
1953	4,9	6,9		38,5	51,5
1965	7,7	7,6		40,8	45,7
Kolumbien					
1953	16,8	1,5		44,2	81,3
1963	5,5	0,8		34,0	40,0

Quellen: Brasilien: J. Bergsman, 92. Mexiko: T. King, 137, 140, 144; I. Little, T. Scitovsky, M. Scott, 60. Argentinien: C. Díaz-Alejandro, 232. Chile und Kolumbien: L. Hofmann, 329. Die Daten sind nicht völlig vergleichbar, da sie nach unterschiedlichen Methoden ermittelt wurden. Das inländische Gesamtangebot umfaßt im allgemeinen die Summe der inländischen Produktionswerte sowie der Importe. Im Falle Mexikos wurde der Importanteil der Konsumgüter an den inländischen Gesamtausgaben für Konsumgüter und Dienstleistungen einschließlich des staatlichen Konsums gemessen, der Importanteil der Halbfertigerzeugnisse wurde mit Hilfe einer input-output-Tabelle ermittelt.

schen Gesamtangebot in Brasilien und Mexiko nicht nur bei dauerhaften und nicht-dauerhaften Konsumgütern, sondern auch bei Halbfertigerzeugnissen bis Mitte der 60er Jahre unter 10% gesunken. Besonders aufschlußreich ist die Tatsache, daß in Brasilien im Jahre 1940 noch 69% der im Inland verwendeten Walzstahlerzeugnisse importiert wurden, dieser Anteil bis zum Jahre 1965 jedoch auf 9% zurückgegangen war.[38] Bei Kapitalgütern war der Substitutionsprozeß in Argentinien und Brasilien bis zur Mitte der 60er Jahre soweit fortgeschritten, daß kaum mehr Chancen für eine Verringerung der Importquote bestanden. Nicht die zu früh abgebrochene Substitution importierter Güter ist hier das Problem, sondern viel eher die zu weit geführte Substitution, die auch Bereiche erfaßte, bei denen selbst nach längerer Anpassungszeit keine kostengünstigere Produktion als im Ausland zu erwarten ist. Die vergleichsweise hohen Importanteile bei Halbfertigerzeugnissen und Kapitalgütern in Chile und Kolumbien weisen auf die beschränkten Substitutionsmöglichkeiten kleinerer Länder hin, bei denen der geringe Umfang des inländischen Marktes die Aufnahme einer kostengünstigen Erzeugung nicht in allen Produktionszweigen erlaubt. Chancen für eine Vertiefung des Industrialisierungsprozesses bestehen in diesen Ländern nur im Rahmen regionaler Integrationsabkommen.[39]

c) Importsubstitution und gesamtwirtschaftliche Wachstumsraten. Ein dritter Einwand der Dependencistas besagt, durch die Importsubstitution seien »Industrieenklaven« entstanden, die keine gesamtwirtschaftlichen Wachstumsprozesse ausgelöst hätten. So allgemein formuliert ist dieser Einwand nicht aufrechtzuerhalten. Der Importsubstitutions-Prozeß in Brasilien konzentrierte sich beispielsweise auf Sektoren, die durch ihre Nachfrage nach den Erzeugnissen anderer Sektoren und durch ihr Angebot an den von anderen Branchen nachgefragten Produkten hohe Verkettungseffekte aufweisen (z. B. die Fahrzeug-, Maschinen- und chemische Industrie).[40] Diese Sektoren standen auch in anderen lateinamerikanischen Ländern im Mittelpunkt der Importsubstitution, so daß auch hier eine große Breitenwirkung der Substitutions-Industrie auf andere Produktionsbereiche vermutet werden kann. Aufschlußreich sind in diesem Zusammenhang Angaben über die Produktionsentwicklung in verschiedenen industriellen Sektoren. In Tabelle 2 sind die Index-Werte für das Produktionsvolumen in der Gesamtindustrie (ISIC-Klassen 2 und 3)[41] und in der Eisen- und Stahlindustrie (ISIC-Gruppe 34) einander gegenübergestellt.

Tabelle 2: Indizes für das Produktionsvolumen in der gesamten verarbeitenden Industrie (ISIC-Klassen 2 und 3) und in der Eisen- und Stahlindustrie (ISIC-Gruppe 34)

		Basis 1963 = 100	
		1954	1969
Argentinien	Industrie insgesamt	98	129[1]
	Eisen- und Stahlindustrie	67	135[1]
Brasilien	Industrie insgesamt	46	148
	Eisen- und Stahlindustrie	55	217
Mexiko	Industrie insgesamt	51	172
	Eisen- und Stahlindustrie	54	186
Peru	Industrie insgesamt	52	148
	Eisen- und Stahlindustrie	21	140
Venezuela	Industrie insgesamt	45	131[1]
	Eisen- und Stahlindustrie	23	232[1]

[1] Daten für 1967

Quelle: UN, The Growth of World Industry, versch. Jahre. Die Angaben für 1954 wurden unter Zugrundelegung des Basisjahres 1963 neu errechnet.

Die Eisen- und Stahlindustrie liefert typische Halbfertigerzeugnisse wie Stangen, Blöcke, Bleche, Drähte usw., so daß aus einem überdurchschnittlichen Produktionswachstum dieses Sektors darauf geschlossen werden kann, daß im Laufe der Industrialisierung starke Verkettungseffekte zum Tragen kamen. Es zeigt sich, daß in den genannten Ländern das Produktionswachstum der Eisen- und Stahlindustrie stärker war als das Wachstum der Gesamtindustrie. Im Blick auf diese Entwicklung ist die Behauptung nicht aufrechtzuerhalten, die Substitution der Importe hätte nur wenige, insbesondere konsumnahe Produktionssektoren erfaßt. Cardoso-Faletto erkennen diese Tatsache an. Sie betonen, daß sich die Wirtschaftsstruktur lateinamerikanischer Länder durch die Importsubstitution erheblich verändert habe, denn der Diversifizierungsgrad der Produktionsstruktur sei höher, die Einkommensverteilung in den städtischen

Industriesektoren sei gleichmäßiger geworden und es könne eine zunehmende Ausbildung und Verwendung von Facharbeitskräften beobachtet werden. Die Wirtschaft der 50er und 60er Jahre sei insofern gerade das Gegenteil einer Enklavenwirtschaft herkömmlichen Stils.[42] Dem genannten Einwand steht auch die Tatsache entgegen, daß Brasilien, Kolumbien, El Salvador, Guatemala, Honduras und Venezuela zwischen 1960 und 1970 bzw. 1971 durchschnittliche jährliche Wachstumsraten des Bruttoinlandsprodukts zwischen 5 % und 6 % erzielen konnten, die von Nicaragua mit 6,8 % und Mexiko mit 7,3 % noch übertroffen wurden und die z. B. über den im gleichen Zeitraum in der BRD (4,7 %), Norwegen (4,9 %), Schweden (4,2 %), Großbritannien (2,8 %) und den USA (4,3 %) erzielten Wachstumsraten liegen. Es ist zwar richtig, daß andere Länder, insbesondere Haiti und Uruguay, geringere Wachstumsraten zu verzeichnen hatten (Haiti 0,6 %, Uruguay 1,0 %), aber dies kann nicht mit mangelnden Verkettungseffekten der Importsubstitutions-Industrie erklärt werden, sondern ist hauptsächlich auf politische und soziale Ursachen zurückzuführen. Für die Gesamtheit der lateinamerikanischen Länder ergab sich im Durchschnitt der Jahre 1961–70 eine jährliche Wachstumsrate von 5,5 %.[43]

d) Zusammenfassung: Es ist unbestreitbar, daß der Industrialisierungsprozeß in Lateinamerika viele Fehlentwicklungen aufweist und daß zahlreiche sozio-ökonomische Probleme durch ihn nicht gelöst werden konnten. Dies ist letztlich darauf zurückzuführen, daß dieser Prozeß nicht in eine zielbewußte gesamtwirtschaftliche Entwicklungspolitik eingebettet war und es an Reformmaßnahmen, die die Voraussetzung für eine sozial ausgeglichene Entwicklung hätten schaffen können, weitgehend fehlte. Man sollte aber anerkennen, daß es eine gangbare Alternative zur Importsubstitution nicht gab. In den Frühphasen der Industrialisierung stellt der Aufbau von Exportindustrien in der Regel keine realistische Lösung dar,[44] und der Verzicht auf die Importsubstitution hätte in Lateinamerika allenfalls einen Zustand entstehen lassen, den man mit Vasconi als »unentwickelt« bezeichnen könnte, sofern damit im Unterschied zu »unterentwickelt« die relative Unberührtheit einer traditionellen und rückständigen Gesellschaft gemeint ist.[45] Die Kritik der Dependencistas ist deshalb nur insoweit berechtigt, als sie sich auf Maßnahmen zur Ausgestaltung der Importsubstitution bezieht, nicht dagegen auf die Wahl dieses Entwicklungsweges schlechthin. Es ist festzuhalten, daß trotz aller Fehlentwicklungen der Importsubstitution das wirtschaftliche Wachstum heute von externen Faktoren unabhängiger ist als dies beispielsweise in den 30er oder 40er Jahren der Fall war.

Zweite These der Dependencia-Schule

> Die Importsubstitutionspolitik begünstigte die Niederlassung ausländischer Unternehmen in der verarbeitenden Industrie Lateinamerikas. Diese Unternehmen haben nichts zum wirtschaftlichen Wachstum beigetragen, sondern durch eine Ausbeutung lateinamerikanischer Länder das Einkommenswachstum negativ beeinflußt. Durch die Verdrängung der inländischen Unternehmerschaft und die Einengung des Handlungsspielraums nationaler Regierungen haben sie darüber hinaus die Voraussetzungen für eine eigenständige nationale Entwicklung verschlechtert. Das zunehmende Gewicht ausländischer Unternehmen in den dynamischen Industriezweigen bedeutet eine »Subsidiarisation«[46] Lateinamerikas und damit eine Internalisierung von Abhängigkeitsbeziehungen.

Es ist ausgeschlossen, den umfangreichen Fragenkomplex der ausländischen Privatinvestitionen in Lateinamerika hier vollständig zu diskutieren. Die folgende Darstellung beschränkt sich daher auf wenige Punkte. Es wird erstens auf die quantitative Bedeutung ausländischer Tochtergesellschaften in der verarbeitenden Industrie Lateinamerikas eingegangen, zweitens der Vorwurf der Ausbeutung untersucht und drittens die politische Problematik dieser Investitionen angesprochen. Der Zahlungsbilanzbeitrag ausländischer Unternehmen wird im Zusammenhang mit der 3. These behandelt.

a) Die Bedeutung ausländischer Unternehmen in der lateinamerikanischen Industrie. Das Interesse ausländischer Produzenten, die durch die Importsubstitution bedrohten Märkte nicht zu verlieren, hat vermutlich einen wichtigen Impuls für die Zunahme ausländischer Direktinvestitionen in Lateinamerika bedeutet. Diese Investitionen, die seit 1930 einen Rückgang zu verzeichnen hatten, erhöhten sich seit 1945/50 vor allem in der verarbeitenden Industrie. So betrugen beispielsweise die Zuwachsraten der US-amerikanischen Direktinvestitionen, für die die vollständigsten Daten vorliegen, in der verarbeitenden Industrie Lateinamerikas zwischen 1950 und 1960 durchschnittlich jährlich 7,6 % und zwischen 1960 und 1970 jährlich 11,1 %, während die Wachstumsraten aller US-amerikanischen Investitionen in Lateinamerika in den gleichen Zeiträumen 7,3 % und 4,7 % ausmachten.[47] Auf diese Weise wuchs der Produktionsanteil ausländischer Unternehmen an der lateinamerikanischen Industrie und erreichte bis Mitte bzw. Ende der 60er Jahre bereits Anteile von 20–40 % (vgl. Tabelle 3). Es ist angesichts dieser Größenverhältnisse verständlich, daß die Tätigkeit dieser Unternehmen großem Mißtrauen begegnet. Einer der wichtigsten gegen sie erhobenen Vorwürfe besagt, der Wachstumsbeitrag dieser Unternehmen sei negativ.

Tabelle 3: Anteil der Verkäufe ausländischer Tochtergesellschaften am Bruttoproduktionswert der Industrie lateinamerikanischer Länder (%)

	Anteil von US-Tochtergesellschaften	Anteil aller ausl. Tochtergesellsch.
Argentinien[1]	14,0	28[3]
Brasilien[1]	12,2	33[3]
Mexiko[1]	25,2	29[3]
Venezuela[1]	19,2	23[3]
Guatemala[2]	. .	30,7
Honduras[2]	. .	41,4
Costa Rica[2]	. .	21,0

[1] Angaben für Mitte der 60er Jahre
[2] Angaben für 1968
[3] Geschätzt unter der Annahme, daß in US-Unternehmen wie anderen ausländischen Unternehmen dieselbe Proportion zwischen Umsätzen und industriellem Bruttoproduktionswert vorliegt.

Quelle: Angaben für Argentinien, Brasilien, Mexiko und Venezuela nach: H. D. Heydenreich, 183; Angaben für Guatemala, Honduras, Costa Rica nach: Gert Rosenthal, Algunos apuntes sobre el punto de participación de la inversión extranjera directa en el proceso de la integración económica centroamericana, in: Karl-Heinz Stanzick u. Horacio H. Godoy Hg., Inversiones extranjeras y transferencia de tecnología en América Latina/ILDIS-FLACSO, Santiago de Chile 1972, 351 ff.

b) Ausbeutung durch ausländische Tochtergesellschaften. Wenn dieser Vorwurf damit begründet wird, ausländische Unternehmen zahlten trotz hoher Arbeitsproduktivitäten außerordentlich niedrige Arbeitslöhne, so wird allerdings eine mikro-ökonomische mit der in diesem Fall angemessenen makro-ökonomischen Betrachtungsweise verwechselt, ganz abgesehen von der Tatsache, daß die Arbeitsproduktivität in den industriellen Sektoren der Entwicklungsländer in der Regel niedriger ist als in den entsprechenden Sektoren der Industrieländer und schon aus diesem Grunde das Lohnniveau in den Entwicklungsländern nicht dieselbe Höhe wie in den Industrieländern erreichen kann.[48] Makro-ökonomisch gesehen sind niedrige Marktlöhne in lateinamerikanischen Ländern durch ein geringes Produktivitätsniveau und einen relativ hohen Grad der Unterbeschäftigung zu erklären. Selbst wenn ausländische Unternehmen nur den Mindestlohnsatz bezahlten, leisteten sie in dieser Situation einen positiven Beitrag zum Volkseinkommen. In der Regel liegen aber die Arbeitslöhne in ausländischen Tochtergesellschaften erheblich über dem staatlich vorgeschriebenen Mindestlohnsatz.

Der Vorwurf der Ausbeutung wird aber auch mit den hohen Gewinnraten und dem hohen Anteil der ins Ausland transferierten Gewinne begründet. Die veröffentlichten Gewinnzahlen stützen diese Behauptung zwar nicht. Nach den Veröffentlichungen des US-Department of Commerce erzielten US-Tochtergesellschaften in Lateinamerika in den Jahren 1960–70 durchschnittliche Gewinnraten von 10,7%, während die Gewinnraten für Investitionen in europäischen Ländern 12,8% und für Investitionen in den USA 11% betrugen.[49] Diese Zahlen sind aber nicht zuverlässig. Die tatsächlich ausgewiesenen Gewinne lateinamerikanischer Tochterunternehmen sind durch die Überfakturierung von Importen und die Unterfakturierung von Exporten im Austausch mit den Muttergesellschaften verfälscht. Dazu kommt die Praxis, durch überhöhte Lizenzgebühren und ähnliche Abgaben Gewinnbestandteile als Kosten auszuweisen. Zuverlässige Informationen über das Ausmaß dieser konzerninternen Gewinnverschiebungen sind kaum zu beschaffen. Untersuchungen für die Andenländer haben allerdings ergeben, daß in den Unternehmen der pharmazeutischen Industrie die aus den Muttergesellschaften importierten Vorprodukte zu 140% (Peru)[50] bzw. 255% (Kolumbien)[51] der Marktpreise abgerechnet wurden.[52] Auch für andere Industriezweige wurde die Praxis der Überfakturierung nachgewiesen.[53] Bei aller gegenüber diesen Schätzungen gebotenen Vorsicht wird man deshalb davon ausgehen können, daß die tatsächlichen Gewinne ausländischer Investitionen in der lateinamerikanischen Industrie höher als die veröffentlichten Gewinne sind und das für die Durchführung dieser Investitionen als notwendig angesehene Mindestniveau von 10 %[54] deutlich übersteigen. Etwa 80 % der Gewinne US-amerikanischer Unternehmen, auf die der wichtigste Anteil der ausländischen Direktinvestitionen in Lateinamerika entfällt, werden ins Ausland überwiesen. Bei britischen und westdeutschen Tochtergesellschaften ist der Anteil der ins Ausland transferierten Gewinne mit 66 % bzw. 30 % wesentlich geringer.[55]

Mit dem Hinweis auf hohe Gewinnraten und den hohen Anteil transferierter Gewinnanteile ist allerdings nicht zu beweisen, daß ausländische Direktinvestitionen keinen oder nur einen sehr geringen Beitrag zum inländischen Einkommen leisten. Die Gewinne stellen nur einen Teil der Wertschöpfung dar. Selbst wenn die Gewinne ausländischer Tochtergesellschaften zu 100 % überwiesen werden und durch Lizenzzahlungen weitere Wertschöpfungsanteile ans Ausland abfließen, bleiben andere Teile der Wertschöpfung dem Inland erhalten und erhöhen das inländische Einkommen.[56]

Der erste umfassende Versuch einer quantitativen Ermittlung dieser inländischen Einkommenswirkungen wird in einer Studie von Bos, Sanders und Secchi unternommen. Die Autoren schätzen die makro-ökonomischen Einkommenswirkungen privater Auslandsinvestitionen, indem sie mit Hilfe eines ökonometrischen Modells den tatsächlichen Zustand mit einem hypothetischen Zustand vergleichen, der sich bei Ausbleiben dieser Investitionen ergeben hätte. Bei der Definition dieses hypothetischen Zustandes sind zahlreiche Annahmen über alternative Produktions- und Finanzierungsmöglichkeiten notwendig, die das Ergebnis wesentlich beeinflussen. Die Autoren kommen zu dem Resultat, daß die durch private Auslandsinvestitionen verursachten Einkommenssteigerungen in Argentinien 10 % bzw. 11 % der Steigerung des Bruttoinlandsproduktes zwischen den Jahren 1961 und 1962 bzw. zwischen 1964 und 1965 ausmachten. Für Guatemala wird ein Anteil von 2 % an der Steigerung des Bruttoinlandsproduktes zwischen 1967 und 1968 ausgewiesen.[57] Bei diesen Ergebnissen handelt es sich allerdings, worauf die Verfasser deutlich hinweisen[58], in erster Linie um zahlenmäßige Illustrationen für die Wirkungsweise des von ihnen entworfenen Modells. Die Resultate geben nur eine sehr grobe Vorstellung von den tatsächlichen Einkommenswirkungen. Immerhin scheint es berechtigt zu sein, aus der Studie den Schluß zu ziehen, daß in einigen Ländern ausländische Privatinvestitionen einen nicht zu unterschätzenden Beitrag zum Wachstum des Volkseinkommens geleistet haben. Der globale Vorwurf, die ausländischen Investitionen hätten nichts zum Einkommenswachstum beigetragen, ist deshalb nicht aufrechtzuerhalten.

c) Die politische Einflußnahme ausländischer Unternehmen. Den ausländischen Tochtergesellschaften wird häufig vorgeworfen, sie würden die öffentliche Meinung beeinflussen, den Handlungsspielraum nationaler Regierungen einengen, bestehende Gesetze übertreten, die Gesetzgebung in ihrem Sinne beeinflussen, das Phänomen der Korruption ausnützen, usw.[59] Behauptungen dieser Art werden häufig mit einzelnen Beispielen belegt, worunter das Verhalten des ITT-Konzerns während der Regierungszeit Allendes in Chile den auffälligsten neueren Fall darstellt. Gerade dieses Beispiel macht aber zugleich eine Wandlung deutlich, die in dieser Hinsicht während der vergangenen Jahrzehnte eingetreten ist. Wäre vor 50 Jahren die aktive Beteiligung am Sturz einer lateinamerikanischen Regierung von der öffentlichen Meinung der USA ohne größeren Protest hingenommen worden, so stößt dieses Vorgehen heute innerhalb der USA auf scharfe Kritik. Auch im Auftreten lateinamerikanischer Regierungen gegenüber ausländischen Investoren ist eine bedeutende Wandlung eingetreten. Die Zeit der völligen Passivität gegenüber diesen Investitionen ist auch in den konservativ regierten Ländern vorüber, und es gibt heute zahlreiche Restriktionen und Auflagen, die ausländische Investoren einzuhalten haben. Das Vorgehen der brasilianischen Regierung gegen den BBC-Konzern[60] oder die Annullierung bestehender Verträge mit den Firmen Siemens und Standard Electric durch Argentinien zeigen, daß ein Verstoß gegen solche Auflagen für ausländische Firmen nicht risikolos ist.[61] Zur veränderten Situation hat sicher auch beigetragen, daß die lateinamerikanische Öffentlichkeit, insbesondere die nationale

Unternehmerschaft, zunehmend für die von ausländischen Unternehmen drohenden Gefahren sensibilisiert wurde und daß Investoren aus west- und osteuropäischen Industrieländern sowie aus Japan in wachsendem Maße Alternativen zu US-amerikanischen bieten. Diese Entwicklungen sollten nicht übersehen werden, wenn über die politischen Einwirkungen ausländischer Unternehmen gesprochen wird.

d) Zusammenfassung: Ein Gesamturteil über die Wirkungen ausländischer Unternehmen läßt sich nur abgeben, wenn man die gegenwärtige Situation mit dem Zustand vergleicht, der sich bei Ausbleiben der ausländischen Direktinvestitionen ergeben hätte. Ein solcher Vergleich führt – was die Einkommenseffekte anbelangt – zu dem Ergebnis, daß das Volkseinkommen lateinamerikanischer Länder ohne die Tätigkeit ausländischer Unternehmen vermutlich niedriger wäre als es heute tatsächlich ist. Unabhängig von den Wirkungen ausländischer Unternehmen stellt aber deren hoher Anteil an den industriellen Produktionswerten ein sozio-politisches Problem dar, das deutlich in der Bemerkung von Behrman zum Ausdruck kommt, im Bewußtsein der Lateinamerikaner sei nicht nur wichtig, *welche* Entscheidungen getroffen würden, sondern auch, *wer* diese treffe.[62] Es sollte aber nicht verkannt werden, daß gerade das wachsende kritische Bewußtsein für die politische Einflußnahme ausländischer Unternehmen in vielen lateinamerikanischen Ländern dazu führt, daß der Spielraum einer derartigen Einflußnahme zunehmend enger wird.

Dritte These der Dependencia-Schule

Die Industrialisierung auf dem Wege der Importsubstitution hat nicht zu einer Verminderung des Importbedarfs geführt, sondern diesen bei gleichzeitiger Stagnation des traditionellen Exportsektors erhöht und inflexibler werden lassen. Die ausländischen Tochtergesellschaften in Lateinamerika haben die dadurch entstandenen Devisenengpässe verschärft, indem sie die Exporte ihrer Erzeugnisse durch restriktive Klauseln behinderten und durch den Transfer von Gewinnen einen Netto-Abfluß von Devisen verursachten. Das Ergebnis dieser Entwicklung war für viele lateinamerikanische Länder die

Notwendigkeit einer vermehrten Kreditaufnahme im Ausland, die zu einem Circulus vitiosus der Auslandsverschuldung führte. Die gegenwärtigen Abhängigkeitsbeziehungen finden darin ihren deutlichsten Ausdruck.

Diese These soll wie folgt diskutiert werden: *Erstens* wird die Auswirkung der Importsubstitution auf den Importbedarf behandelt, *zweitens* die Beeinflussung der Exporttätigkeit durch diese Politik untersucht, *drittens* der Zahlungsbilanzbeitrag ausländischer Unternehmen geprüft und *viertens* die Auslandsverschuldung Lateinamerikas erörtert, wobei zu fragen ist, inwieweit sie als Folge der Importsubstitution anzusehen ist.

a) Die Veränderung des Importbedarfs. Die Importsubstitution führt nur dann in einer bestimmten Periode zu einer Netto-Devisenersparnis, wenn der durch die inländische Industrialisierung entstehende Devisenbedarf für die Einfuhr von Rohstoffen, Investitionsgütern und neuen Konsumgütern dadurch ausgeglichen wird, daß früher durchgeführte Investitionen in dieser Periode ihre Produktionsreife erlangen und in ausreichendem Maße Importe substituieren.[63] Empirische Untersuchungen über den Netto-Effekt der Importsubstitution auf den Devisenbedarf kommen zu unterschiedlichen Resultaten. King erhält das Ergebnis, daß im Jahre 1960 in Mexiko der gesamte Importbedarf für Zwischenprodukte um 18,7% über dem tatsächlichen gelegen hätte, wenn die Importe für dieses Jahr unter Verwendung der Input-Output-Struktur des Jahres 1950 geschätzt worden wären.[64] Werden außerdem die Einfuhren von Konsumgütern und Kapitalgütern berücksichtigt, so ergibt sich eine Devisenersparnis infolge der Importsubstitution in diesem Zeitraum von 28,3%.[65] Es kann angenommen werden, daß diese Entwicklung zumindest bis zum Jahre 1965 andauerte.[66] Felix erhält in einer Untersuchung über Argentinien das Ergebnis, daß der Importsubstitutionsprozeß in diesem Land keine Devisenersparnis bedeutete. Dies gilt zumindest für die Periode zwischen 1953 und 1960.[67] Umfassende und mit methodischer Strenge für alle lateinamerikanischen Länder durchgeführte Untersuchungen über den Zahlungsbilanz-Effekt der Importsubstitution liegen nicht vor. Es kann als sicher gelten, daß der Importbedarf heute höher wäre, hätten sich dieselben Wandlungen der Nachfragestruktur und dieselben Einkommenssteigerungen in Lateinamerika, die im Verlaufe des Substitutionsprozesses

eingetreten sind, auch ohne diesen Prozeß ergeben. Andererseits besteht kein Zweifel, daß der Importbedarf niedriger sein könnte, wären nicht durch einen exzessiven Protektionismus beim Aufbau der inländischen Industrie häufig Effizienz-Gesichtspunkte vernachlässigt worden.
Die Dependencistas weisen mit Recht darauf hin, daß der Importbedarf als Folge der Substitutionspolitik inflexibler geworden ist. Die Importe lateinamerikanischer Länder bestehen heute überwiegend aus Rohstoffen, Halbfertigerzeugnissen und Kapitalgütern, die zur Aufrechterhaltung der inländischen Produktion unerläßlich sind. Es besteht also kaum ein Spielraum für die Importverminderung zum Ausgleich eines vorübergehenden Rückgangs der Exporterlöse, wenn das gegebene Beschäftigungs- und Einkommensniveau aufrechterhalten bleiben soll. Vor Beginn der Importsubstitution war dieser Spielraum größer, da ein hoher Anteil der Gesamteinfuhren auf Konsumgüter entfiel, deren Angebotsbeschränkung keine Verminderung von Beschäftigungs- und Einkommensniveau bedeutete.

b) Die Beeinflussung der Exporte. Im Rahmen der Importsubstitutionspolitik wurden in manchen Fällen zur Förderung der inländischen Industrie die internen Preisverhältnisse zuungunsten der primärgüterproduzierenden Sektoren verändert. Eine Überbewertung der einheimischen Währung benachteiligte ebenfalls die Primärgütersektoren, da diese den Hauptteil der Exportprodukte stellten. Als Folge dieser Diskriminierung hielt die Produktion von Rohstoffen und Agrargütern nicht mit der in den 50er Jahren steigenden Exportnachfrage sowie dem wachsenden Inlandsbedarf Schritt.[68] Die im Laufe des Substitutionsprozesses entstandenen Industrien waren in den meisten Fällen nicht in der Lage, durch die Ausfuhr von Industriewaren das unzureichende Wachstum der Rohstoffexporte auszugleichen, da das Kostenniveau dieser Industrien im internationalen Vergleich außerordentlich hoch war. Ein nicht zu unterschätzendes Hindernis für eine Exportsteigerung war ferner eine unternehmerische Mentalität, für die das Interesse an der Sicherung bestehender Vergünstigungen größer war als das an der Eroberung neuer Märkte. Die Diskriminierung von Exportaktivitäten durch staatliche Behörden, die in Umkehrung einer merkantilistischen Politik in der Ausfuhr von Gütern eine Verminderung des nationalen Reichtums sahen, verschärfte die

Situation. Für die fortgeschrittenen Phasen der Importsubstitution war aus diesen Gründen das Entstehen von Zahlungsbilanzengpässen typisch, und der Vorwurf der Dependencistas ist insofern berechtigt. Allerdings haben inzwischen einige Länder die begrenzten Möglichkeiten der Importsubstitution zur Deviseneersparnis durchaus erkannt und deshalb ihre Industrialisierungsstrategie auf die Förderung industrieller Exporte umgestellt.[69]

c) Der Zahlungsbilanzbeitrag ausländischer Unternehmen. Die besondere Kritik der Dependencistas im Zusammenhang mit den Zahlungsbilanzproblemen lateinamerikanischer Länder gilt den ausländischen Unternehmen. Ihnen wird vorgeworfen, sie hätten einen Netto-Abfluß von Devisen verursacht. Um diesen Vorwurf prüfen zu können, muß der von diesen Gesellschaften induzierte Kapitalverkehr sowie ihr Export- und Importsubstitutionsbeitrag untersucht werden. Zunächst sei auf den Kapitaltransfer eingegangen.

Es läßt sich nachweisen, daß mit wenigen Ausnahmen in der Nachkriegszeit die jährlichen Devisenabflüsse für Gewinnzahlungen größer waren als die Zuflüsse zur Durchführung neuer Investitionen.[70] Dabei ist aber erstens zu berücksichtigen, daß die hohen Devisenabflüsse ausschließlich aus Gewinnzahlungen von ausländischen Unternehmen stammen, die in den extraktiven Sektoren lateinamerikanischer Länder tätig sind, während sich bei ausländischen Unternehmen in der verarbeitenden Industrie die Zuflüsse und Abflüsse von Devisen ausgleichen.[71] Zweitens ist darauf hinzuweisen, daß der Vergleich von Devisenzu- und -abflüssen für jeweils ein Jahr insofern unangemessen ist, als dabei der Devisenzufluß für Neu-Investitionen *eines* Jahres dem Transfer von Gewinnen aus Investitionen *aller* früheren Jahre gegenübergestellt wird. Je länger die Periode ist, in der ausländische Investitionen bereits durchgeführt wurden, um so eher übersteigen die kumulierten Gewinne aus diesen Investitionen den Wert der Neuinvestitionen eines Jahres. Diese Folge tritt nur dann nicht ein, wenn die Kapitalzuflüsse mit einer zunehmenden Wachstumsrate ansteigen und damit den Rücktransfer der kumulierten Gewinne überkompensieren.[72] Da aber kein Land an einem grenzenlosen Anwachsen der Auslandsinvestitionen interessiert ist, tritt unvermeidlicherweise ein Zeitpunkt ein, von dem an ein Netto-Abfluß von Devisen erfolgt.

Nichtsdestoweniger stellt aber dieser Devisenabfluß, der im Durchschnitt der Jahre 1966–1970 eine jährliche Höhe von etwa 1 Mrd. US-$ erreichte,[73] eine nennenswerte Belastung der Zahlungsbilanz dar.
Die Belastung der Zahlungsbilanz durch den Kapitaltransfer kann ausgeglichen werden durch den Export- oder Importsubstitutionsbeitrag der ausländischen Unternehmen. Die Absicht zu exportieren spielte allerdings bei den ausländischen Investitionen, die im Rahmen der Importsubstitution vorgenommen wurden, eine untergeordnete Rolle. In zahlreichen Fällen wurde zudem durch Marktabsprachen, Exportverbote oder -auflagen die Ausfuhr der hergestellten Erzeugnisse bewußt erschwert. So ergab z. B. eine Untersuchung der UNCTAD, daß in 86 % der untersuchten 400 Lizenzverträge, die die Andenpaktländer mit ausländischen Unternehmen abgeschlossen hatten, exportbeschränkende Klauseln enthalten waren.[74] Wenn trotz dieser Ausrichtung auf den Binnenmarkt ausländische Unternehmen eine führende Rolle im Industriewarenexport Lateinamerikas spielen, so liegt das daran, daß die nationalen Unternehmen noch weniger exportorientiert sind. Untersuchungen für Brasilien haben ergeben, daß im Jahre 1969 43,3 % der Industriewarenexporte aus ausländischen Tochterunternehmen stammten, bei der Ausfuhr von Maschinen und Fahrzeugen betrug dieser Anteil sogar 75 %. Das Ausfuhrvolumen je Betrieb war bei Niederlassungen ausländischer Unternehmen beträchtlich höher und der Verlauf der Exporte kontinuierlicher als bei inländischen Unternehmen.[75] Die für Brasilien ermittelten Ergebnisse sind auch repräsentativ für andere lateinamerikanische Länder.[76] Ausländische Gesellschaften haben also einen entscheidenden Beitrag zur Diversifizierung der lateinamerikanischen Exportstruktur geleistet, wobei allerdings das Ausmaß der Exportsteigerung hinter den Möglichkeiten zurückgeblieben ist.[77]
Der Beitrag zur Importsubstitution ist nur sehr schwer zu ermitteln. Zu diesem Zweck müßte bekannt sein, wie hoch die Importquote inländischer Unternehmen mit vergleichbarem Produktionsprogramm wäre, wie sich die inländische Produktion ohne ausländische Unternehmen zusammensetzen würde, zu welchen Preisen die im Inland hergestellten Erzeugnisse importiert werden könnten, usw. Der Versuch einer solchen umfassenden Quantifizierung des Zahlungsbilanzbeitrages ausländischer Unternehmen, in dem auch der Kapitaltransfer sowie

der Exportbeitrag berücksichtigt wird, ist in der bereits zitierten Studie von Bos, Sanders und Secchi enthalten. Die Autoren erhalten bei dem Vergleich des tatsächlichen mit einem hypothetischen Zustand das Ergebnis, daß in vier von fünf untersuchten Ländern die Tätigkeit ausländischer Unternehmen zu einem Netto-Abfluß von Devisen geführt hat. Für Guatemala wird eine starke Belastung der Zahlungsbilanz ermittelt,[78] während sich für Argentinien nur eine geringfügige Verschlechterung ergibt.[79] Diese negativen Zahlungsbilanzeffekte werden stark beeinflußt durch die Annahme, die die Verfasser hinsichtlich der Importsubstitutionswirkung ausländischer Unternehmen und des Gewinntransfer gemacht haben. Insbesondere die Schätzung der Devisenersparnis durch die Substitution von Importen ist dabei problematisch.[80] Nichtsdestoweniger wird man aufgrund dieser Studie, die den bisher umfassendsten und gründlichsten Versuch einer Quantifizierung der Zahlungsbilanzwirkungen enthält, sagen müssen, daß die ausländischen Direktinvestitionen in ihrer Gesamtheit die Devisenposition lateinamerikanischer Länder verschlechtert haben.

d) Die Auslandsverschuldung Lateinamerikas. Der Grad der Auslandsverschuldung Lateinamerikas hat sich in den letzten Jahren deutlich erhöht. Allein die öffentlichen Auslandsschulden Lateinamerikas betrugen Ende 1965 10,9 Milliarden US-Dollar, und sie haben sich bis Ende 1972 auf 29,6 Milliarden US-Dollar nahezu verdreifacht.[81] Die Schuldendienstquote (Anteil der jährlichen Schuldendienstzahlungen auf öffentliche Auslandsschulden als Prozentsatz der jährlichen Ausfuhren von Gütern und Dienstleistungen) stieg im gleichen Zeitraum in Bolivien von 4,8 % auf 18,1 % und in Peru von 6,8 % auf 19,1 %. Sie wies 1972 mit 4,5 % bei Venezuela den niedrigsten und mit 37,3 % bei Uruguay den höchsten Stand auf.[82] Angesichts der Tatsache, daß im Jahre 1972 45 % der im Rahmen von öffentlichen Krediten und Zuwendungen erhaltenen Devisenzuflüsse für die Verzinsung und Rückzahlung früher eingegangener Auslandsverbindlichkeiten aufgewendet werden mußten, ist es nicht übertrieben, wenn für viele lateinamerikanische Länder von einem Circulus vitiosus der Auslandsverschuldung gesprochen wird. Es liegt auf der Hand, daß ein hoher Grad der Auslandsverschuldung den politischen Handlungsspielraum eines Landes einengt. Im Blick auf die Zahlungsbilanzprobleme

Lateinamerikas scheint also vieles für die Thesen der Dependencistas zu sprechen.
Es ist allerdings zu fragen, inwieweit diese Situation der Importsubstitution zuzuschreiben ist. Die Verwirklichung gesamtwirtschaftlicher Wachstumsraten, wie sie in den letzten zwanzig Jahren erreicht wurden, hätte ohne die fortlaufende Ersetzung importierter Güter durch einheimische Erzeugnisse einen noch höheren Kreditbedarf zur Folge gehabt, auch wenn die Einkommensverteilung und die Nachfragestruktur geändert worden wären. Eine Lösung des Problems der Auslandsverschuldung ist nur von einer »outward looking strategy« zu erwarten, die sowohl die Exportchancen bei traditionellen als auch bei nichttraditionellen Erzeugnissen stärker berücksichtigt und die auch das Exportpotential ausländischer Unternehmen in stärkerem Maße ausnützt. Die Anwendung einer solchen Strategie bedeutet aber, daß in der Produktionstechnik und Produktgestaltung ausländische Interessen noch sehr viel mehr berücksichtigt werden müssen. Gerade dies steht aber im Widerspruch zu zahlreichen Forderungen der Dependencistas. Insofern ist ihre Kritik inkonsistent.

e) Zusammenfassung: Niemand wird die Unzulänglichkeiten der sozio-ökonomischen Entwicklung Lateinamerikas bestreiten wollen. Die Arbeitslosigkeit, die wachsende Auslandsverschuldung, die ungleiche Einkommensverteilung und die regionalen Ungleichgewichte stellen nur einige der brennenden Probleme dar. Der Dependencia-Schule kommt das Verdienst zu, mit allem Nachdruck auf diese Probleme hingewiesen zu haben. Sie hat ferner mit ihrer Akzentuierung externer Entwicklungshindernisse ein Problembewußtsein für ungleichgewichtige außenwirtschaftliche Verflechtungen geschaffen und das Verständnis des Entwicklungsprozesses als einer Modernisierung nach westlichem Muster in Frage gestellt. Ihre Neigung, alle Fehlentwicklungen mit »Abhängigkeit« als allgemeinster Ursache erklären zu wollen, führt aber zu einer globalen, undifferenzierten Betrachtungsweise, der das Fehlen präziser Definitionen Vorschub leistet. Deshalb versagt ihr Erklärungsschema in sehr vielen Einzelfällen. Entscheidend für die Beurteilung der Dependencistas ist aber die Frage, ob sie realistische Alternativen zur gegenwärtigen Entwicklungspolitik aufzeigen. Darauf soll im folgenden Abschnitt eingegangen werden.

4. Wege einer eigenständigen Entwicklung

Prüft man mit dieser Fragestellung die Dependencia-Literatur, so stellt man folgendes fest. Diejenigen Autoren, bei denen die Argumentation mit systemimmanenten Gesetzmäßigkeiten des Kapitalismus die größte Rolle spielt, zeigen das geringste Interesse an der Diskussion wirtschaftspolitischer Reformmaßnahmen. Autoren dagegen, bei denen diese Argumentationsweise nicht dominiert, weisen stärker auf wirtschaftspolitische Maßnahmen hin, die eine Überwindung der Abhängigkeit zum Ziel haben. Im Blick auf diese Unterschiede kann von einer marxistischen und einer »bürgerlich-nationalistischen« Richtung der Dependencia-Schule gesprochen werden, wobei zur letzteren etwa O. Sunkel, H. Jaguaribe, C. Furtado, A. Pinto u.a. zu rechnen sind.[83]

Die *marxistische* Richtung sieht im revolutionären Umsturz den einzigen Ausweg aus der Abhängigkeit. So sagt beispielsweise Dos Santos, daß nur eine vertiefte soziale Radikalisierung und ein langandauernder Prozeß militärischer und politischer Konfrontation die Voraussetzungen für eine Überwindung der Abhängigkeitsstrukturen schaffen könnten.[84] Die marxistischen Dependencistas scheinen ihren Beitrag zur Überwindung der bestehenden Situation darin zu sehen, die gegenwärtigen Probleme als wirtschaftspolitisch ausweglos darzustellen und damit die Radikalisierung zu beschleunigen, die in die für notwendig gehaltene militärische Konfrontation ausmündet.

Dieses Konzept läßt verschiedene Fragen offen. Dabei ist eine der weniger wichtigen Fragen die, welches die Trägergruppen eines revolutionären Umsturzes sein sollen. Selbst wenn die Zuspitzung sozialer Verhältnisse zu bürgerkriegsähnlichen Zuständen führen sollte, ist keineswegs gesagt, daß an deren Ende nicht etwa auch eine faschistische Gewaltherrschaft stehen könnte.[85] Die Hauptfrage jedoch, über die die marxistischen Dependencistas keine Auskunft geben, ist die nach den entwicklungspolitischen Maßnahmen, die nach einer Revolution anzuwenden sind. Es ist offensichtlich, daß die Fortführung der Industrialisierung bei gleichzeitiger Verwirklichung neuer Ziele außerordentlich große Opfer von der lateinamerikanischen Bevölkerung verlangen würde. Foxley hat beispielsweise in einem Programmierungsmodell für Chile errechnet, daß höhere Wachstumsraten, die Verminderung der Arbeitslosigkeit und die Begrenzung der neu eingegangenen Auslandsschulden auf ein als erträglich empfundenes Maß (80 Mio. US-Dollar jährlich) nur bei einer Verdoppelung der marginalen Sparrate von 0,15 auf 0,30 erreicht werden könnten![86] Eine nennenswerte Verbesserung des Lebensstandards für die arbeitende Bevölkerung wäre damit auf kurze Sicht ausgeschlossen. Die Dependencistas bleiben die Antwort schuldig, wie die notwendigen »gigantischen Anstrengungen«[87] auf wirtschaftlichem, technischem und wissenschaftlichem Gebiet erbracht werden sollen.

Die nach einer Revolution einzuschlagende Entwicklung könnte allerdings erleichtert werden, wenn es gelänge, Lateinamerika in die internationale Arbeitsteilung zwischen sozialistischen Ländern einzugliedern und einen massiven Zustrom an Kapital und technischer Hilfe aus den osteuropäischen Industrieländern in Gang zu setzen. Im Blick auf diese Möglichkeit entstehen zwei Fragen: Wäre es möglich, dabei das Entstehen neuer Abhängigkeitsverhältnisse zu vermeiden? Wären sozialistische Länder bereit und in der Lage, das notwendige Maß an Entwicklungshilfe zu leisten und ihre interne Produktionsstruktur den Exporterfordernissen lateinamerikanischer Länder anzupassen? Die marxistischen Vertreter der Dependencia-Schule lassen keinen Versuch erkennen, diese Fragen ernsthaft zu diskutieren. Es scheint für sie außerhalb jedes Zweifels zu stehen, daß beispielsweise die Handels- und Kapitalhilfe der UdSSR gegenüber einem Entwicklungsland auf völlig uneigennützige Motive zurückzuführen ist.[88] Die Bemerkung, die privaten Interessen und die nationalen Interessen müßten eliminiert werden, um eine weltwirtschaftliche Integration unter Ausschaltung jeglicher Abhängigkeitsbeziehungen herbeizuführen,[89] läßt darauf schließen, daß letztlich das Abhängigkeitsproblem dadurch »gelöst« werden soll, daß man auf eine nationale Autonomie völlig verzichtet. Es versteht sich von selbst, daß damit dieser Ansatz für viele Lateinamerikaner seine Glaubwürdigkeit verliert.[90]

Die *bürgerlich-nationalistische* Richtung der Dependencia-Schule läßt nach Meinung ihrer marxistischen Kritiker zwar einen »größeren theoretischen Rahmen« vermissen,[91] sie zeichnet sich aber durch eine größere Realitätsnähe aus und zeigt zumindest Ansatzpunkte für wirtschaftspolitische Maßnahmen auf. Die Vertreter dieser Richtung suchen Wege einer eigenständigen nationalen und regionalen Entwicklung Lateinamerikas

und wollen dabei eine »Puertoriquenisierung« ebenso vermeiden wie die Abhängigkeit in einem internationalen sozialistischen System. Die Frage nach dem ordnungspolitischen Rahmen wird auf pragmatische Weise beantwortet. Nach Jaguaribe bieten sich beispielsweise für die entwickelteren Länder Mischformen zwischen staatskapitalistischen und privatkapitalistischen[92] Ordnungen an, während für die am wenigsten entwikkelten Länder die Ordnungsform eines »Entwicklungssozialismus« geeignet erscheint.[93] Die bürgerlich-nationalistischen teilen mit den marxistischen Dependencistas die Überzeugung, daß eine Entwicklung auf privatkapitalistischer Basis nicht möglich ist. Furtado sieht diesen Weg dadurch versperrt, daß durch das Vordringen internationaler Unternehmen die Entfaltung einer breiten Schicht nationaler Unternehmer verhindert wurde.[94]
Dem Staat kommt deshalb im Rahmen dieses Entwicklungsweges eine entscheidende Bedeutung zu. Vom Staat wird erwartet, daß er in den wichtigsten industriellen Sektoren unternehmerische Funktionen übernimmt und sich aktiv an der Entwicklung neuer Technologien beteiligt. Jaguaribe fordert in diesem Zusammenhang den Aufbau eigener Rüstungsindustrien, von denen er sich – neben der militärischen Unabhängigkeit – einen entscheidenden Beitrag zum technischen Fortschritt verspricht.[95] Der Staat soll ferner durch eine konsequente Reformpolitik in der Landwirtschaft, dem Gesundheitswesen und Bildungswesen usw. die Voraussetzung für eine sozial ausgeglichene Entwicklung schaffen und durch eine breitere Streuung der Einkommen zu einer Ausweitung der Binnenmärkte beitragen. Nicht zuletzt im Blick auf die Tätigkeit ausländischer Unternehmen wird eine effiziente staatliche Verwaltung gefordert, die in der Lage ist, gesamtwirtschaftliche Kriterien für die Tätigkeit dieser Unternehmen auszuarbeiten und deren Einhaltung durchzusetzen. Nach Jaguaribe kommen der Mittelstand, die Studentenschaft und vor allem die »fortschrittlichen, nationalistischen und nicht-korrumpierten Teile des Militärs« als Träger einer solchen Politik in Betracht.[96] Er trägt damit der Tatsache Rechnung, daß die Streitkräfte in den meisten lateinamerikanischen Ländern den traditionell wichtigsten Machtfaktor darstellen und es deshalb unrealistisch wäre, ohne sie eine Reformpolitik durchführen zu wollen.
Die bürgerlich-nationalistischen Dependencistas sind auch realistisch genug, zu sehen, daß mit Ausnahme Brasiliens die

Möglichkeit einer größeren Unabhängigkeit von den industriellen Zentren für die lateinamerikanischen Länder nur im Rahmen einer regionalen Integration besteht. Deshalb nimmt die Integrationspolitik einen vergleichsweise breiten Raum in ihren Vorschlägen ein. Mit ihrer positiven Wertung der mit dem Integrationsprozeß verbundenen Chancen unterscheiden sie sich von den marxistischen Dependencistas, die in der Integration lediglich ein neues Herrschaftsinstrument der USA erblicken.[97]
Ferrer[98] nimmt einen Gedanken von Jaguaribe[99] auf, wenn er auf die Chancen einer industriellen Integration hinweist, die es ermöglichen würde, größere Produktionseinheiten zu schaffen und dadurch Massenproduktionsvorteile zu erreichen. Auf diese Weise könnten die Engpässe unzureichender Binnenmärkte und unzureichenden Devisenangebots überwunden werden. Dabei werden durchaus Mitwirkungsmöglichkeiten für ausländische Unternehmen gesehen, die bereits bisher einen entscheidenden Beitrag zur Exportdiversifizierung geleistet haben und von denen eine weitere Intensivierung der interindustriellen Arbeitsteilung erwartet wird.[100]

Vorschläge dieser Art sind im Blick auf die Gesamtheit der ALALC-Länder gegenwärtig wenig realistisch. Die Politik der Andengruppe kann dagegen durchaus als ein Schritt in diese Richtung angesehen werden. Dies gilt insbesondere für das Auslandskapitalstatut dieser Länder, das deutlich den Einfluß der Dependencia-Schule erkennen läßt.[101] Durch dieses Gesetz werden Investitionen ausländischer Unternehmen nicht völlig unmöglich gemacht, wie es der Forderung streng marxistischer Dependencistas entsprechen würde, sondern klar definierten Bedingungen unterworfen.[102] Auf diese Weise erhoffen sich die Initiatoren des Gesetzes, die Vorteile ausländischer Investitionen – insbesondere deren Exportbeitrag – weitgehend ausschöpfen zu können, ohne deren Nachteile hinnehmen zu müssen. Wie die Erfahrungen zeigen, ist die Reaktion ausländischer Unternehmen auf dieses Gesetz durchaus unterschiedlich und reicht von strikter Ablehnung bis zum Angebot der Kooperation.[103]

Auch im Hinblick auf die wirtschaftspolitischen Vorstellungen dieser Gruppe der Dependencistas bleiben viele Fragen offen. Ihre Vorschläge sind allerdings konkreter als die der marxistischen Gruppe. Will man das entwicklungspolitische Denken der ganzen Dependencia-Schule auf eine kurze Formel bringen, so kann man sagen, daß die Dependencistas dort, wo sie gangbare Wege zu einer größeren Eigenständigkeit der Entwicklung aufzeigen, von radikalen Forderungen weit entfernt sind, und dort, wo sie auf diesen Forderungen beharren, keine gangbaren Wege zu zeigen vermögen.

5. Schlußbemerkung

In diesem Beitrag wurde der Abhängigkeitsbegriff der lateinamerikanischen Dependencia-Schule zu klären versucht und das Deutungsschema dieser Schule für die gegenwärtige Entwicklungsphase Lateinamerikas diskutiert. Es zeigte sich, daß der Abhängigkeitsbegriff nicht einheitlich definiert und zur Erklärung sehr unterschiedlicher Situationen herangezogen wird, so daß er in die Gefahr gerät, zur Leerformel zu werden. Greift man drei für die Dependencia-Schule typische Argumentationsketten heraus, so ergibt sich, daß die behaupteten Zusammenhänge zwischen der »Einbettung in das kapitalistische System« und der Unterentwicklung im wesentlichen unerklärt bleiben. Es besteht der Eindruck, daß sich die Dependencia-Schule bei der Diskussion der Importsubstitutions-Industrialisierung häufig darauf beschränkt, mit dem Hinweis auf »Abhängigkeit« einen Zusammenhang für zeitlich parallel laufende Entwicklungen zu behaupten, ohne daß eine detaillierte Ursachenanalyse erfolgt. Der Haupteinwand gegen die Dependencia-Schule bezieht sich aber nicht auf das zu grobe Erklärungsmuster, sondern darauf, daß keine der radikalen Kritik entsprechenden wirtschaftspolitischen Alternativen aufgezeigt werden. Dies gilt insbesondere für die dominierende marxistische Richtung innerhalb der Dependencia-Literatur.

Diese Schwächen der Dependencia-Schule sind um so bedauerlicher, als sich der starke Auslandseinfluß auf das wirtschaftliche Geschehen Lateinamerikas nicht übersehen läßt und die sozialen Ungleichheiten eine Fortführung bisheriger Entwicklungsstrategien in vielen Ländern ernsthaft in Frage stellen. Die Dependencia-Schule wird aber nur dann einen Beitrag zur Stärkung des entwicklungspolitischen Eigenpotentials leisten können, wenn sie sich selbstkritisch von der Faszination eines populären Begriffs löst und sich der empirischen Erforschung sozio-ökonomischer Entwicklungshindernisse widmet, um auf dieser Grundlage gangbare Entwicklungswege aufzeigen zu können.

Anmerkungen

1 Juan Pablo u. Alfonso Perez, Petroleo y dependencia, Caracas 1971, 215.

2 Theotonio Dos Santos, Über die Struktur der Abhängigkeit, in: Dieter Senghaas Hg., Imperialismus und strukturelle Gewalt. Analysen über abhängige Reproduktion, Frankfurt 1972, 243.

3 Armando Córdova, Inversiones extranjeras y subdesarrollo. El modelo primario exportador imperialista. Universidad Central de Venezuela, Caracas 1973, 222.

4 Armando Córdova u. Héctor Silva Michelena, Die wirtschaftliche Struktur der unterentwickelten Länder, in: dies., Die wirtschaftliche Struktur Lateinamerikas. Drei Studien zur politischen Ökonomie der Unterentwicklung, Frankfurt 1973, 63–119, 111.

5 François Perroux, Macht und ökonomische Gesetzmäßigkeit, in: Hans Schneider u. Christian Watrin Hg., Macht und ökonomisches Gesetz. Verhandlungen auf der Tagung des Vereins für Socialpolitik, Gesellschaft für Wirtschafts- und Sozialwissenschaften in Bonn, 1972. Schriften des Vereins für Socialpolitik NF, Band 74/2, Berlin 1973, 737–54, 745: »Eine Einheit wird aktiv genannt, wenn sie durch eigene Wirkung und eigenes Interesse fähig ist, ihre Umwelt zu modifizieren, d. h. das Verhalten der Einheiten, mit denen sie in Verbindung steht. Eine solche Einheit hebt sich ab von einer anderen, die ihre Umwelt als Parameter zu berücksichtigen hat. Kurz: Sie paßt die Umwelt ihrem eigenen Programm an, statt daß sie dieses der Umwelt anpaßt.«

6 Aníbal Pinto, Notas sobre desarrollo, subdesarrollo y dependencias, El Trimestre Económico 39/2, 1972, 243–64, 262 ff. – Eine ähnliche Aufzählung von Indikatoren der Abhängigkeit gibt auch Miguel S. Wionczek, El endeudamiento público externo y los cambios sectorales en la inversión privada extranjera de América Latina, in: H. Jaguaribe u.a., La dependencia político-económica de América Latina, México 1969, 111–45, 139 ff.

7 Córdova u. Silva Michelena, Die wirtschaftliche Struktur, 113.

8 Als Kuriosität kann der Versuch von Brewster gelten, den Grad der Abhängigkeit aus den Bestimmtheitsmaßen einer »Funktionen-Matrix« ableiten zu wollen. Seine Ergebnisse sind ökonometrisch in keiner Weise signifikant. Vgl. Havelock Brewster, Economic Dependence. A quantitative Interpretation, Social and Economic Studies 22, 1973, 90–95.

9 Pinto, Notas, 245.

10 Evers u. v. Wogau geben einen Überblick über die verschiedenen marxistischen Interpretationen des Abhängigkeits-Begriffs: Tilmann Tönnies Evers u. Peter von Wogau, »dependencia«: Lateinamerikanische Beiträge zur Theorie der Unterentwicklung, Das Argument, H. 79, 1973, 404–52, 423 ff.

11 Córdova, Inversiones, 221. Ähnlich auch in: Córdova u. Silva Michelena, Struktur, 113: »Die Volkswirtschaften ... reagieren in gewisser Weise als Variablen, die von den Entscheidungen der anderen abhängig sind.« Für Dos Santos wäre diese Erklärung allerdings zu mechanistisch. Vgl. Theotonio Dos Santos, La crisis de la teoría del desarrollo y las relaciones de dependencia en América Latina, in: H. Jaguaribe u.a., La dependencia político-económica, 147–87, 183. Abhängigkeit als spezielles Merkmal der

peripheren Länder innerhalb eines interdependenten Systems betont auch Tomas Vasconi, De la dependencia como una categoría básica para el análisis del desarrollo latinoamericano, Cuadernos de la Sociedad Venezolana de Planificación 82–83, 1970, 19–26, 23 f. Ähnlich auch: Aníbal Quijano, Dependencia, cambio social y urbanización en América Latina, in: M. Schteingart Hg., Urbanización y dependencia en América Latina, Buenos Aires 1973, 19–69, 22. – Evers u. v. Wogau, 416, rechnen Córdova zur marxistischen Richtung der Dependencia-Schule.

12 Aníbal Quijano, Re-definición de la dependencia y marginalización en América Latina, Cuadernos de la Sociedad Venezolana de Planificación 94–95, 1971, 3–53, 20. Evers u. v. Wogau 439, sprechen davon, daß »Theorie« im strengen Sinne nur von der marxistischen Richtung zu erwarten sei, wobei diese allerdings die Erwartungen bisher nicht erfüllt habe.

13 So jedenfalls ist Vasconi, 25, zu verstehen, der von dem a-priori-Wissen der Abhängigkeit spricht.

14 Evers u. v. Wogau, 447.

15 Theotonio Dos Santos, El nuevo carácter de la dependencia, in: José Matos Mar Hg., La crisis del desarrollismo y la nueva dependencia. Instituto de Estudios Peruanos, Lima 1969, 11–133, 103. Hodara weist mit Recht darauf hin, daß der Verzicht auf quantitative empirische Techniken, die als »kapitalistisch« gelten, zum Verfall der sozialwissenschaftlichen Analyse führt und daß die dadurch entstehende Schwäche bestehende Abhängigkeitsbeziehungen letztlich nur verstärkt. Vgl. Joseph Hodara, La dependencia de la dependencia, Aportes 21, 1971, 6–15, 12.

16 André Gunder Frank, Latin America: Underdevelopment or Revolution. Essays on the Development of Underdevelopment and the Immediate Enemy, New York 1969.

17 Celso Furtado, Underdevelopment and Dependence: The Fundamental Connection. Univ. of Cambridge, Center of Latin American Studies, Working Papers 17, 17.

18 Kari Levitt, Canada: Economic Dependence and Political Desintegration, New World Quarterly 4/2, 1968. Jaguaribe diskutiert ausführlich die Schwierigkeiten, die für seine These von der »satellitenhaften Abhängigkeit« durch den Hinweis auf das »kanadische Modell« entstehen könnten, weil in diesem Fall Entwicklungsprozesse offensichtlich nicht ausgeblieben sind. Er unterstellt damit für den Fall Kanada ähnliche Abhängigkeitsbeziehungen wie für Lateinamerika. Vgl. Helio Jaguaribe, Dependencia y autonomía en América Latina, in: H. Jaguaribe u.a., 1–85, 37 ff.

19 Kyoichi Maekawa, Die Abhängigkeit des japanischen Monopolkapitals vom US-Imperialismus und die neue Phase seiner militärisch-imperialistischen Wiederbelebung, Sozialistische Politik 4/19, 1972, 29–40. Von der Abhängigkeit »einiger europäischer Länder« spricht Quijano, Dependencia, 23.

20 »Present-day Canada has been described as the world's richest underdeveloped country«. Osvaldo Sunkel, Transnational Capitalism and National Disintegration in Latin America, Social and Economic Studies 22, 1973, 132–76, 168.

21 Aníbal Pinto, Política y desarrollo, Santiago de Chile 1968, 139. Vgl. Pinto, Notas, 247; F. H. Cardoso, Dependency and Development in Latin

America, New Left Review, 74, zit. nach: Philip O'Brien, A critique of Latin American Theories of Dependency. Institute of Latin American Studies, The Univ. of Glasgow, Occasional Papers 12, 9; Fernando Henrique Cardoso u. Enzo Faletto, Dependencia y desarrollo en América Latina. Ensayo de interpretación sociológica, México 1970², 164.

22 Vasconi, 24.

23 Furtado, Underdevelopment, 17.

24 Dies wurde in einer Diskussion des Verfassers mit Fernando Cardoso deutlich. Von Cardoso wurde u.a. bezweifelt, ob es überhaupt möglich sei, von einer »Dependencia-Schule« zu sprechen. Dieser Einwand läßt erkennen, daß die Perspektive eines Lateinamerikaners, der sich in der Auseinandersetzung mit anderen lateinamerikanischen Wissenschaftlern befindet, von der eines Europäers verschieden ist, der stärker die Gemeinsamkeiten lateinamerikanischen Denkens sieht.

25 Carlos Lessa, La evolución histórica de la situación de dependencia, Cuadernos de la Sociedad Venezolana de Planificación 82–83, 1970, 3–17. Ebenso bei: Theotonio Dos Santos, The Structure of Dependence, American Economic Review 60, 1970, Papers and Proceedings, 231–36, 231.

26 Lessa, 17

27 Carlos Lessa, De la constitución actual del capitalismo dependiente (industrialización, marginalización, sociedad opulenta), Cuadernos de la Sociedad Venezolana de Planificación 82–83, 1970, 27–43, 32.

28 Vgl. O. Sunkel: »It is this aspect – the overbearing and implacable necessity to obtain foreign financing – which finally sums up the situation of dependence; this is the crucial point in the mechanism of dependence.« Osvaldo Sunkel, National Development Policy and External Dependence in Latin America, Journal of Development Studies 6/1, 1969, 31. Vgl. auch: S. Sideri, The Industrial Development Deadlock in Latin America: From Import Substitution to Export Promotion? in: Development and Change 3/2, 1971/72, 1–17, 10.

29 Lessa, Constitución, 32.

30 Die als »Demonstrationseffekt« bekannte Übernahme ausländischer Konsummuster kann als Teil einer allgemeinen Auslandsorientierung der lateinamerikanischen Elite angesehen werden, die von Vekemans unter Verwendung eines von Toynbee geprägten Begriffs als »herodianisch« bezeichnet wird. Vgl. dazu: Erich Egner, Hauswirtschaft und Lebenshaltung. Eine qualitative Untersuchung ihres Zusammenhangs unter besonderer Berücksichtigung lateinamerikanischer Entwicklungsländer. Beiträge zur Ökonomie von Haushalt und Verbrauch, H. 9; Berlin 1974, 130.

31 IDB (Inter-American Development Bank), Socio-economic Progress in Latin America. Annual Report, Washington 1970–72; ECLA, Structural Changes in Employment within the Context of Latin America's Economic Development. Economic Bulletin for Latin America, October 1965. Werner Baer u. Michel E. A. Hervé, Employment and Industrialization in Developing Countries, Quarterly Journal of Economics 80, 1966, 88–107, Tab. 1, 91. Aus dieser Tabelle gehen die Unterschiede zwischen dem Produktionswachstum und dem Beschäftigungswachstum der Industrie hervor.

32 Aus der umfangreichen Literatur über die Erfolge und Mißerfolge der

Importsubstitutionspolitik siehe z. B.: Ian Little u.a., Industry and Trade in Some Developing Countries, a Comparative Study. Development Center of the O. E. C. D., London 1970; Carlos F. Díaz-Alejandro, Essays on the Economic History of the Argentine Republic. A Publication of the Economic Growth Center, Yale University, New Haven 1970; Joel Bergsman, Brazil. Industrialization and Trade Policies. Development Center of the O. E. C. D., London 1970; Timothy King, Mexico: Industrialization and Trade Policies since 1940. Development Center of the O. E. C. D., London 1970; Lutz Hoffmann, Importsubstitution unter besonderer Berücksichtigung von Argentinien, Brasilien, Chile und Kolumbien. Tübingen 1970.

33 William G. Tyler, Labour Absorption with Import-Substituting Industrialization: An Examination of Elasticities of Substitution in the Brazilian Manufacturing Sector, Oxford Economic Papers 26, 1974, 93–103, 102.

34 Samuel A. Morley u. Jeffrey G. Williamson, Demand, Distribution and Employment: The Case of Brazil, Economic Development and Cultural Change 23, 1, 1974, 33–60.

35 Ebd., 46.

36 Die jährlichen Wachstumsraten der Beschäftigung betrugen zwischen 1950 und 1970 in den Dienstleistungssektoren zwischen 3,2 % und 4,7 %. IDB, Progress; ECLA, Changes.

37 Eine Tendenz der Importsubstitution zur Produktion von Luxusgütern ist nach Hirschman nur in den Fällen zu vermuten, in denen der Substitutionsprozeß durch unerwartete Zahlungsbilanzschwierigkeiten ausgelöst wurde. Hirschman unterscheidet davon drei andere Impulse des Substitutionsprozesses (Kriege, Wachstum der Inlandsnachfrage, staatliche Entwicklungspolitik), die zu einer ausgewogenen Produktionsstruktur geführt hätten. Er zieht daraus die Folgerung: »It seems likely, therefore, that the role of nonessential goods within the total ISI-process (»Import-substituting-industrialization«, d. Verf.) has been exaggerated by the »new« critics who, in stressing this role, sound almost like the old-line Latin American laissez-faire advocates who were forever inweighing against the introduction of ›exotic‹ industries into their countries«. Albert O. Hirschman, The Political Economy of Import-Substituting Industrialization in Latin America, Quarterly Journal of Economics 82/1, 1968, 1–32, 6.

38 Werner Bear, The Steel Industry, Appendix 1, in: Bergsman, 191–221, Tab. A 4, 205.

39 Die Bedeutung der Marktgröße wird durch den Hinweis Hirschmans auf sozio-politische Hindernisse des Industrialisierungsprozesses nicht wesentlich eingeschränkt. Vgl. Hirschman.

40 Werner Bear u. Isaac Kerstenetzky, Import Substitution and Industrialization in Brazil, American Economic Review 54, 1964, 419 ff. Nach Tyler waren zwar die rückwärtigen Verkettungseffekte weniger ausgeprägt, als sie von Baer und Kerstenetzky nachgewiesen werden. Auch er stellt aber einen engen Zusammenhang zwischen dem Wachstum der Gesamtindustrie und dem Substitutionsprozeß fest. William G. Tyler, Importsubstitution, Exportdiversifizierung und strukturelle Verflechtungen in der brasilianischen Industrie. Die Weltwirtschaft 1973, H. 1, 61–88.

41 ISIC = International Standard Industrial Classification.

42 Cardoso u. Faletto, 146.

43 Angaben nach: UN-Statistical Yearbook 1972, Tab. 185; IDB, Economic and Social Progress in Latin America, Annual Report 1973.

44 Vgl. H. Hesse, Importsubstitution und Entwicklungspolitik, Zs. für die Gesamten Staatswissenschaften 124, 1968, 641–83, 680.

45 Die beiden Begriffe »subdesarrollo« (Unterentwicklung) und »nodesarrollo« (Nichtentwicklung, Un-Entwicklung) verwendet Vasconi, 22.

46 Der Begriff ist von O. Sunkel. Vgl. Sunkel, Transnational Capitalism, 140.

47 Wachstumsraten berechnet nach der Formel $\log x = \log a + bt$, wobei die Wachstumsrate $w = (\text{antilog } b) - 1$ ist. Die zugrundegelegten Daten beziehen sich auf die Buchwerte der US-amerikanischen Direktinvestitionen in Lateinamerika. Quelle: Sabine von Saldern, Internationaler Vergleich der Direktinvestition wichtiger Industrieländer. HWWA Institut für Wirtschaftsforschung, Hamburg 1973, HWWA-Report Nr. 15, 30.

48 Hesse, 657 ff.

49 Shane J. Hunt, La evaluación de la inversión extranjera en América Latina, Fedesarrollo, Bogotá 1973, mimeo., 5. – Für deutsche Direktinvestitionen in der verarbeitenden Industrie Lateinamerikas wurde aufgrund einer Befragung eine durchschnittliche Rendite von 6,9% errechnet (ohne chemische Industrie). Vgl. Günter Grosche u. Rolf Lehmann-Richter, Die Gewinne aus deutschen Direktinvestitionen in Entwicklungsländern, Düsseldorf 1970, 85.

50 Azi Wolfenson U., Incidencia económica de la transferencia de tecnología en el modelo de desarrollo del Perú dentro del marco del Acuerdo de Cartagena, in: Karl-Heinz Stanzick u. Horacio H. Godoy Hg., Inversiones extranjeras y transferencia de tecnología en América Latina. ILDIS-FLACSO, Santiago de Chile 1972, 515–46, 525.

51 Constantine Vaitsos, Transfer of Resources and Preservation of Monopoly Rents. Economic Development Report 168, Development Advisory Service, Harvard University 1970, zit. nach: Hunt, 6.

52 Für Chile ermittelte die CORFO für das Jahr 1971, daß bei 19 ausländischen Unternehmen der pharmazeutischen Industrie in 6 Fällen die Überfakturierung zwischen 0 und 30%, in 3 Fällen zwischen 31% und 100% und in 10 Fällen über 100% betrug. – CORFO, Costos implícitos en la transferencia de tecnología: sector farmacéutico. Informe preliminar, Enero 1971, 29, zit. nach: F. Fajnzylber, La empresa internacional en la industrialización de América Latina, in: Stanzick u. Godoy, 125–56, 137.

53 Nach Vaitsos betrug die durchschnittliche Rate der Überfakturierung 1968 in Kolumbien 40% in der Gummi-Industrie, 25% in der chemischen Industrie und 17% in der elektrotechnischen Industrie. Vgl. Vaitsos, zit. nach Hunt, 5.

54 So ist die zustimmende Zitierung aus folgender Veröffentlichung durch Stikker zu verstehen: Sir John Campbell, Investment and Development, ODI, London 1965, zit. nach: Dirk U. Stikker, The Role of Private Enterprise in Investment and Promotion of Exports in Developing Countries, UNCTAD, New York 1968, 11 f.

55 Grosche u. Lehmann-Richter, 56. Daten für die westdeutschen Tochtergesellschaften: Durchschnitt der Jahre 1965–67 für alle Branchen außer Bergbau/Öl und Chemie. Daten für die US-amerikanischen Gesellschaften: Durchschnitt 1966–67, für die britischen Gesellschaften Durchschnitt 1966/67 ohne Ölindustrie.

56 Nur in Grenzfällen kann die Kritik zutreffen, die ausländischen Unternehmen würden das inländische Volkseinkommen vermindern. Diese Folge kann dann eintreten, wenn beispielsweise die inländische Regierung Kreditbewilligungen gewährt, wenn bestimmte Input-Güter subventioniert und durch einen starken Protektionismus die Preise für Fertigprodukte ausländischer Unternehmen am Inlandsmarkt erhöht werden und wenn eine Überbewertung der inländischen Währung besteht. In diesem Fall können die in Form von Gewinnen ins Ausland transferierten Einkommen u. U. größer sein als die gesamte inländische Wertschöpfung, sofern man eine Bewertung zu Weltmarktpreisen vornimmt. Das tatsächliche Ausmaß dieser Wirkungen wird sich allerdings kaum feststellen lassen. Vgl. H. C. Bos u.a., Private Foreign Investment in Developing Countries. A Quantitative Study on the Evaluation of the Macro-Economic Effects. International Studies in Economics and Econometrics 7, Dordrecht-Boston 1974, 21.

57 Bos u.a., 310 f., 284 f.

58 Bos u.a., 322, 298.

59 Dos Santos, El nuevo carácter, 74–127. Eine Zusammenstellung der häufig vorgebrachten Argumente gibt Dietrich Kebschull, Die ökonomische und politische Macht multinationaler Unternehmen, in: Schneider u. Watrin, 763–90, 764, 771 f.

60 Vgl. Wirtschaftsdienst 10, 1974, 547.

61 Neue Zürcher Zeitung v. 21. 10. 1974.

62 Jack N. Behrman, The Role of International Companies in Latin American Integration, Lexington 1972, 4.

63 Zu den Bedingungen, unter denen eine Importsubstitution zur Devisenersparnis führt vgl.: Carlos F. Díaz-Alejandro, On the Import Intensity of Import Substitution, Kyklos 18, 1965, 495 ff.

64 King, Mexico, 143.

65 Ebd., 145.

66 Vgl. ebd., 143 f. Bei diesen Zahlen handelt es sich um sehr grobe Schätzungen, da die methodologischen Schwächen der durchgeführten Berechnungen außerordentlich groß sind.

67 David Felix, Did Import Substituting Industrialization in Argentina save Foreign Exchange? A Report on some Findings. ITDT–CIE, Buenos Aires, mimeo., Dec. 1965.

68 Little u.a., 66 ff.

69 Dies gilt insbesondere für Brasilien. Vgl. Helmut Hesse, Promotion of Manufactured Exports as Development Strategy of Semi-Industrialized Countries: The Brazilian Case, Weltwirtschaftliches Archiv 108, 1972, 235 ff. Mexiko befindet sich im Übergang von der Importsubstitution zur Exportförderungspolitik, vgl. Lotte Müller-Ohlsen, Importsubstitution und Exportdiversifizierung im Industrialisierungsprozeß Mexikos. Strategien, Ergebnisse, Perspektiven, Tübingen 1974.

70 Horst Dieter Heydenreich, Problembereiche ausländischer privater Direktinvestitionen in Lateinamerika. Arbeitsberichte des Ibero-Amerika Instituts für Wirtschaftsforschung an der Universität Göttingen 15, Göttingen 1974, 29. Beispielhaft für die Kritik an dieser »Entkapitalisierung« Lateinamerikas ist die Äußerung des chilenischen Außenministers bei der Übergabe der Erklärung von Viña del Mar an Präsident Nixon: »Die

ausländische Investition bedeutete und bedeutet noch heute für Lateinamerika, daß die Zahlungen an das Ausland sehr viel größer sind als der Wert der Investition. Unser potentielles Kapital vermindert sich, während die Gewinne auf das investierte Auslandskapital zunehmen und sich mit exorbitanten Wachstumsraten vermehren, nicht in unseren Ländern, sondern im Ausland.« New York Times vom 12. 6. 1969, S. 1, zitiert nach: Hunt, Evaluación, 2.

71 Heydenreich, 36 f.

72 Ebd., 22 f.

73 Ebd., 29.

74 UNCTAD, Transfer of Technology, Policies relating to Technology of the Countries of the Andean Pact: Their Foundations. A Study by the Junta del Acuerdo de Cartagena, 1971, zit. nach: Heydenreich, 179.

75 Fernando Fajnzylber, Summary of Study entitled: The Industrial System and Exports of Manufactures. Analysis of Brazil's Experience, Working Document. UN-ECLA, Conf. 37/L. 17., 22. 6. 1971, S. 13.

76 Fajnzylber, Empresa, 125–56, 143. Nach einer Schätzung von R. Vernon stammten im Jahre 1968 40% der Industriewarenexporte Lateinamerikas aus ausländischen Tochtergesellschaften. Vgl. Raymond Vernon, Restrictive Business Practices. The Operations of Multinational United States Enterprises in Developing Countries. Their Role in Trade and Development. UNCTAD-UNO, New York 1972, 15.

77 Wolfgang König, Die Bedeutung multinationaler Unternehmungen für den Export von Industriegütern aus Lateinamerika. Unveröffentlichtes MS einer Antrittsvorlesung, Göttingen 1974. – Zu den künftigen Exportmöglichkeiten multinationaler Unternehmen in Entwicklungsländern siehe: G. K. Helleiner, Manufactured Exports from Less-Developed Countries and Multinational Firms, The Economic Journal 83, 1973, 21–47.

78 Bos u.a., 299.

79 Ebd., 323.

80 Ebd., 308, 281.

81 Weltbank, Jahresbericht 1974, Washington 1974, 101.

82 Ebd., 105. Die Schuldendienstquote ist nahezu bei allen Ländern gestiegen. Ausnahmen sind lediglich die Dominikanische Republik, Kolumbien und Trinidad/Tobago.

83 Diese Unterscheidung treffen Evers u. v. Wogau, 415. Quijano bezeichnet diese Gruppe als »national-kapitalistisch«; Quijano, Re-definición, 19.

84 Dos Santos, Structure, 236.

85 Dies gibt Dos Santos selbst zu. Vgl. Dos Santos, Structure, 236.

86 R. Alejandro Foxley, Opciones de desarrollo bajo condiciones de reducción en la dependencia externa, El Trimestre Económico 39/2, 1972, 203–42, 214 ff.

87 Davon spricht Jaguaribe, Dependencia y autonomía, 67.

88 Vgl. zum Beispiel: Córdova u. Silva Michelena, 112.

89 Dos Santos, El nuevo carácter, 24.

90 Vgl. die Kritik bei N. Girvan, The Development of Dependency Economics in the Caribbean and Latin America: Review and Comparison, Social and Economic Studies 22, 1973, 1–33, 25.

91 Evers u. v. Wogau, 415.

92 Jaguaribe, Dependencia y autonomía, 72 f., spricht von »national-kapitali-

stischen« Ordnungsformen. Aus dem Zusammenhang ergibt sich, daß auch von »privat-kapitalistisch« gesprochen werden kann.

93 Ebd., 73.

94 Celso Furtado, La concentración del poder económico en los EE. UU. y sus proyecciones en América Latina, in: Estudios Internacionales, Marzo-Octubre 1968, zit. nach: O'Brien, 10.

95 Jaguaribe, Dependencia y autonomía, 70.

96 Ebd., 75.

97 Armando Córdova, Strukturelle Heterogenität und wirtschaftliches Wachstum. Drei Studien über Lateinamerika. Frankfurt 1973, 55–107.

98 Aldo Ferrer, Industrias básicas, integración y corporaciones internacionales, in: H. Jaguaribe u.a., 87–110, 97 f., 105.

99 Jaguaribe, Dependencia y autonomía, 64.

100 Ferrer, 100 ff.

101 Davon spricht André Gunder Frank, La dependencia ha muerto. Viva la dependencia y la lucha de clases (una respuesta a críticos), Desarrollo económico 13, 1973, 199–220, 204.

102 Das Statut der Andenpakt-Länder über ausländische Kapitalanlagen. Beschluß No. 24 der Kommission des Abkommens von Cartagena. Übersetzung: Deutsch-Kolumbianische Handelskammer Bogotá, o. J. Das von Argentinien erlassene Gesetz zur Regelung ausländischer Investitionen enthält ähnliche Bedingungen. Vgl. Jorge Rubinstein, El reciente régimen jurídico argentino de nacionalidad de las sociedades y transferencia de tecnología, in: Stanzick u. Godoy, 354–66.

103 Juan Somavia, Las inversiones extranjeras en el Grupo Andino. Aspectos políticos y recientes negociaciones con el Japón, in: Stanzick u. Godoy, 422–34.

Zweiter Teil
Konkrete Aspekte

Reinhard Liehr

Entstehung, Entwicklung und sozialökonomische Struktur der hispanoamerikanischen Hacienda

Die Hacienda hat als Form des Großgrundbesitzes die wirtschaftlichen, sozialen und politischen Strukturen in weiten, landwirtschaftlich mehr oder weniger nutzbaren Gebieten Hispanoamerikas vom 17. Jahrhundert bis zum Beginn der Agrarreformen geprägt. Die Sozialanthropologen Wolf und Mintz haben die Hacienda im Gegensatz zur Plantage unter besonderer Berücksichtigung mittelamerikanischer und karibischer Agrarverhältnisse statisch- idealtypisch beschrieben. Von ihrer bekannten Definition der Hacienda soll hier zunächst als Verständnishilfe ausgegangen werden. Eine Hacienda ist danach ein familieneigener agrarischer Großgrundbesitz, der von einem patriarchalischen Großgrundbesitzer bzw. dessen Hauptverwalter oder Generalpächter geführt und von zahlreichen billigen, unterbeschäftigten Arbeitskräften bewirtschaftet wird, die in ihrer Existenz weitgehend an die Scholle gebunden und persönlich durch zahlreiche traditionale Beziehungen vom *patrón* abhängig sind. Die Hacienda arbeitet mit minimalem Kapital, geringer Technologie und niedriger Produktivität bei weitgehender Sicherung der eigenen Subsistenz zur Versorgung eines engen, zumeist regional begrenzten, aber dafür verhältnismäßig sicheren Marktes. Dabei dienen die einzelnen extensiv genutzten Produktionsfaktoren (vor allem Boden und Arbeitskräfte) nicht nur dazu, Gewinne aus dem investierten Kapital zu erwirtschaften, sondern zum Teil vorwiegend auch dazu, den Lebensunterhalt des Besitzers und seiner Familie in angemessener Weise zu sichern und (weniger ökonomisch) dessen Sozialprestige und Macht zu fördern.

Im Gegensatz zur Hacienda ist die Plantage idealtypisch ein agrarischer Großgrundbesitz, der zumeist in der Form einer Kapitalgesellschaft betrieben wird. Die Plantage wird von einem angestellten Management geführt und von einer Masse billiger, sozial kaum abgesicherter Lohnarbeiter bewirtschaftet. Sie produziert kapitalintensiv und hoch technologisiert für einen weiten, zumeist internationalen, in nördlichen Industrieländern gelegenen Markt, wobei die Produktionsfaktoren ökonomisch optimal zum Zwecke der Gewinnmaximierung und der Kapitalakkumulation eingesetzt werden. Beide Idealtypen – Hacienda und Plantage – repräsentieren somit zwei verschiedene sozialökonomische Funktionseinheiten in jeweils unterschiedlichen Rahmenbedingungen an Marktchancen und Kapitalinvestitionen.[1] Die hier idealtypisch skizzierte Plantagenwirtschaft zielt offensichtlich mehr auf zeitgenössische und weniger auf historische Unternehmensformen, die nicht so sehr kapitalintensiv und überwiegend mit abhängigen Arbeitern oder mit Sklaven statt mit freien Lohnarbeitern wirtschafteten. Auf die modernen Plantagen und ihre historischen Vorformen mit ihren spezifischen Plantagenprodukten, wie etwa Zucker oder Baumwolle, kann in den folgenden Ausführungen nur vereinzelt jeweils in Abgrenzung zur vorwiegend Vieh und Getreide produzierenden Hochland-Hacienda eingegangen werden.

Entsprechend dem Gesamtthema des Bandes soll gefragt werden, welche Bedeutung dem Phänomen der hispanoamerikanischen Hacienda im Rahmen des Dependencia-Ansatzes zukommt und umgekehrt: inwieweit Dependencia-Hypothesen die Hacienda in ihrer sozialökonomischen Rationalität zu erklären vermögen. Der vorwiegend von lateinamerikanischen Sozial- und Wirtschaftswissenschaftlern entwickelte Dependencia-Ansatz ist eine abstrakte Gesamthypothese zur Erklärung der lateinamerikanischen Unterentwicklung. Der Ansatz besagt im wesentlichen, daß die Volkswirtschaften einer Gruppe von peripheren Ländern von der Entwicklung und Expansion anderer dominierender Volkswirtschaften, vornehmlich in Industrieländern, innerhalb einer erzwungenen internationalen Arbeitsteilung abhängig seien, d. h. von ihnen in ihren Entwicklungsmöglichkeiten beschränkt würden. Entwicklung und Unterentwicklung seien demnach jeweils gleichzeitige, funktional und komplementär aufeinander bezogene Seiten ein und desselben historischen Prozesses der Entwicklung des Weltwirtschaftssystems. Unterentwicklung sei somit als Reflex auf Entwicklung extern bedingt, ihre Auswirkungen zeigten sich jedoch in der Deformation der internen sozialökonomischen

Strukturen der abhängigen Volkswirtschaften. Im historischen Rückblick könnten die modernen lateinamerikanischen Gesellschaften von Anfang an seit ihrer Geburt im Rahmen der Expansion des Weltwirtschaftssystems als abhängig bezeichnet werden. In ihrer *ersten Phase* hätten sie sich in kolonialer Abhängigkeit von den merkantilistischen Interessen Spaniens und Portugals befunden. Die in der Neuen Welt errichteten Haciendas, Plantagen und Minen hätten direkt oder indirekt die Aufgabe gehabt, Europa mit Nahrungsmitteln, Rohstoffen und Mineralien zu versorgen. Umgekehrt sei die dünne kreolische Oberschicht ein begehrter Absatzmarkt für europäische Manufakturerzeugnisse gewesen, die in der Kolonialzeit indirekt über Spanien und Portugal als kommerzielle Vermittler und nach der Unabhängigkeit direkt aus Nordeuropa ausgeführt worden seien. Seit der zweiten Hälfte des 19. Jahrhunderts hätte die industrielle Revolution in Nordeuropa und Nordamerika mit ihren gewachsenen spezifischen Bedürfnissen an Rohstoffen zu einer *zweiten Phase* industrieller und finanzieller Abhängigkeit und monokultureller Exportausrichtung in Lateinamerika geführt. Zur Versorgung der Exportwirtschaften sollen über diese hinaus in den abhängigen Ländern auch ergänzende Wirtschaftszweige und Subsistenzwirtschaften bestanden haben. Die seit der Zeit der Weltkriege immer stärker einsetzende Industrialisierung habe schließlich in den lateinamerikanischen Ländern, bedingt durch verstärkte Kapitalgüterimporte unter anderem für multinationale Firmen, eine *dritte Phase* noch größerer Importabhängigkeit und Penetration zur Folge gehabt.
Diese die gesamte historische Entwicklung einbeziehende Generalhypothese von hohem Abstraktionsgrad muß ihre Erklärungskraft noch in zahlreichen, in sich schlüssigen, empirisch abgesicherten Detailinterpretationen unter Beweis stellen. Bisher sind die internen Strukturen in den abhängigen Ländern – von einigen Ausnahmen abgesehen – weder als Detailhypothesen konkreter gefaßt, noch sind derartige Unterhypothesen historisch und sozialwissenschaftlich in der Empirie überprüft worden. Im Hinblick auf den Großgrundbesitz wurde zum Beispiel von Dependencia-Theoretikern behauptet, daß Führungsgruppen in den dominierenden Ländern mit Unterstützung nationaler oder regionaler Wirtschaftseliten in den abhängigen, peripheren Ländern Lateinamerikas die vergleichsweise reichlich vorhandenen Böden und die relativ billigen Arbeits-

kräfte zur eigenen Kapitalakkumulation ausnützten. Dabei sei die Konzentration des Bodenbesitzes letztlich direkt oder indirekt durch den Rohstoffbedarf der Metropolnationen vorangetrieben worden.[2] Armando Córdova räumt dagegen ein, daß der von Hispanoamerika in der Kolonialzeit nach Spanien exportierte »wirtschaftliche Surplus« (im Sinne von Baran und Sweezy) insgesamt im Vergleich mit anderen Kolonien, wie etwa Haiti, relativ gering gewesen sei. Er betont aber, daß die im Verlauf der Kolonialisierung entstandene Klassenstruktur in den Kolonien zu einer ungeheuren Verschwendung von »wirtschaftlichem Surplus« unter anderem durch den Luxuskonsum von Großgrundbesitzern geführt habe.[3] Es wird zu untersuchen sein, inwieweit diese Teilhypothesen im Hinblick auf die hispanoamerikanische Hochland-Hacienda haltbar sind.

In den folgenden Abschnitten wird dabei auf der Grundlage vorliegender Forschungsergebnisse die Entstehung, Entwicklung und sozialökonomische Struktur der hispanoamerikanischen Hochland-Hacienda vor allem in Mexiko und in Peru in der Zeit vom 17. bis zum 19. Jahrhundert untersucht. Angesichts der Fülle von Arbeiten zur hispanoamerikanischen Agrargeschichte kann dabei nur auf zentrale monographische Studien hingewiesen werden bzw. auf solche, die in den ausgezeichneten Überblicken von Magnus Mörner nicht mehr berücksichtigt werden konnten.[4] Das Hauptaugenmerk liegt auf der Konzentration des privaten Bodenbesitzes (1), auf der Bedeutung des Marktes (2), auf den Arbeitsverhältnissen (3), sowie auf den Kapitalinvestitionen, der Betriebsführung und der Rentabilität der Hacienda (4). Im Anschluß daran wird eine Beurteilung von Dependencia-Hypothesen im Zusammenhang mit mexikanischen und peruanischen Hochland-Haciendas des 17. bis 19. Jahrhunderts versucht. Um jedoch die angebliche Abhängigkeit der historischen Hochland-Hacienda von dominierenden europäischen Volkswirtschaften genauer erfassen zu können, soll in den einzelnen Abschnitten vergleichend auf »unabhängige« europäische Guts- und Agrarverhältnisse verwiesen werden.

1.

Von grundsätzlicher Bedeutung für den Rahmen, in dem die hispanoamerikanische Hacienda entstand, war die *Conquista* und die von ihr geschaffene »koloniale Situation« (Georges Balandier), in der eine überlegene europäische Minderheit die politische und militärische Herrschaft einnahm und als Führungsschicht mit allen damit verbundenen Mechanismen die unterworfene, ethnisch von den Europäern verschiedene eingeborene Bevölkerungsmehrheit überlagerte.[5] Die Mechanismen der »kolonialen Situation«, die über die formale Unabhängigkeit der einzelnen Länder hinaus weiterfunktionierten, dürften ein wichtiger Grund dafür gewesen sein, warum sich die hispanoamerikanische Hacienda noch um einige Grade von europäischen Gütern, etwa ostelbischen Rittergütern oder andalusischen *cortijos* und Haciendas unterschied.

In der kolonialen Anfangsphase der »indirekten Kontrolle« (Julian H. Steward) wurde das Wirtschaftspotential der unterworfenen indianischen Bevölkerungen – ähnlich wie in späteren europäischen Kolonisationen in Afrika und in Asien – zuerst vor allem indirekt durch die steuerliche Abschöpfung von Leistungen, unter anderem zum Beispiel im Rahmen der hispanoamerikanischen *encomienda*, genutzt. In der Rechtsinstitution der *encomienda* trat die spanische Krone ihr zustehende indianische Tribute an verdiente Privatpersonen, insbesondere an Konquistadoren und deren Nachkommen, ab. Die Nutznießer übernahmen dafür gegenüber der Krone die Verpflichtung, nicht nur die Indianer der ihnen zugeteilten Tributbezirke zu schützen und zu christianisieren, sondern auch militärische Dienste und Verteidigungsaufgaben zu verrichten. Die *encomenderos* erhielten jedoch keine königlichen Hoheitsrechte, vor allem keine Gerichtsbarkeit über die ihnen anvertrauten Indianer und auch keine Besitzrechte über die Ländereien ihrer Tributbezirke. Auf die erste Phase der »indirekten Kontrolle« der Kolonien konnte erst vereinzelt nach und nach und bald immer stärker eine zweite Phase der »direkten Kontrolle« folgen. Diese wirkte sich auf dem Lande vor allem dadurch aus, daß die Konquistadoren, die Siedler und deren Nachkommen – wiederum ähnlich wie in späteren europäischen Kolonisationen – verstärkt den agrarisch nutzbaren Boden in ihr Privateigentum überführten und im Laufe der Zeit immer größere Landbesitzungen in Form von

Haciendas und Sklavenplantagen aufbauten.[6]
Aufgrund der kastilischen Rechtspraxis, die sich in der iberischen Reconquista des Mittelalters ausgebildet hatte, fiel auch in Hispanoamerika durch Entdeckung, Okkupation und päpstliche Verleihung sämtliches Land, das nicht von Indianern als legitimer Besitz beansprucht wurde, an den König von Kastilien. Privates Eigentum an Grund und Boden konnte daher zu Beginn der Kolonialzeit rechtmäßig nur durch königliche Verleihung erworben werden.[7] In der Rechtsform sogenannter Landschenkungen (*mercedes de tierra*) pflegte die Krone durch ihre Vertreter kleinere und größere Parzellen nutzbaren Acker- und Weidelandes an Konquistadoren, erste Siedler und deren Nachkommen, die unter anderem als Ackerbürger in den neugegründeten Städten lebten, anfänglich kostenlos als privates, vererbliches Eigentum zu übertragen.[8] Die verliehenen Landstücke fielen dabei häufig je nach dem sozialen Rang des Begünstigten unterschiedlich groß, d. h. bei sozial höher stehenden Siedlern größer und bei sozial niedriger stehenden Personen kleiner aus.[9]
Die Größe der verliehenen Parzellen variierte jedoch vor allem aufgrund der beantragten Nutzungsform: zu großflächigen königlichen Landschenkungen führten insbesondere die extensive Groß- und Kleinviehzucht und der Anbau kommerzialisierter Nutzpflanzen in Plantagen, in erster Linie der Anbau von Zuckerrohr.[10] Eine zweite rechtmäßige Möglichkeit, Landbesitz zu erwerben, lag im legalen Kauf vor allem von privaten oder kommunalen indianischen Ländereien, mit welchen unrechtmäßigen oder rechtmäßigen Mitteln ein solcher Kauf auch immer herbeigeführt wurde.[11] Der dritte, wohl am häufigsten beschrittene Weg des Landerwerbs bestand in der illegalen Okkupation, eine Maßnahme, die seit dem Ende des 16. Jahrhunderts durch eine offizielle Ablösungssumme an die Kronfinanzen im Rahmen der sog. *composiciones de tierras* legalisiert werden konnte.[12] Indianischer Grund und Boden wurde ja in größerem Umfang mit dem katastrophalen Rückgang der Eingeborenenbevölkerung im 16. und 17. Jahrhundert für den Zugriff spanischer Grundbesitzer verfügbar.[13] Dazu bot in der gleichen Zeit die gigantische Umsiedlung und Zusammenfassung entvölkerter Indianergemeinden in Peru und in Mexiko die Möglichkeit, deren Ländereien offiziell für herrenlos und zu Kronland zu erklären und spanischen Interessenten zuzuteilen.[14]
Der entscheidendste Faktor für die Ausbildung und Entwick-

lung der Hacienda in Hispanoamerika waren wohl die Marktverhältnisse, in denen und für die sie produzierten. Sie sollen in einem eigenen Abschnitt (2) näher untersucht werden. Darüber hinaus ist nicht zu unterschätzen, daß in der »kolonialen Situation« die politisch, militärisch, wirtschaftlich und sozial führende Oberschicht eine Eigendynamik zu ihren eigenen Gunsten entwickelte, die durch gesetzliche Maßnahmen und die Politik der Krone kaum noch gebremst werden konnte. Für Peru, Mexiko und andere andine Länder lassen sich zahlreiche Beispiele dafür anführen, daß *encomenderos* selbst oder Mitglieder ihrer Familien über die eigentliche Institution der *encomienda* hinaus innerhalb, in der Nähe und außerhalb ihrer Tributbezirke Land als persönliches Eigentum erwarben und besaßen, um die ihnen zustehenden Tributleistungen, etwa an Naturalien oder Arbeitsdiensten, in Viehzuchtunternehmungen und Landwirtschaften anzulegen.[15] Ferner läßt sich für viele Städte und Ortschaften belegen, daß einflußreiche weiße Bürger, die zugleich Mitglieder des Magistrats oder hohe königliche Beamte waren, sich selbst oder nahen Verwandten Landstücke zur privaten agrarischen Nutzung zuteilten und landwirtschaftliche Betriebe aufbauten.[16] Der Erwerb größerer Ländereien zum Zweck der Majoratsgründung und teilweise darüber hinaus zum Zweck des Kaufes kastilischer Adelstitel (Graf, Marquis), weniger aufgrund ökonomischer, als vielmehr aristokratischer Ambitionen, scheint in Mexiko und in Peru im Unterschied zum spanischen Mutterland, von bekannten Ausnahmen abgesehen,[17] generell eine geringere Bedeutung gehabt zu haben.[18] Jedoch läßt sich für das koloniale Mexiko und Peru beobachten, daß spanische Grundeigentümer ihre Ländereien bewußt und gezielt ausweiteten, ja geradezu Land horteten. Es gibt Anzeichen dafür, daß sie dadurch einmal die Produktionskonkurrenz anderer Grundeigentümer ausschalten und zum anderen mit dem Land den indianischen und mestizischen Bauern in der Nachbarschaft die Existenzgrundlage entziehen wollten, um sie zur Ansiedlung oder zur Arbeit auf den eigenen expandierenden Gütern zu zwingen.[19]

Wichtigen Zuwachs verdankten die Hacienda-Ländereien vor allem der im 18. Jahrhundert einsetzenden liberalen Bewegung zur Privatisierung nahezu allen Grundbesitzes der Einrichtungen der Toten Hand, der Gemeindeländereien sowie der Ländereien der Krone bzw. der rechtsnachfolgenden unabhän-

gigen Staaten. In diesem Rahmen konnten noch während der Kolonialzeit die hervorragend organisierten Güter und Plantagen des vertriebenen und enteigneten Jesuitenordens zum größten Teil an Kreolen und Europaspanier verkauft werden.[20] Ferner wurden aufgrund der Bestimmungen der *Real Cédula* vom 26. Dezember 1804 zur *Consolidación de Vales Reales*, d. h. zur Konsolidierung bestimmter spanischer Staatsanleihen, unter anderem einige weitere Ländereien und vor allem städtische Besitzungen von kirchlichen Institutionen privatisiert.[21]
Die stärkste Ausweitung erfuhr der Großgrundbesitz in den Ländern Hispanoamerikas einschließlich Mexikos und Perus im Verlauf des 19. Jahrhunderts. Die wichtigsten Gründe hierfür waren 1. die fortschreitende liberale Reform der ländlichen Eigentumsrechte zugunsten eines uneingeschränkten Besitzindividualismus (*desamortisación*), 2. die vor allem durch Dampfschiffahrt und Eisenbahnwesen verbesserten Export- und Marktchancen und 3. die durch die Dampfmaschinentechnik ermöglichte verstärkte Industrialisierung der Landgüter und vor allem der Plantagen.
Unter den peruanischen Gesetzen zur Desamortisation des Grund und Bodens der Toten Hand und zur Förderung privaten Großgrundbesitzes standen nach allem, was man weiß, folgende Maßnahmen im Vordergrund: ein Gesetz von 1826, das anordnete, die Güter unterbelegter Kloster zu konfiszieren; ein Gesetz von 1828, nach dem sämtliche Stadt- und Landgüter der Institutionen der Toten Hand verstaatlicht und in Privateigentum überführt werden sollten; darüber hinaus Gesetze aus den Jahren 1824–1830 mit der Auflage, die individuell genutzten und die kommunalen Ländereien der Indianer und ihrer Dorfgemeinschaften als privateigenes Land an die betroffenen indianischen Dorfbauern und an sonstige landlose Eingeborene zu verteilen; den Indianern blieb jedoch der Verkauf des auf diese Weise erworbenen privaten Landes für die Zeit bis 1850 untersagt, was in der Praxis häufig umgangen wurde; gemäß den Bestimmungen der gleichen Gesetze von 1824–1830 sollten die verbleibenden herrenlosen, ehemals indianischen Gemeindeländereien und dazu sämtliches dem Staat gehörende Land jeweils ein Drittel unter dem offiziellen Schätzwert an Privatpersonen verkauft werden. Die einschlägigen Artikel des *Código Civil* von 1852 schlossen die liberale Desamortisationsgesetzgebung des unabhängigen Landes weitgehend ab. Dazu muß berücksichtigt

werden, daß nach Abschluß der Unabhängigkeitskämpfe in Peru Landgüter, die aus dem Besitz königstreuer Spanier konfisziert worden waren, als Privateigentum an siegreiche *Libertadores* verschenkt wurden. Auch wurde durch ein Dekret vom 13. Dezember 1826 und durch ein Kongreßgesetz von 1829 die am Ende der Kolonialzeit eingeführte Besteuerung nichtkultivierter Ländereien wieder abgeschafft. Die Auswirkungen der genannten Gesetze auf die private Landbesitzkonzentration sind für Peru bisher noch nicht ausreichend untersucht worden. Wahrscheinlich führten die gesetzlichen Maßnahmen in der peruanischen Sierra im 19. Jahrhundert neben anderen wichtigen Faktoren dazu, daß der private Großgrundbesitz in Form von Hochland-Haciendas auf Kosten der Kirche und der indianischen Dorfgemeinschaften erweitert und vermehrt wurde. Das verstaatlichte Eigentum der verschiedenen Institutionen der Kirche, wie etwa der Inquisition, der religiösen Orden und der Bruderschaften, wurde im Verlauf des 19. Jahrhunderts zum größten Teil an Privatpersonen, darunter an zahlreiche Beamte und Offiziere, zu billigen Bedingungen verschleudert.[22]

In Mexiko konzentrierte sich seit der Unabhängigkeit des Landes die Nationalisierung und Privatisierung des kirchlichen Großgrundbesitzes auf wenige Jahre nach der Veröffentlichung des Gesetzes vom 25. Juni 1856, des sogenannten Lerdo-Gesetzes. Die damit verbundene massive Verschleuderung agrarischen Kirchengutes weit unter Schätzwert an Privatpersonen erfüllte nicht – wie Jan Bazant und Robert Knowlton herausgearbeitet haben – die soziale Wunschvorstellung der Liberalen von einer breiten mittleren Schicht bäuerlicher Eigentümer. Das Ergebnis der liberalen Desamortisationspolitik war vielmehr eine Erneuerung und Erweiterung der Großgrundbesitzeroligarchie. Die meisten der größeren, ehemals kirchlichen Landgüter gingen seit 1856 beim Verkauf ungeteilt in die Hände privater Geldanleger über. Ähnlich wie in Spanien, England und Frankreich waren auch in Mexiko durch die Desamortisation Teile des finanzkräftigen städtischen Großbürgertums, vor allem höhere Beamte und führende Mitglieder der liberalen Regierung, Rechtsanwälte, Bergbau- und Industrieunternehmer, Kaufleute und Bankiers, unter ihnen zahlreiche Ausländer, zu neuen Großgrundbesitzern geworden.[23] Auf der Grundlage desselben Gesetzes vom 25. Juni 1856 wurden darüber hinaus in gleicher Weise die kommunalen und individuell genutzten Ländereien der Städte

und Gemeinden weitgehend in Privateigentum überführt, was seit der Unabhängigkeit schon von einzelnen mexikanischen Bundesstaaten mit zahlreichen Gesetzen eingeleitet und begonnen worden war. Die Individualisierung des dörflichen Grundeigentums entzog den indianischen Dorfgemeinschaften und ihren eingeborenen Bevölkerungen letztlich immer mehr die Existenzgrundlage. Im Zusammenhang damit wurden gegen Ende des 19. Jahrhunderts nahezu sämtliche staatlichen Ländereien, die sich nicht im rechtmäßigen Eigentum von Privatpersonen befanden (*terrenos baldíos*), unter ihnen zahlreiche für herrenlos erklärte Kleinbesitzungen von Indianern, durch privilegierte Landvermessungsgesellschaften zum größten Teil an Großgrundbesitzer und Latifundisten veräußert. Bis zum Ende der Regierungszeit des Militärdiktators Porfirio Díaz und dem Ausbruch der mexikanischen Revolution (1910) sollen mehr als die Hälfte, vermutlich sogar über 95% aller indianischen Gemeindeländereien privatisiert und in der Regel schließlich privaten Großgrundbesitzungen zugeschlagen worden sein.[24]
Die konkrete Entwicklung der ländlichen Grundbesitzkonzentration und der Entstehung von Haciendas ist nur in wenigen Hochlandgebieten Mexikos und Perus genau untersucht worden. Dabei stellte sich heraus, daß sich die Enteignung indianischen Grund und Bodens durch die Spanier im kolonialen Mexiko vor allem auf die Zentralregionen der spanischen Siedlung konzentrierte und dort bereits nach dem ersten Jahrhundert der spanischen Herrschaft weitgehend abgeschlossen war. Im gesamten Hochtal von Mexiko – so weist Gibson nach – war 1620 weit mehr als die Hälfte des nutzbaren Acker- und Weidelandes von indianischem in spanisches Eigentum übergegangen.[25] Im Gerichtsbezirk Huejotzingo im Hochtal von Puebla war bereits um 1600 sämtliches verfügbare Land, einschließlich der ehemals indianischen Siedlungsgebiete, mit Ausnahme weniger noch verbleibender Arrondierungen von spanischen Grundeigentümern okkupiert.[26] Um 1630 befand sich wahrscheinlich der größte Teil des nordmexikanischen Bajío in den Händen spanischer Grundeigentümer.[27] Im entfernteren Hochtal von Ameca im Nordwesten Mexikos war die spanische Besitznahme der agrarisch nutzbaren Ländereien, die erst um 1540 begonnen hatte, in der Mitte des 17. Jahrhunderts mit Ausnahme indianischer Siedlungsgebiete an den Talrändern weitgehend zum Abschluß gelangt.[28] Für entlegenere, von

Spaniern weniger stark besiedelte Gebiete, wie die Hochtäler von Oaxaca im Süden und Metztitlán im Nordosten sowie das Tiefland von Tepalcatepec am Westrand der mexikanischen Hochebene, läßt sich im Gegensatz dazu nachweisen, daß sowohl Indianergemeinden als auch indianische Privatleute, insbesondere Adlige, ihre Ländereien bis zum Ende der Kolonialzeit weitgehend behielten und mit Aggressivität gegen die verhältnismäßig wenigen kleineren spanischen Haciendas behaupteten.[29]

Die Entwicklung der ländlichen Grundbesitzkonzentration in der Form der Hacienda trug den Marktverhältnissen entsprechend zeitlich und regional unterschiedliche Züge. In der Nähe von Minen verlief die Konzentration bzw. die Aufteilung des Bodenbesitzes, der zumeist Bergbauunternehmern gehörte, mehr oder weniger parallel zur Bergbaukonjunktur. Das zeigt eine Studie über die Hacienda San Juan Hueyapan in der Nähe der Minen von Real del Monte und Pachuca in Mexiko[30] als auch eine Untersuchung der Haciendas in der südperuanischen Bergbauprovinz Huancavelica.[31] In den Viehzuchtgebieten Südperus fand der Prozeß der Konzentration des Grundbesitzes im Anschluß an den Guano-Boom, den Bau von Eisenbahnen, die Eröffnung des Panamakanals und die Rohstoff-Hausse im Ersten Weltkrieg, besonders im Anschluß an die günstige Konjunktur für Wolle, erst in der Zeit um 1920 seinen Höhepunkt. In den Jahren von 1876–1915 stieg zum Beispiel die Zahl der Haciendas in Südperu in dem für die Viehzucht besonders interessanten Departement Puno von 703 auf 3219, davon allein im Bezirk Carabaya von keiner Hacienda auf 125 und im Bezirk Azángaro von 178 Haciendas auf 611. Im südperuanischen Departement Cuzco ist auf der anderen Seite der Landbesitz der indianischen Dorfgemeinschaften in der Zeit von 1821–1917 um mehr als die Hälfte zurückgegangen.[32] Für Mexiko wird im Unterschied zu Peru der Höhepunkt der Expansion der Haciendas allgemein für das Ende der Regierungszeit des Militärdiktators Profirio Díaz angenommen. Die Höhepunkte der Expansion der Hochland-Haciendas wurden in Mexiko und in Peru seit der Unabhängigkeit von Serien verzweifelter Bauernaufstände begleitet; in der Mexikanischen Revolution sind die militärischen Verbände bewaffneter Bauern im Gegensatz zu früheren isolierten Bauernrevolten sogar zu einem wichtigen nationalen Machtfaktor geworden.[33]

Am Ende des 19. Jahrhunderts war die Expansion der Haciendas und Plantagen in Mexiko wesentlich weiter fortgeschritten als in Peru. In Mexiko gab es nach den Ergebnissen der Bevölkerungszählung von 1910 von allen Familien auf dem Lande 82,4% Familien von landeigentumslosen Landarbeitern *(peones)*, die zum größten Teil als feste Stammarbeiter *(peones acasillados)* auf den Gütern und Plantagen lebten.[34] In Peru betrug dagegen noch im Jahre 1961 vor der Agrarreform der Anteil der Familien landeigentumsloser Pächter, Angestellter und vor allem Landarbeiter an der Gesamtzahl der ländlichen Familien nur 39,9%; 52,9% der ländlichen Familien lebten dagegen mit Landbesitz in indianischen Dorfgemeinschaften.[35]

Da bei Hochland-Haciendas, insbesondere bei Getreide-Haciendas, die Expansion auch im Zeitalter der agrarischen Industrialisierung nicht so stürmisch verlief wie bei Plantagen,[36] können in Mexiko und Peru durchaus Gebiete festgestellt werden, in denen sich die Größe der Güter seit ihrer ursprünglichen Ausbildung bis zur Agrarreform kaum mehr veränderte: etwa im Gerichtsbezirk Huejotzingo im zentralmexikanischen Hochtal von Puebla seit der Zeit um 1600.[37]

2.

Die vorwiegend Getreide (einschließlich Mais) und Vieh produzierenden Hochland-Haciendas entstanden und entwickelten sich als agrarische Großbetriebe in enger Abhängigkeit von neuen beziehungsweise zusätzlichen Märkten. Sie konstituierten sich jeweils in Zeiten, in denen sich für sie größere Verbraucherzentren und Absatzmärkte eröffneten. Diese Märkte lagen in den hispanoamerikanischen Hochlandregionen vor allem einmal in den seit der *Conquista* fieberhaft betriebenen Bergbauunternehmungen und zum anderen in den neu begründeten, expandierenden Spanierstädten. Die genannten Märkte, die zu Beginn der Kolonialzeit weitgehend von der indianischen Wirtschaft und deren Tributleistungen in Naturalien versorgt wurden, wuchsen mit dem Rückgang der Eingeborenenbevölkerung mit Tiefpunkt im 17. Jahrhundert bei hohen Preisen und guten Verdienstmöglichkeiten in zunehmendem Maße den expandierenden spanischen Landwirtschaften zu. Dieser im einzelnen empirisch noch viel zu wenig überprüfte Kausalzusammenhang wird für Mexiko, dessen Agrargeschichte in Hispanoamerika bisher wohl am besten untersucht ist, generell etwa von Chevalier, Borah, Gibson, Wolf und für Peru von Lockhart, Mellafe, Piel und anderen trotz mancher Meinungsverschiedenheiten im Detail bestätigt.[38] Seit ihrer Entstehung hingen die meisten Haciendas der zentralmexikanischen Hochtäler funktional von ökonomisch erreichbaren Märkten in den volkreicheren Spanierstädten sowie einigen Bergbausiedlungen ab. Wie sehr die Markt- und Preisentwicklung in der Hauptstadt Mexiko für Mais, Weizen und Gerste die Kalkulation und Produktion einer privaten Getreide-Hacienda bestimmen konnte, zeigt etwa die Korrespondenz zwischen Verwalter und stadtansässigem Eigentümer der Hacienda Molino de Flores nahe Texcoco im Osten des Hochtals aus den Jahren 1775–1785.[39] In Nordmexiko, insbesondere im Bajío und südlich Guadalajara, entstanden und entwickelten sich Getreide und Vieh produzierende Haciendas in weitgehender Abhängigkeit von der Konjunktur der Minen von Zacatecas, von Guanajuato und anderen, weniger ergiebigen Bergbauzentren.[40] Die riesigen Viehzucht-Haciendas im äußersten steppenartigen Norden Mexikos, wie in Nueva Vizcaya, Coahuila und Nuevo Reino de León, konnten darüber hinaus im 18. und 19. Jahrhundert ihr Fleisch- und Nutzvieh in größerem Stil vor allem in den dicht besiedelten zentralmexikanischen Hochtälern absetzen.[41] Umgekehrt entwickelten sich in Südmexiko im Hochtal von Oaxaca in der Umgebung kleinerer Spanierstädte ohne bedeutende Edelmetallvorkommen und in der Nachbarschaft weitgehend ungebrochener indianischer Wirtschaft nur wenige, verhältnismäßig kleine Haciendas.[42] In Peru förderten in ähnlicher Weise wie in Mexiko Absatzmärkte wie Lima als Hauptstadt oder Huancavelica und vor allem Potosí im alten Hochperu als Bergbauzentren mit weiträumigen Hinterländern die Ausbildung größerer Landwirtschaften. Nachdem das Erdbeben von 1678 weite Gebiete in der Umgebung Limas unfruchtbar gemacht hatte, wurde die peruanische Hauptstadt bis ins 20. Jahrhundert auf dem Seewege mit Weizen und Weizenmehl aus Chile versorgt, was wiederum dort zur Ausbildung und Erweiterung von Haciendas führte.[43] Häufig konzentrierten sich Hacienda-Besitz und Verfügungsgewalt über Märkte in ein und denselben Händen: Bergbauunternehmer besaßen zur besseren Versorgung ihrer Betriebe auch Haciendas;[44] *hacendados* suchten als Ratsherren Einfluß auf die

Lebensmittelversorgung ihrer Städte zu nehmen;[45] Jesuitenkollegien unterhielten in großen Städten zur Vermarktung der Fleischerzeugnisse ihrer Viehzuchtgüter eigene Fleischereien.[46]

Im Gegensatz zum Idealtyp der geographisch isolierten, vorwiegend auf Subsistenzwirtschaft abzielenden und prestigeorientierten Hacienda[47] ist in neueren agrarhistorischen Forschungen immer wieder die entscheidende, gegenüber aller Subsistenzwirtschaft vorwiegende Marktabhängigkeit und Gewinnausrichtung der hispanoamerikanischen Güter hervorgehoben worden. Haciendas waren danach vielmehr überwiegend marktorientierte agrarische Großbetriebe, die sich weitgehend den veränderlichen Markt- und Produktionsfaktorverhältnissen entsprechend unternehmerisch funktional im Rahmen ihres jeweiligen regionalen Wirtschaftsraumes verhielten. Zweifellos waren dabei vor allem Viehzucht-Haciendas aufgrund ihrer Unternehmensstruktur in besonderem Maße in der Lage, verschlechterte Absatzchancen aufzufangen und ihre Marktproduktion zu verringern. Umgekehrt boten die Reserven vieler Güter an Weide- und Ödland die Möglichkeit, verbesserte Absatzchancen durch Extensivierung von Ackerbau oder Viehzucht zu nutzen. Das Verhältnis zwischen der Produktion für die eigene Subsistenz und derjenigen für den Markt änderte sich somit bei den einzelnen Gütern ungeachtet spezifischer Produktionsfaktorverhältnisse von Zeit zu Zeit je nach den konjunkturell bedingten Marktmöglichkeiten.[48] Auch in Osteuropa entwickelten sich die Gutsherrschaften vom 16. bis zum 19. Jahrhundert in funktionaler Abhängigkeit von regionalen und bald auch entfernteren, zu Wasser erreichbaren westeuropäischen Märkten, wobei sich die Produktion der Marktausweitung entsprechend zunehmend monokulturell auf zentrale Hauptprodukte, hier auf Getreide, konzentrierte.[49]

In Mexiko und Peru gibt es aufgrund der geographischen Gegebenheiten, von wenigen Ausnahmen abgesehen, keine schiffbaren Gewässer und auch keine Kanäle. Bis zum Bau der Eisenbahnen und vielfach bis zum Bau der Autostraßen war die Beförderung von Hacienda-Erzeugnissen nur auf dem Wege des teuren Landtransportes, zum Teil nicht einmal mit Karren, sondern über Gebirge nur mit Maultier-, Esel- oder Lamakarawanen möglich. Die hohen Transportkosten bedingten, daß die auf den Gütern erzeugten Produkte nur innerhalb bestimmter

Entfernungen vermarktet werden konnten. Sie trugen wesentlich dazu bei, daß die Wirtschaft in Mexiko und Peru in mehr oder weniger selbständige Regionalwirtschaften zerfiel. Eine Ausnahme bildeten ähnlich den innereuropäischen Verhältnissen lediglich kostengünstige Viehtransporte durch Viehtreiber über weite Entfernungen zu Lande, wie zum Beispiel von Coahuila nach der Hauptstadt Mexiko.[50]

Es überrascht daher nicht, daß in jenem Zeitraum in Mexiko und Peru kaum Erzeugnisse der vorwiegend Vieh und Getreide produzierenden Hochland-Haciendas exportiert wurden. Aus der ostmexikanischen Kornkammer um Puebla konnten am Ende der Kolonialzeit einige Mengen Weizenmehl in den karibischen Raum ausgeführt werden. Dieser Exportmarkt ging jedoch während der Unabhängigkeitskämpfe vor allem aufgrund der teuren Gebirgstransporte vom Hochland über die Sierra Madre Oriental hinab zur Küste nahezu völlig an die Nordamerikaner verloren. Neben Weizenmehl konnten im 19. Jahrhundert noch kleinere Partien anderer Lebensmittel und auch Viehzuchterzeugnisse, insbesondere ungegerbte Häute, Leder und Felle, vor allem über Veracruz in den karibischen Raum – letztere seit der zweiten Hälfte des 16. Jahrhunderts zum Teil auch nach Europa – exportiert werden.[51] Von peruanischen Häfen wurden seit dem 17. Jahrhundert als wichtigste Ausfuhrprodukte von Hochland-Haciendas kleinere Mengen an ungegerbten Häuten und Leder nach anderen Regionen Hispanoamerikas und seit etwa 1830 neben diesen Produkten überwiegend Wolle insbesondere nach Europa verschifft.[52] Spanien und andere europäische Nationen – zum größten Teil agrarische Selbstversorger – wären auch bei niedrigeren Transportkosten kaum in der Lage gewesen, zusätzlich das Getreide und die Viehzuchterzeugnisse Mexikos und Perus als Markt in großem Stil aufzunehmen. Der Export dieser Länder wurde in der Kolonialzeit und im 19. Jahrhundert zum größten Teil von Edelmetallen, Metallen und Mineralien, in Peru dann insbesondere vom Guano, sowie von tropischen und subtropischen Agrarerzeugnissen aus tiefer liegenden Gebieten bestritten.

Durch den Bau von Eisenbahnen, insbesondere von Linien für den Rohstoffexport, die Verwendung von Dampfschiffen, die Eröffnung des Panamakanals (1914) und die immer mehr gesunkenen Frachtkosten dehnten sich die Märkte und die

Wirtschaftsräume nicht nur der Plantagen, sondern auch – wenngleich in weit geringerem Maße oder nur in vermittelter Form – die der Hochland-Haciendas aus. Dennoch blieb der weitgehend begrenzte, regionale und später teilweise auch nationale Charakter der Märkte, von denen die Hochland-Haciendas mit ihren Erzeugnissen abhingen, bestehen, sieht man von Ausnahmen, wie etwa dem europäischen Exportmarkt für peruanische Wolle, ab.[53]

Die überwiegend regionalen Absatzmärkte der hispanoamerikanischen Hochland-Haciendas konnten sich als relativ begrenzte Binnenmärkte im 18. und 19. Jahrhundert entsprechend dem im Vergleich zu Europa weit geringeren Bevölkerungswachstum und der zumeist noch ausstehenden Industrialisierung nur langsam ausweiten. Zweifellos bewegten sich die Absatzmärkte der Getreide- und Viehzucht-Haciendas, wenn auch vielfach nur indirekt und nachgeordnet, in Abhängigkeit von der allgemeinen konjunkturellen Entwicklung der jeweils dominierenden exportorientierten Wirtschaftszweige, insbesondere von der des Bergbaus und der der tropischen Landwirtschaft. Doch angesichts der geringen Außenbeziehungen der begrenzten Binnenmärkte, in deren Rahmen die Hochland-Haciendas produzierten, überrascht es nicht, daß die bisher erschlossenen mexikanischen Getreidepreise im 18. Jahrhundert in ihrer Entwicklung gegenüber denen in Europa, von Ausnahmen abgesehen, weder parallel noch konträr verliefen.[54] Die Hypothese, daß sich die Bodenbesitzkonzentration und die Entwicklung der Hochland-Haciendas in Hispanoamerika allein in Abhängigkeit von dem Nahrungsmittel-, Rohstoff- und Mineralbedarf der entwickelteren Metropolnationen in Europa und Nordamerika vollzogen habe, muß daher als allzu starke Simplifizierung des historischen Verlaufs zurückgewiesen werden.

3.

Es hat den Anschein, daß die Arbeitsverhältnisse auf den hispanoamerikanischen Haciendas weitgehend von den jeweils unterschiedlichen Marktchancen, aber auch von den übrigen Produktionsbedingungen und besonders von der Bevölkerungsdichte beeinflußt wurden. Die ältere Hacienda-Forschung betonte für die Hochlandgebiete Mexikos, daß die Masse der

Arbeiterschaft auf den Gütern seit dem 17. Jahrhundert in der Regel fest ansässige, durch Schuldknechtschaft weitgehend an die Scholle gebundene indianische und mestizische Lohnarbeiter waren. Bei der Schuldknechtschaft *(peonaje)* stand den abhängigen *peones* für die Arbeit Lohn in Form von Geld oder Naturalien und in Form von Nutzungsrechten an der Wohnhütte und zum Teil auch an kleinen Landparzellen auf dem Gut zu. Die *gañanes*, *peones*, *acasillados*, *conciertos* oder wie die fest ansässigen Stammarbeiter auch immer hießen, nahmen jedoch von der Gutsverwaltung als Vorschuß für ihre künftige Arbeit Bargeld, Lebensmittel, Haushaltsgegenstände, Geräte und Kleidung an. Darüber hinaus entrichtete die Gutsverwaltung für sie in der Regel auch die Kirchengebühren und die staatlichen Steuern, die gesammelt an den Pfarrherrn oder dessen Stellvertreter bzw. an den zuständigen staatlichen Verwaltungsbeamten übergeben wurden. Diese Schulden, die sie später kaum zurückzahlen konnten, lieferten das juristische Instrument, sie an die Scholle zu binden, obwohl sie eigentlich freie Lohnarbeiter waren. Die Wirksamkeit der Schuldbindung wurde durch die enge Zusammenarbeit zwischen den zuständigen Distriktsbeamten und Richtern einerseits und den *hacendados* oder deren Stellvertretern andererseits garantiert. Die Ansiedlung und Bindung indianischer Dorfbauern auf den entstehenden Gütern setzte sich in Mexiko im 17. Jahrhundert durch. In dieser Zeit erreichte der katastrophale Rückgang der Indianerbevölkerung seinen Höhepunkt. Der Bevölkerungsrückgang führte zu Schwierigkeiten und Spannungen in der Zuteilung *(repartimiento)* von indianischen Zwangsarbeitern für die Landwirtschaft, ja schließlich zur gesetzlichen Abschaffung des indianischen Arbeitszwangs und zur verordneten Einführung freier Lohnarbeit auf den Gütern.[55]

Neuere Arbeiten relativierten und differenzierten dieses homogene Bild der Hacienda-Arbeiterschaft. Zwar betonten Harris für die Viehzucht-Haciendas im dünn besiedelten Coahuila in Nordmexiko von der Mitte des 18. bis zur Mitte des 19. Jahrhunderts[56] und Taylor für die kolonialen Haciendas im südmexikanischen Hochtal von Oaxaca[57] allgemein das Vorherrschen der Schuldbindung für die soziale Stellung der Gutsarbeiter. Auf den Haciendas der Familie Sánchez Navarro in Coahuila waren jedoch neben fest ansässigen Stammkräften Jahr für Jahr kleinere Gruppen häufig ebenfalls durch Schulden gebundener Saisonarbeiter aus benachbarten Indianerdörfern tätig; ähnlich arbeiteten beziehungsweise wirtschafteten auf den Haciendas im Hochtal von Oaxaca in der Kolonialzeit auch freie Saisonarbeiter aus nahen Indianergemeinden und Ernteteilhaber. Ausschlaggebend für die Aufrechterhaltung der Schuldbindung scheint in Coahuila im genannten Zeitraum allgemein der Mangel an preiswert verfügbaren Lohnarbeitern aufgrund der geringen Bevölkerung und im kolonialen Oaxaca der Mangel an Lohnarbeitern aufgrund des verhältnismäßig starken indianischen Dorfbauerntums gewesen zu sein. Am Ende des Porfiriats herrschte jedoch auf den Getreidegütern des Bundesstaates Oaxaca – wie der deutsche Landwirtschaftsspezialist Karl Kaerger feststellte – neben der Schuldbindung der Stammarbeiter und der gutsfremden Saisonarbeiter vor allem die Ernteteilhabe als Arbeitsverfassung vor. Ähnlich konnten sich auch in Nordmexiko vor der Revolution zunehmend freiere Lohnarbeits- und vor allem auch Pacht- und Ernteteilhabeverhältnisse durchsetzen. Hier zwangen die wachsenden Möglichkeiten der mobilen, berittenen Viehhirten, nach den USA oder in die Industrie abzuwandern, die Gutsverwaltungen immer mehr dazu, die Arbeitsbedingungen zu verbessern.[58] Es ist in diesem Zusammenhang bezeichnend, daß es in Nordmexiko am Ende der Kolonialzeit im Unterschied zu den geschilderten Verhältnissen im dünn besiedelten Coahuila auf den Getreide- und Viehzucht-Haciendas im Gerichtsbezirk Valle de San Bartolomé nahe den Minen von Parral und Santa Barbara vor allem aufgrund stärkerer mestizischer und indianischer Arbeiterbevölkerung keine Schuldbindung der Stamm- und der Saisonarbeiter gegeben hat.[59]

Für vorwiegend Getreide produzierende zentralmexikanische Haciendas – sie lagen in der Regel marktgünstig in zumeist dicht besiedelten Agrarzonen der zentralen Hochlandgebiete – konnte für das 18. und 19. Jahrhundert nachgewiesen werden, daß die Schuldbindung der Gutsarbeiter ebenfalls nur noch eine geringere, untergeordnete Rolle spielte. Auf vielen dieser Haciendas arbeiteten in der genannten Zeit neben fest ansässigen, zum Teil durch Schuldknechtschaft gebundenen Arbeitern bald in der Mehrzahl freie, kontraktierte Zeitarbeiter, die nur für bestimmte Jahresabschnitte zur Arbeit verpflichtet wurden. Diese Saisonarbeiter lebten in der Regel in benachbarten Indianerdörfern, zum Teil aber auch als gleichzeitige Pächter größerer oder kleinerer Landstücke auf den Haciendas selbst, oder sie zogen

– wie im Bajío – als Wanderarbeiter ohne festen Wohnsitz *(indios vagos)* von Arbeitsplatz zu Arbeitsplatz. Es ist funktional verständlich, daß sich besonders deutlich seit dem 18. Jahrhundert aufgrund der Zunahme der Bevölkerung und des Schrumpfens oder der Stagnation der Gemeindeländereien immer mehr dorfsässige Indianer zur Saisonarbeit gezwungen sahen; angesichts der immer reichlicher zur Verfügung stehenden Arbeitskräfte verlor auf den Gütern die Institution der Schuldknechtschaft und die teurere Stammarbeiterschaft zunehmend an Bedeutung, während die billigere Saisonarbeit an Boden gewann. Eine Ausnahme unter den zentralmexikanischen Provinzen bildete das Hochtal von Puebla, in dem, bedingt vor allem durch die besser zahlende Textilindustrie, ein Arbeitskräftemangel herrschte. Die Gutsverwaltungen suchten um 1900, wie Kaerger feststellte, dieser Lage durch verstärkte Schuldbindung, durch Lohnvorenthaltung und andere Zwangsmaßnahmen zu begegnen, um ausreichend viele Stammarbeiter an die Güter zu fesseln.

Bei ungünstigeren Marktverhältnissen, schlechteren Randböden oder kaum preiswert verfügbaren Arbeitskräften waren auf zentralmexikanischen Haciendas darüber hinaus auch Ernteteilhaber (*aparceros, medieros, terrazgueros*) und Pächter verbreitet. Um 1900 war die Ernteteilhabe – wie Kaerger beobachtete und Bazant bestätigte – vor der Schuldknechtschaft die weitaus verbreitetste Form der Arbeitskräftesicherung auf den vorwiegend Mais anbauenden Haciendas nicht nur des südlichen Oaxaca, sondern auch der etwas nördlicher gelegenen Ackerbaustaaten Jalisco, Guanajuato und San Luis Potosí. Dabei stellte der Grundbesitzer dem arbeitenden Ernteteilhaber *(mediero)* mit Ausnahme der ungünstigeren *Terrazguero*-Bedingungen in Oaxaca in der Regel das Land zumeist in Form minderwertigerer Randböden, ferner das Saatgut, die Geräte, die Zugtiere, Vorschüsse in Geld und Naturalien und zum Teil auch Spanndienste für die Aberntung zur Verfügung, um mit ihm die rohe Ernte in der Regel zur Hälfte zu teilen. Die Ernteteilhabe erwies sich hier neben der Saisonarbeit im Gegensatz zur reduzierten Stammarbeiterschaft als probates Mittel, die hohen Arbeitskosten auf Getreidegütern bei gleicher Produktion zu senken, bzw. die Produktion zu steigern. Durch die Ernteteilhabe konnten gegen zeitweilige Besitzabtretung entlegenere Ländereien mit schlechteren Böden, die auf andere Weise ökonomisch nicht mehr zu nutzen waren, in die Bewirtschaftung der Güter einbezogen werden. Für das jeweilige Verhältnis von fest ansässigen Stammarbeitern, Saisonarbeitern, Ernteteilhabern und Pächtern waren – wie Katz hervorhebt – ökologische, ökonomische und demographische Faktoren wie Bodenqualität, Art der Produktion, Absatzchancen, Bevölkerungsdichte und andere Determinanten des Arbeitsmarktes bestimmend. Danach neigten etwa die Eigentümer von Getreidegütern bei beschränkten Absatzchancen und reichlich verfügbaren Arbeitskräften dazu, ihre zentraleren Ländereien mit besseren Böden in Eigenwirtschaft zu bestellen und die risikoreichen, in Lage und Qualität schlechteren Randböden in Pacht oder Ernteteilhabe zu vergeben. Wachsende Absatzchancen drängten die Gutsverwaltungen dagegen zur Erweiterung der Eigenwirtschaft und zur Reduzierung des Pachtlandes oder zur Erschwerung der Pachtbedingungen. Getreidegüter tendierten dazu, so weit wie möglich Saisonarbeiter einzustellen, während Viehzuchtgüter dazu neigten, für die kontinuierliche Pflege des Viehs mehr Stammarbeiter zu beschäftigen. Die Verfügbarkeit von Saisonarbeitern hing wiederum von der Bevölkerungsdichte und vom Grad der Mestizisierung der Bevölkerung, von der hinreichenden Ausstattung der benachbarten Indianerdörfer mit eigenem Land, von konkurrierenden Arbeitsmöglichkeiten etwa in der Industrie, von politisch-administrativen Zwangsmaßnahmen oder anderen Bedingungen des Arbeitsmarktes ab. Die Notwendigkeit, die Saison- und noch mehr die Stammarbeiterschaft durch Schulden an das Gut zu binden, schwand zunehmend mit dem wachsende Umfang der verfügbaren Arbeiterbevölkerung und umgekehrt.[60] Auf jeden Fall bot im Bereich des Hochtals von Mexiko – zu diesem Ergebnis kommt Gibson für die späte Kolonialzeit – das Leben der Minderheit der zumeist nur in geringem Maße schuldabhängigen Gutsarbeiter eine begehrenswerte, privilegierte Alternative zur Existenz in bedrängten Indianergemeinden, in Wollmanufakturen *(obrajes)* und in städtischen Arbeiter- und Elendsquartieren.[61]

In Peru arbeiteten auf den vorwiegend Vieh, Getreide und Kartoffeln produzierenden Hochland-Haciendas in der Kolonialzeit einmal indianische Dorfbauern, die ähnlich den *repartimiento*-Indianern des frühkolonialen Mexiko im Rahmen der sogenannten *mita* als zu entlohnende temporäre Arbeitsverpflichtete den Gütern in bestimmtem Turnus von der Kolonialverwaltung zugeteilt wurden. Auf diese Weise konnten sich spanische Grundbesitzer verhältnismäßig preiswert der Arbeitskraft der indianischen Bevölkerung ihrer Nachbardörfer bedienen. Weit häufiger als *mitayos* arbeiteten auf den kolonialspanischen Hochland-Haciendas in Peru *indios yanaconas*, d. h. fest ansässige Arbeiterpächter, die gegen die Nutzung von Subsistenzparzellen mit ihren Familien begrenzte Arbeitsdienste auf dem Gut sowie im Land- oder Stadthaushalt des *hacendado* zu leisten hatten. Die *yanacona*-Familien waren rechtlich wie alteuropäische Leibeigene durch Vererbung von den Eltern auf die Kinder persönlich an die Scholle des Guts gebunden. Der *hacendado* war dafür verpflichtet, für ihre religiöse Unterweisung, für ihren Schutz, ihre Gesundheit und für ihren Unterhalt zu sorgen und für sie gesammelt den Tribut und die Kirchengebühren zu bezahlen. Viele Dorfindianer ließen sich deswegen bereitwillig als *yanaconas* auf den spanischen Landgütern nieder, weil sie dadurch dem Arbeitszwang der *mita* vor allem in den Bergwerken entgingen, sich vom Tribut und von den Kirchengebühren befreiten und gleichzeitig für sich und ihre Familien eine gesicherte Existenz, wenn auch unter Preisgabe ihrer Freiheit, gewannen. Neben diesem weit verbreiteten erbuntertänigen Haus- und Hofgesinde waren auf den spätkolonialen Hochland-Haciendas Perus bei ansteigender Arbeiterbevölkerung und begrenzten Marktchancen auch freie Arbeiterpächter und einzelne größere Pächter tätig, die Landparzellen gegen Arbeits-, Natural- und in Ausnahmen auch Geldleistungen als Pachtzins zur Nutzung erhielten. Als größere Pächter von Hacienda-Land traten – so läßt sich vermuten – vor allem Mestizen und mittellose Weiße auf, denen das Kapital zum Erwerb von eigenen Landwirtschaften fehlte. Schließlich arbeiteten auf den Hochland-Haciendas des spätkolonialen Peru bei Arbeitskräftemangel auch rechtlich freie, zumeist jedoch ähnlich wie in Mexiko durch Schulden an die Scholle gebundene Tagelöhner sowie bei dichterer Arbeiterbevölkerung Saisonarbeiter aus benachbarten Indianergemeinden.[62]

Nach der Unabhängigkeit, nach der Abschaffung der *mita* und der rechtlichen Emanzipation der *yanaconas* wurden die meisten peruanischen Hochland-Haciendas von freien Arbeiterpächtern bewirtschaftet, deren Rechte und Pflichten je nach Region und Zeit unterschiedliche Formen annahmen. Kaerger beobachtete 1899 in der peruanischen Sierra, daß sich das traditionelle, dem kolonialen *yanacona*-System ähnliche Kolonenverhältnis, wie es etwa noch in der Provinz Paucartambo im Departement Cuzco und in Bolivien bestand, immer mehr zugunsten modernerer Formen des Kolonats auflöste. In Paucartambo erhielt z. B. 1899 ein Kolone auf einer Hacienda soviel Ackerland und Viehweide zur freien Nutzung wie er wollte, mußte aber dafür fünf Tage in der Woche unentgeltlich für den Eigentümer arbeiten, zu bestimmten Zeiten ein Familienmitglied als Diener *(pongo)* für dessen Stadt- oder Landhaushalt stellen und jährlich fünf *fanegas* Getreide von der Hacienda zum Wohnsitz des Herrn, zumeist nach Cuzco, transportieren. In den meisten anderen Hochlandgebieten Perus, wie im Departement Puno und auch im Hochtal von Cuzco waren auf den Viehzucht- und Ackerbau-Haciendas 1899 überwiegend Arbeiterpächter tätig (*huacchilleros* bei den ersteren und *colonos* bei den letzteren genannt), die für ihre Arbeit einen geringen Lohn erhielten, dafür zum Teil aber auch Pachtabgaben für ihre Nutzungsrechte zahlten. Der Hauptgrund für die sich verändernden Arbeitsverhältnisse dürften die wachsenden Marktchancen der Hochlandgüter und der auf ihnen lebenden Bauern vor allem im Wollexport gewesen sein. Bei reichlicher vorhandenen Arbeitskräften waren über die Arbeiterpächter hinaus zum Teil auch verhältnismäßig schlecht bezahlte Saisonarbeiter *(maquipuros)* auf den peruanischen Hochland-Haciendas tätig. Bei Arbeitskräftemangel, vor allem in den tiefer gelegenen feuchtheißen Tälern, mußten, wie Kaerger feststellte, die Arbeiter ähnlich wie in Mexiko durch Schulden in Form von Vorschüssen auf den Gütern festgehalten werden.[63]

Ähnlich frühneuzeitlichen agrarstrukturellen Entwicklungsdivergenzen in Europa zwischen westeuropäischer, überwiegend bäuerlicher, regionalmarktbezogener Grundherrschaft einerseits und osteuropäischer, zumeist fernexportorientierter Gutsherrschaft andererseits[64] drängten günstige Markt- und Exportchancen zusammen mit preiswert verfügbaren Arbeitskräften auch die hispanoamerikanischen Haciendas zu expandierender Eigenwirtschaft. Dabei neigten die Arbeitsverhältnisse bei knapper Arbeiterbevölkerung zu stärkerer Bindung (zweite Leibeigenschaft, *peonaje*) und bei dichterer Arbeiterbevölkerung zu geringerer Bindung, ja zur Proletarisierung der Arbeitskräfte. Überschüssige Arbeitskraft konnte auf osteuropäischen Gütern wie im peruanischen und im mexikanischen Hochland über die eigentliche Gutswirtschaft hinaus etwa zum Betrieb von Manufakturen zwecks Veredelung von Agrarprodukten (z. B. Schlachthöfe, Brennereien, Mühlen, Ziegeleien, *obrajes*) eingesetzt werden.[65] Schlechte Marktverhältnisse und/oder mangelnde bzw. zu teure Arbeitskraft zwangen ähnlich wie in westeuropäischen Grundherrschaften auch auf Haciendas, nachweisbar vor allem in Hochlandregionen Perus, aber auch in marktferneren Zonen Mexikos wie etwa in Teilen der späteren Bundesstaaten Oaxaca, Jalisco, Guanajuato und San Luis Potosí im 18. und 19. Jahrhundert,[66] zur Verpachtung von Gutsland an Ernteteilhaber, Arbeiterpächter und Pächter. Hierbei war die Eigenwirtschaft der Haciendas jeweils auf einen begrenzten Raum beschränkt, während Acker- und Weideland an Kleinpächter gegen Geld- oder Naturalzahlungen bzw. kostenfreie oder kostengünstige Arbeitsleistungen auf dem Gut zur Nutzung abgegeben wurde. Sich verbessernde Vermarktungsmöglichkeiten bewirkten dagegen bei ausreichender Arbeitskraft eine Expansion der Eigenwirtschaft der Güter und eine Reduzierung der Ackerparzellen und Weiderechte der abhängigen Bauern.

Für die festansässigen Arbeiter, die Pächter, die Vorarbeiter, Spezialarbeiter, Unterverwalter und Angestellten, für den Hauptverwalter oder den Generalpächter und zum Teil auch für den Eigentümer selbst, für sie und für ihre Familienangehörigen war die Hochland-Hacienda ein eigenständiges soziales System. Dieses weitgehend abgeschlossene, paternalistisch strukturierte System hatte vielfach nur über den Eigentümer oder dessen Stellvertreter, mit dem sich die Untergebenen in der Regel identifizierten, Verbindung zur Außenwelt. Zur Hacienda gehörte neben dem Herrenhaus, den Verwaltungs- und Wirtschaftsgebäuden, den Angestelltenhäusern und Arbeiterhütten in der Regel auch eine eigene Kapelle. Sie war dem Schutzpatron des Gutes geweiht und wurde teilweise sogar von einem eigenen Gutskaplan seelsorgerisch und bei der Durchführung kirchlicher Feste betreut. Der *hacendado* oder dessen Stellvertreter übte, etwa bei der Einziehung der Tribute, staatliche Funktionen im Auftrage des zivilen Distriktsbeamten aus. Häufig gab es auf dem Gut eine eigene bewaffnete Polizei, in einigen Fällen auch ein eigenes Gefängnis, im 19. Jahrhundert zum Teil eine eigene Schule und in der Regel zur Versorgung der Arbeiterschaft mit Lebensmitteln, Kleidung und Gebrauchsgegenständen einen eigenen kreditgewährenden Verkaufsladen, vielfach sogar mit eigenem Geld- oder Gutscheinsystem. Nicht selten fanden sich auf großen Gütern am Ende des 19. Jahrhunderts weitere dorfähnliche Einrichtungen wie ein eigener Friedhof und ein eigenes Postamt. Den unterwürfigen, paternalistisch eingebundenen indianischen Gutsleuten und ihren Familien ersetzte die Hacienda die Lebensgemeinschaft des Indianerdorfes, ja sie gab ihnen in der »kolonialen Situation« weitgehend mehr Geborgenheit und Schutz als dieses. Den Eigentümern oder Besitzern erfüllte dagegen die Hacienda die spätfeudale iberische Ambition nach seigneuraler Herrschaft über Land mit Leuten.[67]

4.

Die vorwiegend Getreide oder Vieh und keine Plantagenkulturen produzierenden Hochland-Haciendas, die keine weltweiten, sondern nur relativ begrenzte, regionale Märkte belieferten, wirtschafteten verhältnismäßig wenig kapitalintensiv. Über den Bestand an Ländereien, Gebäuden, einfachem Gerät und Vieh – in der Regel wurden auch die fest ansässigen, weitgehend in Naturalien entlohnten Arbeiter und ihre Familien zum toten und lebenden Inventar gezählt – hinaus besaß die durchschnittliche Hacienda zumeist keine kostenintensive Technologie. Felder mit Bewässerungsanlagen gab es bei den Getreide-Haciendas in Mexiko und in Peru den geographischen Verhältnissen entsprechend nur in begrenztem Maße, in Mexiko insbesondere beim Anbau von Weizen, in der peruanischen Sierra vornehmlich beim Anbau von Mais. Importierte Landmaschinen ließen sich auf den Hochlandgütern vor allem angesichts reichlich und preiswert verfügbarer Arbeitskräfte recht selten kostengünstig einsetzen. Die Nutzung der Böden war daher bei den Hochland-Haciendas im Ackerbau und noch vielmehr in der Viehzucht häufig sehr extensiv. Dazu umfaßten höher gelegene Güter weite Flächen, die landwirtschaftlich überhaupt nicht mehr genutzt werden konnten.[68] Angesichts der vielfach unzureichenden Qualität des Geländes und der Böden, der schlechten klimatischen Verhältnisse, der niedrigen Erträge und der schwachen Binnenmärkte wären Investitionen zur Ausweitung der Produktion auch nicht rentabel gewesen. Das zeigte sich etwa bei Haciendas im Departement Huancavelica oder im

oberen Lambayeque-Tal in Peru und auch beim ausgezeichnet geführten Viehzuchtlatifundium der Sánchez Navarro im nordmexikanischen Coahuila, dessen Gewinne um die Mitte des 19. Jahrhunderts in Beteiligungen an Handels- und Bergwerksunternehmungen sowie in Kreditgeschäfte gesteckt wurden.[69]
Im Hinblick auf die verhältnismäßig geringen, zum großen Teil marktunabhängig aus Eigenbesitz erstellten Investitionen und die vielfach fehlenden Anreize zu kostenintensiven Produktionssteigerungen zeigten hispanoamerikanische Hochland-Haciendas starke strukturelle Ähnlichkeit mit frühneuzeitlichen Gutshöfen in Osteuropa. Es läßt sich jedoch beobachten, daß wachsende Absatzchancen einzelner Güter vor allem im 19. Jahrhundert in Mexiko und in Peru ähnlich wie in Osteuropa zu verstärkten Investitionen etwa in die Kultivierung neuer Ländereien, den Ausbau von Bewässerungsanlagen, die Errichtung von Umzäunungen, die Verbesserung der Viehzucht, den Bau von Wirtschaftsgebäuden und dergleichen mehr führten.[70]
Im 17. bis zum 19. Jahrhundert standen den Hochland-Haciendas in Mexiko und in Peru hypothekarisch abgesicherte Agrarkredite zur Verfügung. Hypotheken wurden von verschiedenen Institutionen der Toten Hand, insbesondere von den *Juzgados de Testamentos, Capellanías y Obras Pías* der Diözesanverwaltungen,[71] dazu von einzelnen Klöstern und Ordensgemeinschaften, vor allem von den Frauenklöstern und den Jesuitenkollegien, [72] ferner von privaten Kaufleuten und Unternehmern[73] und nicht zuletzt von der Krone aus Mitteln der indianischen *cajas de comunidad*[74] vergeben. Der Zinsfuß schwankte – wie Hamnett für die Erzdiözese Lima im 17. und 18. Jahrhundert nachweist – entsprechend den allgemeinen konjunkturellen Verhältnissen in den Kolonien.[75] Er betrug in der zweiten Hälfte des 18. Jahrhunderts in Hispanoamerika in der Regel 5 %, was in Mexiko von hohen Kronbeamten als übertrieben hoch kritisiert wurde. Die Hypothekenverschuldung der Hochland-Haciendas insbesondere an die verschiedenen Institutionen der Toten Hand war in den dicht besiedelten Gebieten Mexikos[76] und Perus[77] am Ende der Kolonialzeit nachweislich extrem hoch. Im Gerichtsbezirk Cholula nahe Puebla waren nach einer Statistik von 1790 sämtliche Haciendas, Ranchos und Weizenmühlen, gemessen an ihren letzten Kaufpreisen, zu 68,8 % an kirchliche und zu weiteren 4,2 % an

private, nichtkirchliche Gläubiger verschuldet, so daß den Eigentümern nur noch 26% der Immobilienwerte gehörten.[78] Die Zinsbelastungen reduzierten in erheblichem Maße die Rentabilität der einzelnen Güter. Eine beachtenswerte Ausnahme von der generellen Hypothekenverschuldung der Hochland-Haciendas machten jedoch die Landgüter des Jesuitenordens und vieler unternehmerisch konsequent wirtschaftender Kaufleute und Minenbesitzer.[79] Wenn es den Hochland-Haciendas nicht an Krediten fehlte, so sollte berücksichtigt werden, daß sie und die Plantagen den größeren, längerfristigen Agrarkredit, von bestimmten Spezialkulturen abgesehen, monopolisierten. Indianische Bauern, Indianerdörfer und Inhaber kleinerer Landwirtschaften, der Ranchos, waren zumindest in den Augen kirchlicher Gläubiger nicht kreditwürdig. Gegen Ende des 19. Jahrhunderts bevorzugten in Mexiko die vorwiegend ausländischen Banken im Hypothekengeschäft bezeichnenderweise immer mehr die expandierenden, gewinnträchtigeren Plantagen und vernachlässigten die weit weniger rentablen Haciendas mit Getreideproduktion.[80]

Die Betriebswirtschaft der mexikanischen und peruanischen Haciendas ist bisher von Historikern kaum analysiert worden. Eine Ausnahme bilden die Jesuiten-Haciendas, die als hervorragend organisierte Agrarunternehmen für frühneuzeitliche Verhältnisse zumeist in vorbildlicher Weise von rentabilitätsbewußten Ordensmitgliedern selbst verwaltet wurden.[81] An der Spitze der übrigen, überwiegend privateigenen Haciendas stand in der Regel der abwesende, stadtansässige Eigentümer oder Pächter. Um unter anderem den von seinem Gut versehenen Markt optimal beobachten zu können, residierte er, soweit wie möglich, in der nächstgrößeren Stadt und lebte nur in der arbeitsintensiven Zeit des Jahres für einige Wochen auf dem Besitz. Die eigentliche Verwaltungstätigkeit wurde in diesen Fällen von einem angestellten zivilen Verwalter verrichtet. Die Unterhaltskosten sowohl für den Besitzer als auch für den Verwalter und deren Familienmitglieder bildeten im Vergleich zu denen für den asketisch lebenden *hermano administrador* des Jesuitenordens eine doppelte finanzielle Belastung der Güter. Die mittlere Verwaltungsebene von Hochland-Haciendas lag allgemein in den Händen von angestellten Unterverwaltern sowie von Spezial- und Vorarbeitern. Die Angestellten waren zumeist Weiße und Mischlinge, während sich die breite Arbeiterschaft aus Indianern und Mestizen zusammensetzte. Latifundien vor allem in der Viehzucht, wie etwa das der Familie Sánchez Navarro in Coahuila oder die jesuitischen Konglomerate Santa Lucía und San Jerónimo in Zentralmexiko, gliederten sich in eine zentrale Hacienda mit Hauptverwaltung und mehrere untergeordnete Güter. Den einzelnen Haciendas konnten wiederum kleinere Ranchos zugeordnet sein. Die verschiedenen Teilbetriebe der Latifundien spezialisierten sich – ähnlich wie bei osteuropäischen Großgütern – nicht selten auf bestimmte Produktionsbereiche.[82] Die Buchführung und die betriebswirtschaftliche Leitung dürfte auf den privaten Gütern vielfach mangelhaft gewesen sein. Edith B. Couturier stellte bei der Hacienda San Juan Hueyapan – einem mit Bergbaugewinnen stark subventionierten Mustergut im vorrevolutionären Mexiko – fest, daß nicht zwischen persönlichen Ausgaben der Betriebsleitung und Produktionskosten getrennt wurde, und ferner, daß erhaltene Bankkredite nicht nur in die technische Modernisierung der Produktion, sondern auch in demonstrativen Konsum, insbesondere den Bau eines neuen, repräsentativen Herrenhauses flossen.[83] Eine nicht selten mangelhafte Buchführung zeichnete auch, wie Jan Bazant herausfand, die Hacienda Bocas nördlich San Luis Potosí in der zweiten Hälfte des 19. Jahrhunderts aus.[84] Auf dem privaten Latifundium der Familie Sánchez Navarro gab es jedoch um die Mitte des 19. Jahrhunderts trotz primitiver Viehzuchtmethoden eine relativ entwickelte Buchführung, die unter anderem durch detaillierte monatliche Viehbestandsstatistiken einen umfassenden Überblick über das gesamte Unternehmen ermöglichte.[85] Auch der deutsche Landwirtschaftsspezialist Karl Kaerger stieß im Jahre 1900 in Mexiko bei fast allen von ihm inspizierten Getreide- und Viehzucht-Haciendas auf eine weitgehend unzureichende Buchführung. Aufgrund fehlender Landvermessungen und des Ineinandergreifens der einzelnen Produktionszweige wie Mais- und Weizenbau einerseits und Viehzucht andererseits war nach seinen Beobachtungen eine exakte Rentabilitätsberechnung für einzelne Erzeugnisse kaum möglich.[86] Bei den engen ökonomischen Möglichkeiten aufgrund regional begrenzter Absatzchancen suchten die Haciendas ihre Märkte – so läßt sich vermuten – sowohl durch weitgehende Monopolisierung von Boden und abhängiger Arbeitskraft als auch durch extensive Nutzung beider Faktoren auf niedrigstem Kostenniveau abzusichern. Darüber hinaus nutzten die *hacendados* die ökonomisch nicht auszulastenden Produktionsfaktoren – ähnlich wie ostelbische Rittergutsbesitzer – auch für Zwecke des Sozialprestiges.

Entsprechend der hohen Verschuldung der meisten privaten Haciendas, ihrer nicht immer ökonomischen Verwaltung, ihrer geringen Besitzbindung durch Majorate und infolgedessen ihrer finanziellen Belastung durch das Erbrecht wechselte ihr Eigentum bzw. ihr Besitz in Mexiko und in Peru häufig von einer Familie zur anderen. Zu diesem Ergebnis kommt David Brading insgesamt für die Agrarverhältnisse Mexikos im 18. Jahrhundert[87], ein Ergebnis, das durch Detailstudien über die Hochtäler von Mexiko, Puebla[88], Oaxaca[89], Metztitlán[90] und Mezquital[91] sowie über das Tiefland von Tepalcatepec bestätigt wird.[92] Sehr häufigen Besitzerwechsel bei den Hochland-Haciendas stellten auch Magnus Mörner für den Gerichtsbezirk Calca y Lares in der *Intendencia* Cuzco[93] und Henri Favre für die Bergbauprovinz Huancavelica im südlichen Peru seit dem Ende des 17. Jahrhunderts fest.[94] In Übereinstimmung mit dem konjunkturellen Verlauf und den Produktionsverhältnissen im Bergbau wechselten in Huancavelica die rasch fluktuierenden Bergbauunternehmer im Besitz der Haciendas ähnlich häufig wie die Eigentümer der mexikanischen Hacienda San Juan Hueyapan nahe dem Minengebiet Pachuca-Real del Monte.[95] Eine generelle direkte Abhängigkeit der ökonomisch zumeist schwachen, relativ stark fluktuierenden Schicht der Hacienda-Besitzer im kolonialen Mexiko oder Peru von europäischen Wirtschaftseliten dürfte sich – von Ausnahmen abgesehen – kaum nachweisen lassen.

Die durchschnittliche Rentabilität mexikanischer Hochland-Haciendas wurde für die zweite Hälfte des 18. und die erste des 19. Jahrhunderts auf etwa 5 % und nicht höher als 6 % geschätzt, d. h. ihre Rentabilität lag damit kaum über dem damals üblichen Hypothekenzins von 5 %. Produzierten sie Spezialerzeugnisse, die gut vermarktet werden konnten, wie etwa Pulque in der Umgebung von Mexiko oder Puebla, so lag ihre Rentabilität ein wenig über 5 %.[96] *Hacendados* aus dem Hinterland von Lima bezifferten jedoch am Ende des 18. Jahrhunderts – vermutlich etwas eigennützig – in einer Klageschrift an die Krone die Rentabilität ihrer Güter im Unterschied zu früher nicht mehr mit 1,5–2,5 %, sondern nur noch mit 1–1,6 %.[97] Jesuiten-Haciendas hatten nicht selten aufgrund ihrer ausgezeichneten

Verwaltung, der partiellen oder völligen Befreiung von Zehnten und *alcabala*-Steuern sowie des Anbaus plantagenartiger Kulturen eine höhere Rentabilität. Jesuitische Zuckerplantagen erwirtschafteten in Peru im Jahrfünft von 1762–1766 nach unüblichen, schlecht vergleichbaren Rentabilitätsberechnungen von Pablo Macera, der dabei nicht das gebundene Immobilienkapital, sondern nur das umlaufende Betriebskapital berücksichtigte, Reingewinne bis zu 64,9 %.[98] Die Rentabilität des riesigen, ehemals den Jesuiten gehörenden Viehzuchtlatifundiums Santa Lucía in Zentralmexiko lag um die Mitte des 18. Jahrhunderts nur bei etwa 3–5 %.[99] Die kaum mit Hypotheken belasteten, industrialisierten und ausgezeichnet geführten privaten Getreide- und Viehzucht-Haciendas Bledos und La Parada nördlich San Luis Potosí erwirtschafteten im letzten Drittel des 19. Jahrhunderts jährliche Reingewinne, die bezogen auf ihren Kapitalwert etwa 6–8 % und 10 % ausmachten. Diese hervorragenden Ergebnisse waren jedoch in jener Zeit nicht die Regel.[100] Im Hinblick auf die allgemein niedrige Rentabilität hispanoamerikanischer Hochland-Haciendas kann im Vergleich zu osteuropäischen Gutsverhältnissen aus der gleichen Zeit kaum von übergroßem »wirtschaftlichen Surplus« der Gutshöfe und dessen ungeheurer Verschwendung durch die Gutsbesitzer gesprochen werden. Die Verschwendung von Gewinnen dürfte nicht größer als auf osteuropäischen Gütern des 18. und 19. Jahrhunderts gewesen sein.

In ihrer funktionalen Markteingebundenheit und -abhängigkeit von den jeweiligen regionalen Absatz- und Produktionsfaktormärkten zeigt die hispanoamerikanische Hochland-Hacienda große Parallelität mit Institutionen der europäischen Agrargeschichte, insbesondere mit der vorwiegend exportorientierten osteuropäischen Gutsherrschaft. Diese Parallelität läßt sich etwa an der Ausweitung der Güter in Abhängigkeit von wachsenden Märkten, an der unter bestimmten Verhältnissen extensiven Nutzung von Boden und gebundener Arbeitskraft, an den auch für vorindustrielle Verhältnisse weitgehend geringen Investitionen oder an der vorwiegend monokulturellen Konzentration auf bestimmte marktgängige Hauptprodukte ablesen. Die von den regionalen Markt- und Produktionsfaktorverhältnissen weitgehend bedingte Parallelität der Entwicklung europäischer und hispanoamerikanischer Güter spricht gegen die Gültigkeit und Brauchbarkeit einer allgemeinen, allumfassenden Dependencia-

Hypothese eines funktional und komplementär einander bedingenden Entwicklungsgegensatzes von dominierenden und abhängigen Volkswirtschaften während des 18. und 19. Jahrhunderts. Das sogenannte kapitalistische Wirtschaftssystem der dominierenden Länder – in der Kolonialepoche das des vorwiegend agrarischen Spanien – reichte in jener Zeit wenig und nur indirekt und sehr vermittelt in die zumeist regional abgegrenzten Welten der Hochland-Haciendas hinein. Darüber hinaus dürfte sich auch kaum ein struktureller Unterschied zwischen Gütern, die ihre Agrarprodukte an städtische Binnenmärkte, und solchen, die ihre Erzeugnisse an exportabhängige Bergbauzentren lieferten, feststellen lassen. Noch weniger könnte die Hochland-Hacienda als generalstabsmäßige Übertragung kastilischer Gutsformen, etwa andalusischer *cortijos* oder Haciendas, nach Übersee zum Zwecke der Abhängigmachung und Ausbeutung unterworfener Bevölkerungen und kolonialer Böden durch Wirtschaftseliten im dominierenden Spanien interpretiert werden. Für die hispanoamerikanische Hochland-Hacienda des 18. und 19. Jahrhunderts dürften neben den erwähnten ökonomischen Faktoren (Absatz- und Produktionsfaktormärkte) die dichotomische Sozialstruktur und die Mechanismen der »kolonialen Situation« im Sinne Balandiers bestimmender gewesen sein als die Dependencia von dominierenden Ländern. Es wäre zu empfehlen, die Erklärungskraft der Generalhypothese der Dependencia samt Unterhypothesen an anderen, mehr fernexportorientierten historischen Wirtschaftssektoren, etwa an Plantagenzonen oder an Bergbauzentren, zu überprüfen, um zu klären, ob überhaupt, und wenn ja inwieweit, die mehr im Zusammenhang mit der aktuellen Entwicklungsproblematik konzipierten Dependencia-Hypothesen sinnvoll und ertragreich auf zurückliegende Epochen übertragen werden können. Im Hinblick auf die mexikanische und peruanische Hochland-Hacienda des 17. bis 19. Jahrhunderts bleibt die Generalhypothese der Dependencia abstrakt und nicht operationalisierbar; bisher formulierte Ansätze zu konkreteren Unterhypothesen mußten als wenig stichhaltig zurückgewiesen werden. Detailliertere agrarhistorische Verlaufsmodelle, die etwa aus der Entwicklung der westeuropäischen Bauernwirtschaft und Grundherrschaft sowie der osteuropäischen Gutsherrschaft abgeleitet sind und dabei die jeweiligen Produktionsfaktor- und Absatzmarktverhältnisse berücksichtigen, sind m. E. eher geeignet, im Rahmen vergleichender Untersuchungen die gesamthistorische Funktion hispanoamerikanischer Haciendas zu erfassen. Nur wären solche Vergleiche sicherlich überzogen, wenn bei ihnen Osteuropa und Lateinamerika auf die gleiche Stufe der ökonomischen Abhängigkeit von Westeuropa gestellt würden, ohne die »koloniale Situation« in Übersee zu berücksichtigen. Denn ohne Zweifel war die durch die »koloniale Situation« bedingte soziokulturelle Differenz zwischen agrarischer Führungsschicht einerseits und Bauern und Landarbeitern andererseits in Hispanoamerika weitaus größer als in Osteuropa.

Anmerkungen

1 Vgl. Eric Wolf u. Sidney Mintz, Haciendas and Plantations in Middle America and the Antilles, Social and Economic Studies 6, Kingston, Jamaica 1957, 380–412.

2 Über die bisher entwickelten Dependencia-Ansätze und ihre Unzulänglichkeiten vgl. vor allem die zusammenfassenden Überblicke von Philip J. O'Brien, A critique of Latin American theories of dependency, in: Ivar Oxaal u.a. Hg., Beyond the sociology of development. Economy and society in Latin America and Africa, London 1975, 7–27, jetzt auch in diesem Band; Ignacio Sotelo, Subdesarrollo y dependencia. Notas para una evaluación de la categoría de la dependencia en el análisis del subdesarrollo, Sistema 10, Madrid 1975, 41–50; Robert R. Kaufman u.a., A Preliminary Test of The Theory of Dependency, Comparative Politics 7, 1975, 303–30; Ronald H. Chilcote u. Joel C. Edelstein Hg., Latin America: the struggle with dependency and beyond, N. Y. 1974, 26–46; Susanne Bodenheimer, Dependency and Imperialism: The Roots of Latin American Underdevelopment, in: K. T. Fann u. Donald C. Hodges Hg., Readings in U. S. Imperialism, Boston, Mass. 1971, 155–81; Tilman Tönnies Evers u. Peter von Wogau, ›dependencia‹: lateinamerikanische Beiträge zur Theorie der Unterentwicklung, Das Argument, H. 79, 1973, 404–54 sowie die beiden mit Einleitungen und Bibliographien versehenen Textzusammenstellungen von Dieter Senghaas Hg., Imperialismus und strukturelle Gewalt. Analysen über abhängige Reproduktion, Frankfurt 1972, u. Dieter Senghaas Hg., Peripherer Kapitalismus. Analysen über Abhängigkeit und Unterentwicklung, Frankfurt 1974.

3 Vgl. Armando Córdova, Strukturelle Heterogenität und wirtschaftliches Wachstum. Drei Studien über Lateinamerika, Frankfurt 1973, 139–44.

4 Magnus Mörner, The Spanish American Hacienda: A Survey of Recent Research and Debate, HAHR 53, 1973, 183–216 u. Magnus Mörner, Problemas y controversias en torno a la ›hacienda‹ hispanoamericana del

siglo XVII, Anuario de Estudios Americanos 28, 1971, 83–99. Der vorliegende Überblick über die hispanoamerikanische Hacienda wurde im Oktober 1975 abgeschlossen. Ich danke den Teilnehmern der Bielefelder Tagung »Lateinamerika – Historische Realität und Dependencia-Theorie« vom Juni 1975 für ihre Kritik an einer Rohfassung dieses Aufsatzes. Dank gebührt auch Dr. C. Kay, Glasgow, der mir ein Exemplar seiner Dissertation zur Verfügung gestellt hat.

5 Vgl. die modellhafte Charakterisierung der »kolonialen Situation« von Georges Balandier, die nicht nur für afrikanische und asiatische Kolonien, sondern in ihren Grundzügen auch für Hispanoamerika in der Kolonialzeit zutrifft: Georges Balandier, Die koloniale Situation: ein theoretischer Ansatz, in: Rudolf von Albertini Hg., Moderne Kolonialgeschichte, Köln 1970, 105–24.

6 Über den idealtypischen Ablauf der drei Phasen der kolonialen und nachkolonialen Akkulturation vor allem in Hispanoamerika: 1. indirekte Kontrolle durch Besteuerung, 2. direkte Kontrolle durch Enteignung des Bodens und 3. Auswirkungen der Industrialisierung vgl. Julian H. Steward, Perspectivas de las plantaciones, in: Sistemas de plantaciones en el Nuevo Mundo. Estudios y resúmenes de discusiones celebradas en el seminario de San Juan, Puerto Rico, (Unión Panamericana) Washington, D. C., 1960, 6–8.

7 Vgl. Richard Konetzke, Süd- und Mittelamerika I. Die Indianerkulturen Altamerikas und die spanisch-portugiesische Kolonialherrschaft, Frankfurt 1965, 42 und Juan de Solórzano y Pereyra, Política Indiana, Ausg. Madrid 1972, Bd. 5, 37–41.

8 Vgl. etwa François Chevalier, La formation des grands domaines au Mexique. Terre et société aux XVIe – XVIIe siècles, Paris 1952, 59–68; Enrique Florescano, Estructuras y problemas agrarios de México (1500–1821), México 1971, 38–43; Charles Gibson, The Aztecs Under Spanish Rule. A History of the Indians of the Valley of Mexico 1519–1810, Stanford 1964, 275–77; José Miranda, La función económica del encomendero en los orígenes del régimen colonial (Nueva España. 1525–1531), México 1965[2], 18 u. 25–28; Hanns J. Prem, Expansión de la Propiedad Agrícola Española en la Región de Huejotzingo, 1521–1615, in: Comunicaciones 5, Puebla, México 1972, 22; Jesús Amaya Topete, Ameca, protofundación mexicana. Historia de la propiedad del valle de Ameca, Jalisco y circunvecindad, México 1951, 99–213; Rolando Mellafe, Frontera agraria; el caso del virreinato peruano en el siglo XVI, in: Alvaro Jara u.a., Tierras nuevas. Expansión territorial y ocupación del suelo en América (siglos XVI–XIX), México 1969, 30 sowie Recopilación de Leyes de los Reynos de las Indias, Faksimile des Drucks von 1791, Madrid 1943 (künftig als RLI abgekürzt), Libro IV, Título 12, Leyes 1–14.

9 Vgl. etwa Chevalier, La formation, 61 f. u. 67 sowie Elinore M. Barrett, Encomiendas, Mercedes, and Haciendas in the Tierra Caliente of Michoacán, JbLA 10, 1973, 84 und RLI, Libro IV, Título 12, Leyes 1 u. 5.

10 Vgl. Chevalier, La formation, 82 f., 91–93 u. 108–28; Lesley Byrd Simpson, Exploitation of Land in Central Mexico in the Sixteenth Century, Berkeley 1952; Fernando Sándoval, La Industria del Azúcar en Nueva España, México 1951, 31 f. u. 78–111; Gibson, The Aztecs, 275 f.; David A. Brading, La estructura de la producción agrícola en el Bajío de 1700 a 1850,

Historia Mexicana (HM) 23/2, 1973, 199–201 u. 212–15; David A. Brading, Patterns of Agricultural Enterprise in the Mexican Bajío 1810–1850. Paper Presented to Symposium on Landlord and Peasant in Latin America and the Caribbean, Cambridge 1972, 29; David A. Brading, The Capital Structure of Mexican Haciendas: León 1700–1850, Ibero-Amerikanisches Archiv N. F. 1/2, 1975, 159; Barrett, Encomiendas, 80–84; Bohumil Badura, Biografía de la hacienda de San Nicolás de Ulapa, in: Ibero-Americana Pragensia 4, Prag 1970, 76 f. und Jan Bazant, Cinco haciendas mexicanas. Tres siglos de vida rural en San Luis Potosí (1600–1910), México 1975, 10 f., 30 u. 75.

11 Vgl. für das koloniale Mexiko allgemein Chevalier, La formation, 82, 92 f. u. 278–87 sowie Woodrow Borah, New Spain's Century of Depression, Berkeley 1951, 33; vgl. für das Hochtal von México Gibson, 274; für das Hochtal von Oaxaca William B. Taylor, Landlord and Peasant in Colonial Oaxaca, Stanford 1972, 132; für das Tiefland von Tepalcatepec Barrett, Encomiendas, 86–88; für das Hochtal von Metztitlán Wayne S. Osborn, Indian Land Retention in Colonial Metztitlán, HAHR 53, 1973, 222; für das Hochtal von Mezquital Badura, 78–82 und für das Hochtal von Puebla Prem, 23 sowie Ursula Ewald, Estudios sobre la hacienda colonial en México. Las propiedades rurales del Colegio Espíritu Santo. Traducción de Luis Cerna, Wiesbaden 1976, Tabla 7, Kap. 6.1 u. 9.2. Für das koloniale Peru vgl. Pablo Macera, Feudalismo colonial americano: el caso de las haciendas peruanas, in: Acta Historica 35, Szeged, Ungarn 1971, 5–7 und Mellafe, 30 f.

12 Vgl. Chevalier, La formation, 348–63; Prem, 23; Borah, 33; José M. Ots Capdequí, El régimen de la tierra en la América Española durante el período colonial, Ciudad Trujillo 1946, 67–78; Brading, La estructura, 200 f.; Jean Piel, Capitalisme agraire au Pérou. Bd. 1: Originalité de la société agraire peruvienne au XIXe siècle, Paris 1975, 160–81 u. 191–94; Mellafe, 31; Henri Favre, Evolución y situación de las haciendas en la región de Huancavelica, Perú, in: Henri Favre u.a., La hacienda en el Perú, Lima 1967, 238 f. und Virgilio Roel, Historia social y económica de la colonia, Lima 1970, 264–66 u. 275–77. Die im kolonialen Hispanoamerika geltenden Gesetze zu den »composiciones de tierras« publizierten und kommentierten Wistano Luis Orozco, Legislación y jurisprudencia sobre terrenos baldíos, 2 Bde., Bd. 1, México 1895, 24–104, 117–25 u. 131–46 sowie Fabián de Fonseca u. Carlos de Urrutia, Historia general de real hacienda, Bd. 4, México 1851, 398–428.

13 Vgl. Borah, passim; Gibson, 268 u. 282; Barrett, Encomiendas, 87 f. u. 101; Günter Vollmer, Bevölkerungspolitik und Bevölkerungsstruktur im Vizekönigreich Peru zu Ende der Kolonialzeit (1741–1821), Bad Homburg 1967, passim und Mellafe, 33 f. Die Expansion einer mexikanischen Hacienda auf den Ländereien entvölkerter und verdrängter Indianergemeinden beschreibt etwa Badura, 76–82 u. 91–95.

14 Vgl. Gibson, 282–87; Howard F. Cline, Civil Congregations of the Indians of New Spain, 1598–1606, HAHR 29, 1949, 349–69; Lesley Byrd Simpson, Studies in the Administration of the Indians of New Spain, Berkeley 1934, II: The Civil Congregation, 29–129; Mellafe, 32 f. und Jürgen Golte, Bauern in Peru. Entwicklungsfaktoren in der Wirtschafts- und Sozialgeschichte der indianischen Landbevölkerung von der Inka-Zeit bis heute, Berlin 1973, 42–50.

15 Vgl. James Lockhart, Encomienda and Hacienda: the Evolution of the Great Estate in the Spanish Indies, HAHR 49, 1969, 415–19; James Lockhart, Spanish Peru, 1532–1560, Madison, Wisc. 1968, 22–33; Mellafe, 32; Macera, Feudalismo, 6; Piel, Capitalisme, Bd. 1, 161; Gibson, 275; Taylor, Landlord, 120; Chevalier, La formation, 67, 153–59 u. 189; Osborn, 221 u. 235; Miranda, La función, 18–49; G. Michael Riley, El prototipo de la hacienda en el centro de México: un caso del siglo XVI, in: Enrique Florescano Hg., Haciendas, latifundios y plantaciones en América Latina, México 1975, 55–63 sowie Silvio Zavala, De encomienda y propiedad territorial en algunas regiones de la América española, México 1940, 20–29 u. 81.

16 Vgl. Chevalier, La formation, 92, 159–66, 181–84, 189 u. 198–216; Gibson, 272–75 und Pedro López de Villaseñor, Cartilla vieja de la nobilísima ciudad de Puebla (1781), hg. von José I. Mantecón und Efraín Castro, México 1961, 92–96. Vgl. ebenfalls Inge Wolff, Regierung und Verwaltung der kolonialspanischen Städte in Hochperu 1538–1650, Köln 1970, 16 u. 85–90.

17 Vgl. David A. Brading, Miners and Merchants in Bourbon Mexico 1763–1810, Cambridge 1971, 103, 169 f. u. 208; Florescano, Estructuras, 81–84; Miguel Othón de Mendizabal, Evolución económica y social del valle de Mezquital, in: ders., Obras completas, Bd. 6, México 1947, 126–29 und Edith B. Couturier, Hacienda of Hueyapan: The History of a Mexican Social and Economic Institution, 1550–1940, Ph. D. Diss., Columbia University, N. Y. 1965, 83–85.

18 Vgl. etwa Taylor, Landlord, 152–58 u. 161 (Anm.); Reinhard Liehr, Stadtrat und städtische Oberschicht von Puebla am Ende der Kolonialzeit (1787–1810), Wiesbaden 1971, 11, 68 u. 70; Osborn, 236; Keith W. Algier, Feudalism on New Spain's Northern Frontier: Valle de San Bartolomé, a Case Study, Ph. D. Diss., University of New Mexico, Albuquerque, N. Mex. 1966, 97–101 sowie Guillermo Fernández de Recas, Mayorazgos de la Nueva España, México 1965, passim.

19 Vgl. Lockhart, Encomienda, 425; Florescano, Estructuras, 140 f. und Andrés Molina Enríquez, Los grandes problemas nacionales, México 1909, 80–94. Über die Landhortung in der nordmexikanischen Provinz Coahuila vgl. Charles H. Harris III, A Mexican Family Empire. The Latifundio of the Sánchez Navarros, 1765–1867, Austin, Tex. 1975, 5–8. Die Landhortung einer zentralmexikanischen Hacienda unter anderem zu dem Zweck, Indianer aus benachbarten Dörfern zur Saisonarbeit zu zwingen, schildert Badura, 104 f. Die systematisch betriebene Expansion von Jesuitengütern beschreiben James Denson Riley, Santa Lucía: Desarrollo y administración de una hacienda jesuita en el siglo XVIII, HM 23/2, 1973, 241–48 u. 267 f. sowie Chevalier, La formation, 375.

20 Vgl. Arnold Bauer, The Church and Spanish American Agrarian Structures: 1765–1865, The Americas 23, 1971, 80–84. Über den wirtschaftlichen Wert der enteigneten Jesuitengüter in Mexiko vgl. Hermes Tovar Pinzón, Elementos constitutivos de la empresa agraria jesuita en la segunda mitad del siglo XVIII en México, in: Florescano Hg., Haciendas, 132–222; Florescano, Estructuras, 88–97; Chevalier, La formation, 314–30; ferner James Denson Riley, The Management of the Estates of the Jesuit Colegio Maximo de San Pedro y San Pablo of Mexico City in the Eighteenth Century, Ph. D. Diss., Tulane University, New Orleans 1972 und ders.,

Santa, 238–83; Ewald, Estudios, passim und Ursula Ewald, Das Poblaner Jesuitenkollegium San Francisco Javier und sein landwirtschaftlicher Grundbesitz, JbLA 8, 1971, 39–73; Harold B. Benedict, The Distribution of the Expropriated Jesuit Properties in Mexico, with Special Reference to Chihuahua (1767–1790), Ph. D. Diss., University of Washington, Seattle 1970 und Harold B. Benedict, The Sale of the Hacienda of Tabaloapa: A Case-Study of Jesuit Property Redistribution in Mexico, 1771–1781, The Americas 32, 1975, 171–95. Über die ökonomische Bedeutung der peruanischen Jesuitengüter vgl. vor allem die Arbeiten von Pablo Macera, Instrucciones para el manejo de las haciendas jesuitas del Perú (ss. XVII–XVIII), Nueva Coronica 2/2, Lima 1966, insb. 5–49 und Macera, Feudalismo, 3–42.

21 Vgl. hierzu Asunción Lavrin, The Execution of the Law of Consolidación in New Spain: Economic Aims and Results, HAHR 53, 1973, 27–49; Romeo Flores Caballero, La contrarevolución en la independencia. Los españoles en la vida política, social y económica de México (1804–1838), México 1969, 28–65; Brian R. Hamnett, The Appropriation of Mexican Church Wealth by the Spanish Bourbon Government – The ›Consolidación de Vales Reales‹, 1805–1809, Journal of Latin American Studies 1, 1969, 85–113 und Liehr, 137–42. Das Problem der Consolidación de Vales Reales ist für Peru leider noch nicht untersucht worden.

22 Vgl. Emilio Romero, Historia económica del Perú, Bd. 2, Lima 1968², 29–36; Jorge Basadre, Historia de la República del Perú 1822–1933, Bd. 1, Ausg. Lima 1968, 211 f. u. 227–30; Piel, Capitalisme, Bd. 1, 267–84, 289–98 u. 314–17; Golte, 95 f.; Thomas M. Davies, Indian Integration in Peru. A Half Century of Experience, 1900–1948, Lincoln, Nebr. 1974, 17–36; Favre, Evolución, 240–42; José Matos Mar, Las haciendas del Valle de Chancay, in: Favre u.a., 342 f.; Bauer, 84 f. und María Luisa Núñez del Prado de Guzmán u. Carlos Barcena Cruz, Bolívar y la reforma agraria, in: Quinto Congreso Internacional de Historia de América, Lima 1971, Bd. 4, Lima 1972, 485–88.

23 Vgl. Jan Bazant, Alienation of Church Wealth in Mexico. Social and Economic Aspects of the Liberal Revolution 1856–1875, Cambridge 1971, 1–5, 67 f., 82–84, 200–04, 223–55 u. 287–316; Robert J. Knowlton, The Disamortization and Nationalization of Ecclesiastical Property in Mexico, 1856–1910, Ph. D. Diss., State University of Iowa, Ames, Io. 1963, insb. 121–90 u. Appendices 605–31; T. G. Powell, El liberalismo y el campesinado en el centro de México (1850–1876), México 1974, 74–89 sowie Lucio Mendieta y Núñez, El problema agrario de México y la Ley Federal de Reforma Agraria, México 1974¹², 119–31.

24 Vgl. Orozco, Bde. 1–2, passim; Moisés González Navarro, Historia moderna de México. El Porfiriato. La vida social, México 1970², 187–216; Jean Meyer, Problemas campesinos y revueltas agrarias (1821–1910), México 1973, 28 u. 117 f.; José Miranda, La propiedad comunal de la tierra y la cohesión social de los pueblos indígenas mexicanos, in: Les problèmes agraires des Amériques Latines, Paris 11–16 Octobre 1965. Colloques Internationaux du C. N. R. S., Paris 1967, 161–63; Donald J. Fraser, La política de desamortización en las comunidades indígenas, 1856–1872, HM 21/4, 1972, 615–52; George McCutchen McBride, The Land Systems of Mexico, N. Y. 1923, 73–77, 129–36 u. 153–56; Mendieta y Núñez, 133–47

und Friedrich Katz, Labor Conditions on Haciendas in Porfirian Mexico: Some Trends and Tendencies, HAHR 54, 1974, 1 sowie die dort in Anm. 1 gegebenen Literaturhinweise.

25 Vgl. Gibson, 277. Für einen Teilbereich im Nordosten des Hochtals schließt sich diesem Urteil an Carmen Venegas Ramírez, La tenencia de la tierra en San Juan Teotihuacán y su distribución (época colonial), Anales del Instituto Nacional de Antropología e Historia, Séptima época 2, México 1969, 325–32.

26 Vgl. Prem, 22.

27 Vgl. Brading, La estructura, 200 f.

28 Vgl. Amaya Topete, 99–213 sowie Karten 232/33 u. 244/45.

29 Vgl. Taylor, Landlord, 65 f. u. 195–201; Osborn, 217–38 und Elinore M. Barrett, Indian Community Lands in the tierra caliente of Michoacán, JbLA 11, 1974, 99 u. 112–14.

30 Vgl. Couturier, 59–85, 97–99 u. 121 f.

31 Vgl. Favre, Evolución, 239–44.

32 François Chevalier, Témoignages littéraires et disparités de croissance: L'Expansion de la grande propriété dans le Haut-Pérou au XXe siècle, Annales S. E. C. 21, 1966, 820–27; Golte, 102; Jean Piel, A propos d'un soulèvement rural péruvien au début du vingtième siècle: Tocroyoc (1921), RHMC 14, 1967, 388–90 und Eric J. Hobsbawm, Peasant Land Occupations, Past and Present 62, 1974, 125 f. u. 132–35.

33 Vgl. zu Peru Piel, A propos, 375–405; Chevalier, Témoignages, 824 f.; Henri Favre, Pouvoir oligarchique et réforme agraire au Pérou, in: Henri Mendras u. Yves Tavernier Hg., Terre, paysans & politique. Structures agraires, systèmes politiques et politiques agricoles, Bd. 1, Paris 1969, 548 f.; José Antonio Flores Marín u. Rolando Pachas Castilla, Luchas campesinas en el Perú 1900–1920, Lima 1973, 1–39 sowie zu Mexiko Meyer, 7–25.

34 Vgl. Moisés González Navarro, Tenencia de la tierra y población agrícola (1877–1960), HM 19/1, 1969, 66–68; Estadísticas sociales del Porfiriato 1877–1910, México 1956, 40 f. u. 217–19; Frank Tannenbaum, The Mexican Agrarian Revolution (1929), N. Y. 1968, 28–37; McBride, 153–56 und Meyer, 229 f.

35 Favre, Pouvoir, 577 f.

36 Vgl. etwa Peter F. Klarén, Modernization, Dislocation, and Aprismo. Origins of the Peruvian Aprista Party, 1870–1932, Austin, Tex. 1973, 3–23. In diesem Zusammenhang sollten Spezialgüter, wie die in vielfacher Hinsicht plantagenähnlichen Reis- oder Pulque-Haciendas als Plantagen betrachtet werden. Vgl. die Beschreibungen der Reisgüter Lombardía und Nueva Italia in Mexiko von Susana Glantz, El ejido colectivo de Nueva Italia, México 1974, 54–100 und von Elinore M. Barrett, La cuenca del Tepalcatepec, Bd. 2: Su desarrollo moderno, México 1975, 20–23 u. 30–38.

37 Prem, 23.

38 Vgl. für Mexiko Chevalier, La formation, 74–78 u. 404; Borah, 5, 22–26 u. 31–34; Gibson, 311–15 u. 322–34; Eric R. Wolf, Sons of the Shaking Earth, Chicago 1959, 203–05 und Brading, Miners, 215 f. sowie für Peru Lockhart, Peru, 22–33; Mellafe, 13 f. und Jean Piel, The Place of the Peasantry in the National Life of Peru in the Nineteenth Century, Past and Present 46, 1970, 112.

39 Vgl. Gibson, 331.

40 Vgl. Brading, Miners, 7 u. 292–98; Peter J. Bakewell, Silver Mining and Society in Colonial Mexico, Zacatecas 1546–1700, Cambridge 1971, 58–64; Robert C. West, The Mining Community in Northern New Spain: The Parral Mining District, Berkeley 1949, 57–76; Algier, 12–14; Osborn, 225; Chevalier, La formation, 74–77, 190–93 u. 217–37 sowie die Karte bei Robert C. West u. John P. Augelli, Middle America. Its Lands and Peoples, Englewood Cliffs, N. J. 1966, 298.

41 Vgl. Harris, A Mexican, 79–87; Charles H. Harris III, The Sánchez Navarros: A Socio-Economic Study of a Coahuilan Latifundio 1846–1853, Chicago 1964, 51–62; Horst Pietschmann, Der Repartimiento-Handel der Distriktsbeamten im Raum Puebla im 18. Jahrhundert, JbLA 10, 1973, 243 und ebenfalls Riley, Santa, 275–77.

42 Vgl. William B. Taylor, Haciendas coloniales en el valle de Oaxaca, HM 23/2, 1973, 284–329, insb. 310 und William B. Taylor, Landed Society in New Spain: A View from the South, HAHR 54, 1974, 387–413.

43 Vgl. Demetrio Ramos, Trigo chileno, navieros de Callao y hacendados limeños entre la crisis agrícola del siglo XVII y la comercial de la primera mitad del XVIII, Madrid 1967, passim; Sergio Sepúlveda G., El trigo chileno en el mercado mundial. Ensayo de geografía histórica, in: Informaciones Geográficas 6 (1956), Santiago de Chile 1959, 14–34, 62–70, 106–09 u. 127–31; Marcello Carmagnani, Les mécanismes de la vie économique dans une sociéte coloniale: Le Chili (1680–1830), Paris 1973, 34, 52 u. 218–33; Inge Wolff, Chilenische Opposition gegen die Wirtschaftspolitik des Vizekönigreiches Peru, 1778–1810, VSWG 43, 1956, 149–53 und dieselbe, Regierung, 16 f.

44 Vgl. die Hinweise in Anm. 40.

45 Vgl. für koloniale Magistratsverwaltungen Mexikos Liehr, 65–69, 71–73 u. 118–37 sowie Taylor, Landlord, 158–60 und für peruanische Städte der Kolonialzeit John Fisher, The Intendant System and the Cabildos of Peru, 1784–1810, HAHR 49, 1969, 445 u. 451 f.

46 Vgl. Tovar Pinzón, 155–56.

47 Vgl. McBride, 27; Tannenbaum, 103–08 u. 126–33; Nathan L. Whetten, Rural Mexico, Chicago 1948, 90 u. 99 f. sowie Chevalier, La formation, 377–82 u. 405 f.

48 Vgl. Florescano, Estructuras, 143–45; Jan Bazant, Feudalismo y capitalismo en la historia de México, El Trimestre Económico 17, 1950, 88–95; Wolf, Sons, 210 f.; Brading, Miners, 13; ders., The Capital, 161–63; Bakewell, 117 f. und Luis González, Pueblo en vilo. Microhistoria de San José de Gracia, México 1968, 52 f. u. 84–87. Über die besonders starke Marktausrichtung jesuitischer Haciendas in Mexiko und in Peru vgl. Macera: Feudalismo, 15 f. und Riley, Santa, 270 u. 282 f.

49 Vgl. Cristóbal Kay, Comparative Development of the European Manorial System and the Latin American Hacienda System, Journal of Peasant Studies 2, 1974, 74–78 und Witold Kula, Théorie économique du système féodal. Pour un modèle de l'économie polonaise 16ᵉ–18ᵉ siècles, Paris 1970, 34 u. 40.

50 Vgl. Harris, A Mexican, 79–87, 234 f., 243–50 und derselbe, The Sánchez, 30 u. 51–62. Über das Verkehrswesen und die Regionalwirtschaften in Mexiko und Peru vgl. West u. Augelli, 299–302; Florescano, Estructuras, 128–32; Hans Pohl u. Hans-Günter Mertens, Die Entwicklung der mexikanischen

Landwirtschaft während des Porfiriats, Ibero-Amerikanisches Archiv NF 1/1, 1975, 63 f.; Ewald, Estudios, Apéndice primero; dieselbe, Das Poblaner, 58–60; Liehr, 23 f.; Golte, 93 f. und Magnus Mörner, Perfil de la sociedad rural del Cuzco desde los años 1680 hasta fines de la colonia, (Instituto de Estudios Ibero-Americanos, Stockholm, Publicaciones Serie B, Informes 3), Stockholm 1975, 112–15.

51 Vgl. Liehr, 24–26 u. 135 sowie folgende Exportstatistiken: Huguette u. Pierre Chaunu, Séville et l'Atlantique (1504–1650), Bd. 6/2, Paris 1956, 1012–14 u. 1019; Miguel Lerdo de Tejada, Comercio exterior de México desde la Conquista hasta hoy, (Faksimile der Ausg. von 1853), México 1967, Anhang Nr. 3–5, 7 f., 10 u. 15–35; Estadísticas económicas del Porfiriato. Fuerza de trabajo y actividad económica por sectores, hg. v. Colegio de México, Seminario de Historia Moderna de México, México o. J., 75–82; Estadísticas económicas del Porfiriato. Comercio exterior de México 1877–1911, hg. v. Colegio de México, México 1960, 343–443. Vgl. ebenfalls Daniel Cosío Villegas Hg., Historia moderna de México. El Porfiriato. La vida económica, México 1974², 177 f., 666–68 u. 671 f. sowie die Beobachtungen von Karl Kaerger, Landwirtschaft und Kolonisation im Spanischen Amerika, Bd. 2: Die südamerikanischen Weststaaten und Mexiko, Leipzig 1901, 707–09 u. 720.

52 Vgl. Marie Hellmer, Le Callao (1615–1618), JbLA 2, 1965, 175–91; Pablo Macera Dall'Orso u. Felipe Márquez Abanto, Informaciones geográficas del Perú colonial, Revista del Archivo Nacional del Perú 28, Lima 1964, 133–252; Chevalier, Témoignages, 820–25; Golte, 92; Piel, A propos, 388 f.; Heraclio Bonilla, La coyuntura comercial del siglo XIX en el Perú, Revista del Museo Nacional 35, Lima 1967 f., 170–87 und W. M. Mathew, The Imperialism of Free Trade: Peru 1820–1870, EHR 21, 1968, 568–70.

53 Vgl. etwa Friedrich Katz, Deutschland, Díaz und die mexikanische Revolution. Die deutsche Politik in Mexiko 1870–1920, Berlin 1964, 59–62 und Eduardo Fioravanti, Latifundio y sindicalismo agrario en el Perú. El caso de los valles de la Convención y Lares (1958–1964), Lima 1974, 22 u. 61 f.

54 Zu diesem Ergebnis kommt B. H. Slicher van Bath, Feudalismo y capitalismo en América Latina, Boletín de Estudios Latinoamericanos y del Caribe 17, Amsterdam 1974, 38–40.

55 Vgl. über die Schuldknechtschaft die Arbeiten von Chevalier, La formation, 368–73 u. 406; Silvio Zavala, Ensayos sobre la colonización española en América, México 1972², 140–42; Silvio Zavala, Orígenes coloniales del peonaje en México, in: Silvio Zavala, Estudios Indianos, México 1948, 309–53; Silvio Zavala u. María Castelo, Fuentes para la Historia del Trabajo en Nueva España, Bd. 8, México 1946, insb. VII–XVIII; Isabel González Sánchez, Situación Social de Indios y Castas en las Fincas Rurales, en Vísperas de la Independencia de México, Tesis UNAM, Facultad de Filosofía y Letras, México 1963, 47 u. 83–99; Charles Verlinden, El régimen de trabajo en México. Aumento y alcance de la gañanía, siglo XVII, in: Bernardo García Martínez u. a. Hg., Historia y Sociedad en el mundo de habla española. Homenaje a José Miranda, México 1970, 240–46; Borah, 36–43 und McBride, 30–34.

56 Vgl. Harris, A Mexican, 58–62, 70–73, 205–12 u. 219 und ders., The Sánchez, 39–44.

57 Vgl. Taylor, Landlord, 148–52.
58 Vgl. Katz, Labor, 25 u. 32–37 sowie Kaerger, Bd. 2, 639 f.
59 Vgl. Algier, 109–20.
60 Vgl. Gibson, 253–55; Riley, Santa, 258–68; Riley, The Management, 228–8 ; Ewald, Estudios, Kap. 4, 5.4, 6.5, 7.5, 8.4 u. 9.4.1.5; Ewald, Das Poblaner, 64–69; Herbert J. Nickel, Zur Immobilität und Schuldknechtschaft mexikanischer Landarbeiter, (Universität Bielefeld, Universitätsschwerpunkt Lateinamerikaforschung, Arbeitspapiere 5), Bielefeld 1976; Isabel González Sánchez, La retención por deudas y los traslados de trabajadores tlaquehuales o alquilados en las haciendas como sustitución de los repartimientos de indios durante el siglo XVIII, Anales del Instituto Nacional de Antropología e Historia 19 (48), México 1966, 246–49; Chevalier, La formation, 373–377; John Tutino, Hacienda Social Relations in Mexico: The Chalco Region in the Era of Independence, HAHR 55, 1975, 500 f. u. 518–26; Delfina López Sarrelangue, La hacienda de San José de Coapa, in: Florescano Hg., Haciendas, 239–40; Brading, La estructura, 201 f., 207–11, 227 f. u. 230–36; Brading, Patterns, passim; Eric Robert Wolf, The Mexican Bajío in the Eighteenth Century, in: Robert Wauchope Hg., Synoptic Studies of Mexican Culture, New Orleans 1957, 188 f.; Badura, 101–08; Couturier, 217–31; Jan Bazant, Peones, arrendatarios y aparceros en México 1851–1853, HM 23/2, 1973, 330–57; Jan Bazant, Peones, arrendatarios y aparceros: 1868–1904, HM 24/1, 1974, 94–121; Bazant, Cinco, 51, 89, 104–12, 163–79 u. 183; Kaerger, Bd. 2, 635–41 sowie Katz, Labor, 24–26, 28–30 u. 40 f.
61 Gibson, 255.
62 Vgl. Macera, Feudalismo, 24–39; Pablo Macera, Mapas Coloniales de Haciendas Cuzqueñas, Teil 1, Lima 1968, 74–170; Golte, 62–65; Magnus Mörner, En torno a las haciendas de la región del Cuzco desde el siglo XVIII, in: Florescano Hg., Haciendas, 365–70; Mörner, Perfil, 61–68; Roel, 266–71, 278–80 u. 290–92; Manuel Vicente Villarán, Apuntes sobre la realidad social de los indígenas del Perú ante las leyes de Indias, Lima 1964, 157–67; Konetzke, 196–204; Barbara Wackermann, Wirtschafts- und sozialgeschichtliche Aspekte der Entwicklung der peruanischen Hacienda, Historische Staatsexamensarbeit Hamburg 1974, 42–58 sowie Juan de Matienzo, Gobierno del Perú (1567), hg. von Guillermo Lohmann Villena u. François Chevalier, Paris 1967, 25–31.
63 Vgl. Golte, 112–15; Kaerger, Bd. 2, 328–31 u. 337; Mörner, En torno, 367–71; Juan Martínez Alier, Los huacchilleros del Perú. Dos estudios de formaciones sociales agrarias, Lima 1973, 10–12 und William W. Stein, The Struggle for Free Labor in Rural Peru: Vicos, 1872–1971. Paper Presented to the XLI Congreso Internacional de Americanistas, México 1974, 13–15 u. 17.
64 Vgl. Kay, Comparative, 69–83; Cristóbal Kay, Comparative Development of the European Manorial System and the Latin American Hacienda System: An Approach to a Theory of Agrarian Change for Chile, Ph. D. Diss., University of Sussex, Brighton 1971, 29–61 u. 172–98; Slicher van Bath, 26–29; Aldo de Maddalena, Rural Europe 1500–1750, in: Carlo M. Cipolla Hg., The Fontana Economic History of Europe 2: The Sixteenth and Seventeenth Centuries, Glasgow 1974, 287–96; Wilhelm Abel, Geschichte der deutschen Landwirtschaft vom frühen Mittelalter bis zum

19. Jahrhundert, Stuttgart 1967², 168–73 u. 203–09; Wilhelm Abel, Die landwirtschaftlichen Großbetriebe Deutschlands, in: Première Conférence Internationale d'Histoire Économique, Paris 1960, 311–19; Johannes Nichtweiss, Zur Frage der zweiten Leibeigenschaft und des sogenannten preußischen Weges der Entwicklung des Kapitalismus in der Landwirtschaft Ostdeutschlands, ZfG 1, 1953, 687–717; Friedrich Knapp, Grundherrschaft und Rittergut, Leipzig 1897, 6–25; Max Weber, Kapitalismus und Agrarverfassung, ZfGS 108, 1952, 441–50; W. Rusinski, Hauptprobleme der Fronwirtschaft im 16. bis 18. Jht. in Polen und den Nachbarländern, in: Première, 415–23 und S. P. Pach, Über einige Probleme der Gutswirtschaft in Ungarn in der ersten Hälfte des XVII. Jahrhunderts, in: Deuxième Conférence Internationale d'Histoire Économique, Aix-en-Provence 1962, Bd. 2, Paris 1965, 223–35. Weiterführende Literaturhinweise finden sich in den Bibliographien der Arbeiten von Kay, Maddalena und Abel.

65 Vgl. Macera, Feudalismo, 12; Macera, Mapas, Teil 1, CXLVI u. CL; Mörner, Perfil, 52, 54 f., u. 94–98; Stein, 31–33; Favre, Pouvoir, 549 f.; Ewald, Estudios, Kap. 4.2.3.2 (Anm. 36), 7.4, 8.3 u. 9.8; Tovar Pinzón, 152–53 u. 179; Tutino, 502; Bazant, Cinco, 39, 42, 79, 91 u. 102; Harris, A Mexican, 207, 210, 239 f. u. 258; Algier, 77 sowie Kula, 41 f.

66 Vgl. die Hinweise in den Anm. 57, 62 und 63.

67 Vgl. über das soziale System der Hacienda Wolf, Sons, 206–10. Vgl. ferner Macera, Feudalismo, 7–8; Macera, Mapas, Teil 1, XXV f.; Mörner, Perfil, 69–72; Golte, 65–68; Chevalier, La formation, 384–90 u. 405 f.; González Sánchez, Situación, 83–90; Tutino, 515–21; Harris, A Mexican, 8 f., 42 f., 64–67 u. 208–12; Harris, The Sánchez, 9–12, 20 u. 35–39; Riley, The Management, 236 f.; Ewald, Estudios, Kap. 5.5, 7.4, 8.5 u. 9.4.1.2; Ewald, Das Poblaner, 61 f.; Bazant, Peones ... 1868–1904, 96 f. u. 99 f.; Bazant, Cinco, 102 u. 173–75; Couturier, 211–31; Badura, 85; Whetten, 100–07; Tannenbaum, 110 f.; McBride, 28–34 sowie Jesús Silva Herzog, El agrarismo mexicano y la reforma agraria. Exposición crítica, México 1964², 133–37.

68 Vgl. Macera, Feudalismo, 11; Favre: Evolución, 256; Ewald, Estudios, Kap. 5.3, 6.4, 8.3 u. 9.4.1.4; Couturier, 151–62; López Sarrelangue, 234–38 sowie Kaerger, Bd. 2, 343–69, 641–69 u. 695–706.

69 Vgl. Favre, Evolución, 256 f. Die gescheiterten Modernisierungsversuche auf der traditionalen Viehzucht-Hacienda Udima im oberen Lambayeque-Tal, die einer großen Plantagengesellschaft gehörte, beschreibt Douglas E. Horton, Haciendas and Cooperatives: A Preliminary Study of Latifundist Agriculture and Agrarian Reform in Northern Peru, (Land Tenure Center, University of Wisconsin, Research Paper 53), Madison, Wisc. 1973, 23–33. Vgl. ferner Harris, A Mexican, 253 f., 263–66 und ders., The Sánchez, 67–71.

70 Vgl. Tannenbaum, 108 und Kula, 35. Zur Modernisierung mexikanischer und peruanischer Güter vgl. etwa Brading, The Capital, 160–63; Cosío Villegas Hg., 32 f.; 141–46 u. 168 f.; Couturier, 136–94; Chevalier, Témoignages, 818 f. sowie Kaerger, Bd. 2, 354 u. 360.

71 Vgl. Michael P. Costeloe, Church Wealth in Mexico. A Study of the ›Juzgado de Capellanías‹ in the Archbishopric of Mexico 1800–1856, Cambridge 1967, passim sowie Bauer, 90 f.

72 Vgl. für Mexiko, Puebla und andere neuspanische Städte Asunción Lavrin,

La riqueza de los conventos de monjas en Nueva España: estructura y evolución durante el siglo XVIII, Cahiers des Amériques Latines 8, 1973, 91–122; Asunción Lavrin, Problems and Policies in the Administration of Nunneries in Mexico, 1800–1835, The Americas 28, Washington, D. C. 1971, 57–77 und Liehr, 9. In Lima und Santiago de Chile scheinen im 17. Jahrhundert im Unterschied zu Neuspanien die Frauenklöster im Agrarkreditwesen führend gewesen zu sein, vgl. Brian R. Hamnett, Church Wealth in Peru: Estates and Loans in the Archdiocese of Lima in the Seventeenth Century, JbLA 10, 1973, 116. Über die Kreditgeschäfte der Jesuiten in Mexiko und in Peru während der Kolonialzeit vgl. Bauer, 94 und Tovar Pinzón, 137–38, 204–05 u. 210–13.

73 Vgl. Bauer, 94–96 und Brading, Miners, 98–102.

74 Luis Chávez Orozco Hg., Los fondos de comunidades indígenas como fuentes de crédito agrícola en la Nueva España. Siglo XIX, México 1955 und Basadre, Bd. 1, 212 f.

75 Hamnett, Church, 130–32.

76 Vgl. Brading, Miners, 218; ders., La estructura, 207–10; Taylor, Landlord, 141 f.; Bauer, 88 und Liehr, 9–11.

77 Vgl. Oscar Febres Villarroel, La crisis agrícola en el Perú en el último tercio del siglo XVIII, Revista Histórica 27, Lima 1964, 122 u. 154–57; Favre, Evolución, 239; Mörner, En torno, 360 u. 363 sowie Piel, Capitalisme, Bd. 1, 229.

78 Manuel de Flon, El crédito agrícola en el partido de Cholula de la intendencia de Puebla en 1790, hg. von Luis Chávez Orozco, México 1955, 20.

79 Vgl. Macera, Instrucciones, 8; Ewald, Das Poblaner, 46 (Anm. 34) und Bazant, Cinco, 18 u. 70.

80 Vgl. Katz, Deutschland, 51 f.

81 Vgl. für Mexiko Riley, The Management, 144–225, 306 u. 357 f.; Ewald, Estudios, insbesondere Kap. 10: El jesuita como agrónomo; Ewald, Das Poblaner, 44–46 u. 53–72; Tovar Pinzón, 141–209 sowie François Chevalier Hg., Instrucciones a los Hermanos Jesuitas Administradores de Haciendas (Manuscrito Mexicano del siglo XVIII), México 1950, passim. Vgl. für Peru Macera, Instrucciones, 24–27; Macera, Mapas, 2 Teile, passim und schließlich Pablo Macera, Historia económica peruana (documentos), Lima 1975, 1–78.

82 Vgl. Macera, Feudalismo, 19–22 und Golte, 65–68. Für den Gerichtsbezirk Calca y Lares in der Intendencia Cuzco fand jedoch Mörner, daß die meisten Eigentümer im 18. Jahrhundert ständig auf ihren Gütern lebten; vgl. Magnus Mörner, Some characteristics of agrarian structure in the Cuzco region towards the end of the colonial period, Boletín de Estudios Latinoamericanos y del Caribe 18, Amsterdam 1975, 22 u. Mörner, Perfil 54 f. Vgl. für Mexiko Harris, A Mexican, 64–67, 201 f. u. 208–11; ders., The Sánchez, 8 u. 35; Algier, 77; Tutino, 515–21; Couturier, 197–217; Bazant, Peones . . . 1851–1853, 333–35; Riley, The Management, 140 u. 144–49; Ewald, Estudios, Kap. 4.2.1, 7.3, 7.5, 8.3, 8.4, 9 u. 10.5; Ewald, Das Poblaner, 54 f. u. 64 f.; Brading, Miners, 215 sowie Whetten, 100 f.

83 Couturier, 136–64.

84 Vgl. Bazant, Peones . . . 1851–1853, 330–57 und Bazant, Peones . . . 1868–1904, 94–121.

85 Harris, A Mexican, 186 und ders., The Sánchez, 24–29.
86 Kaerger, Bd. 2, 656 f. u. 706.
87 Brading, Miners, 215 u. 219 sowie ders., The Capital, 160.
88 Vgl. Tutino, 504 f. u. 508 f. sowie Liehr, 9–12.
89 Vgl. Taylor, Landlord, 140–42 u. 162–63.
90 Osborn, 236.
91 Badura, 82–91.
92 Barrett, Encomiendas, 102–07 u. dies., La cuenca, Bd. 2, 19–38.
93 Mörner, Some characteristics, 22.
94 Favre, Evolución, 239–44.
95 Vgl. Couturier, 59–85, 97–99 u. 121 f.
96 Vgl. Brading, Miners, 215–19; ders., La estructura, 232 und ders., Patterns, passim.
97 Vgl. Febres Villarroel, 135 f.; ohne sich auf Prozentzahlen festzulegen, betonte auch Favre, Evolución, 255, die niedrige Rentabilität der Haciendas der Provinz Huancavelica für die letzten Jahrzehnte vor der Agrarreform.
98 Macera, Feudalismo, 14.
99 Riley, Santa, 280. Die höheren Rentabilitätsangaben bei Tovar Pinzón, 196–200, von durchschnittlich 6,85 % für 31 Jesuiten-Haciendas um 1767 scheinen sich überwiegend auf zu kurze Zeiträume zu beziehen.
100 Bazant, Cinco, 129 f., 133 f., 192, 197 u. 204.

Horst Pietschmann

Dependencia-Theorie und Kolonialgeschichte. Das Beispiel des Warenhandels der Distriktsbeamten im kolonialen Hispanoamerika

Die Dependencia-Theorie, die ursprünglich von Vertretern der normativen sozialwissenschaftlichen Disziplinen aus der Analyse der entwicklungspolitischen Situation Lateinamerikas nach dem 2. Weltkrieg abgeleitet wurde, ist im Verlauf des letzten Jahrzehnts zunehmend verallgemeinert und schließlich sogar als Erklärungsmodell der geschichtlichen Entwicklung Lateinamerikas seit der iberischen Kolonisation im 16. Jahrhundert herangezogen worden. Diese Verallgemeinerung war notwendigerweise mit einer Simplifizierung des Dependencia-Konzepts verbunden, das in dieser Ausprägung auf ein aus den Komplexen »Kapitalismus«, »Ausbeutung«, »Klassenstruktur« und »Abhängigkeit« bestehendes Interpretationsschema reduziert wurde.[1] In Verknüpfung mit der Theorie des »peripheren Kapitalismus«[2] wurde die verallgemeinerte Dependencia-Theorie zur weltweiten Erklärung jeder Art von Unterentwicklung herangezogen. Zugleich entstanden verschiedene »Dependencia-Schulen«, die durch eine unterschiedliche ideologische Ausgangsbasis, entsprechend auch durch voneinander abweichende Analysen der Dependencia-Situation und durch die Propagierung verschiedenartiger, von dem jeweiligen Standort aus konzipierter Entwicklungsstrategien gekennzeichnet sind.[3] Zu erwähnen, wenn auch nicht mit vorgenannten Theoriebildungen zu verwechseln, ist schließlich eine ältere soziologische Schule, die die Probleme des Kolonialismus und die durch ihn begründeten strukturellen Abhängigkeitsverhältnisse zwischen den unabhängig gewordenen Staaten der Dritten Welt, insbesondere Afrikas, und den ehemaligen europäischen Kolonialmächten untersuchte, jedoch den internationalen wirtschaftlichen Verflechtungen weit weniger Aufmerksamkeit widmete als die einzelnen Dependencia-Richtungen.[4] Abhängigkeit – dependencia – dépendance

– dependency ist mithin nicht nur ein häufig gebrauchter, sondern auch ein sehr schillernder Begriff in der sich mit den Problemen der Unterentwicklung befassenden wirtschafts-, sozial- und geschichtswissenschaftlichen Literatur unserer Zeit – ein Begriff, der einmal isoliert, einmal in dem eingangs skizzierten Systemzusammenhang benutzt, jedoch nur äußerst selten definiert wird.[5] Gleichwohl ist nicht beabsichtigt, mit den folgenden Ausführungen direkt in die theoretischen Auseinandersetzungen über die Dependencia-Problematik einzugreifen. Vielmehr soll ein Aspekt kolonialzeitlicher historischer Realität Lateinamerikas vorgestellt werden, der sich bei oberflächlicher Betrachtung hervorragend in den Dependencia-Kontext einzuordnen scheint. Daran anschließend ist die Frage zu diskutieren, ob und inwieweit die Dependencia-Theorie(n) für die Deutung der lateinamerikanischen Kolonialgeschichte herangezogen werden kann. Die Problemstellung reduziert sich folglich auf die Frage, ob die herkömmlichen, von dem Phänomen des Kolonialismus – kolonialer Abhängigkeit also – ausgehenden Interpretationen durch den die bislang geltende Periodisierung sprengenden Dependencia-Ansatz sinnvoll ersetzt werden können. Es wird in diesem Zusammenhang zu klären sein, welche von den verschiedenen Dependencia-Richtungen in Betracht zu ziehen ist.

Der Gegenstand, an dem die skizzierte Problemstellung untersucht werden soll, begegnet dem Historiker zunächst in der hispanoamerikanischen Kolonialgesetzgebung. Bei der Beschäftigung mit der Beamtenschaft stößt man rasch auf die periodisch wiederkehrenden Bestimmungen, die insbesondere den Distriktsbeamten – *alcaldes mayores* und *corregidores* – jede wirtschaftliche Betätigung, vor allem aber den Handel mit den Bewohnern ihrer Distrikte, untersagten. Die häufige Wiederholung dieser Verbote ist allein schon ein deutlicher Hinweis auf die weite Verbreitung dieser Praxis. In zahlreichen Untersuchungen über die verschiedenartigsten Probleme der hispanoamerikanischen Kolonialgeschichte wird beiläufig ebenso diese Form des Amtsmißbrauchs erwähnt, so daß die Verbreitung dieses Handels in Gebieten mit einer wirtschaftlich aktiven Indianerbevölkerung als Tatsache feststeht.

Angesichts dieser Umstände ist es erstaunlich, daß die Geschichtsschreibung dieser weit verbreiteten Handelsform bislang kaum Bedeutung beimaß und sie ohne nähere Untersuchung unter die Rubriken »Mißbräuche der Kolonialmacht« oder »Ausbeutung der Indianerbevölkerung« einordnete. Lediglich Sombart[6] glaubte in diesem System des Warenaustauschs eine Form kolonialen Zwangshandels mit dem Ziel der Kapitalanhäufung zu erkennen, ohne freilich über brauchbare Detailinformationen zu verfügen. Davon abgesehen liegen lediglich zwei neuere Arbeiten vor, von denen die eine am Beispiel der Provinz Oaxaca/Mexiko die Bedeutung dieser Handelsform für die Organisation des Binnenhandels aufzeigt[7], während die andere einen Zusammenhang zwischen Hacienda-Wirtschaft und dem Handel der Distriktsbeamten in Peru zu erkennen glaubt.[8] Angesichts des unzureichenden Forschungsstandes sind die folgenden Ausführungen lediglich als ein erster Deutungsversuch zu verstehen, der sich großenteils auf eigene Untersuchungen mit Schwerpunkt auf den Verhältnissen in Mexiko stützt. Da es sich um ein weithin wenig bekanntes Phänomen handelt, erscheint es angebracht, zunächst die Mechanismen dieses Handelssystems und seine Bedeutung vorzustellen[9], um die sich anschließende Interpretation verständlich zu machen und die Grundlagen für die Diskussion der Dependencia-Problematik zu erstellen.

Der Handel der Distriktsbeamten wurde weitgehend nach einem festen Schema abgewickelt. Nach erfolgter Ernennung, aber noch vor der Amtsübernahme, beschafften sich die Beamten in den Hauptstädten der kolonialen Verwaltungseinheiten – Vizekönigreiche bzw. Generalkapitanien – oder nachgeordneten städtischen Zentren das Startkapital für die beabsichtigten Geschäfte, indem sie bei kirchlichen Institutionen, städtischen Kaufleuten oder – seltener – anderen Geldgebern einen Kredit aufnahmen. Eigenkapital war zumeist nicht vorhanden bzw. mußte in den Kauf des Amtes, die bürokratische Abfertigung und die Anreise investiert werden. Nach erfolgter Kreditaufnahme wurden mit einzelnen städtischen Kaufleuten – sehr häufig direkt mit dem Geldgeber – Abmachungen über die Lieferung bestimmter, in dem jeweiligen Distrikt verkäuflicher Waren und über die Abnahme der ebendort aufzukaufenden Produkte getroffen. Nicht selten behielten sich die Geschäftspartner der Beamten das Recht vor, einen Generalbeauftragten für die Abwicklung der Transaktionen zu benennen, den der betreffende Beamte zu seinem Stellvertreter einzusetzen sich verpflichten mußte, d. h. daß in diesen Fällen der einzige Beitrag des Beamten zu dem Geschäft darin bestand, seine Amtsautorität zur Verfolgung kommerzieller Ziele zur Verfügung zu stellen. Daraus ergeben sich mithin bereits zwei für die Beurteilung dieser Handelsform wesentliche Merkmale: nämlich erstens, daß dieser Handel, ungeachtet des mehr oder weniger großen Handlungsspielraums des Beamten bei der Abwicklung der Geschäfte in seinem Distrikt, immer von den Interessen der Kaufleute gesteuert wurde, sei es, daß sie über beigeordnete Beauftragte die Geschäfte unmittelbar abwickelten, sei es, daß sie über die An- und Verkaufskonditionen die Aktivitäten indirekt kontrollierten; zweitens lassen diese Umstände erkennen, daß die Amtsautorität offenbar einen wesentlichen, wenn nicht sogar unerläßlichen Bestandteil für diese Handelsunternehmungen bildete.

Der eigentliche Warenaustausch erfolgte stets auf Kreditbasis. So wurden entweder Waren an die Landbevölkerung abgegeben, die zu festgesetzten Preisen innerhalb bestimmter Fristen in Bargeld oder in Naturalien (Tauschhandel) zu bezahlen waren, oder es wurden gegen Vorausbezahlung in Bargeld festvereinbarte Mengen bestimmter Produkte des jeweiligen Distrikts aufgekauft. Die Abwicklung der Transaktionen, d. h. Transport, Verteilung und Einziehung der Außenstände, erfolgte durch Beauftragte und Angestellte der Beamten, die selbst nicht in Erscheinung traten und sich auf die administrative Überwachung ihrer Geschäfte beschränkten. Gelegentlich lag die Einziehung der Ratenzahlungen auch in den Händen der indianischen Gemeindeautoritäten – *caciques* und *gobernadores de indios* –, die häufig in der einen oder anderen Form Vorteile aus diesem Handel zogen. Es waren – zumindest in Mexiko – jedoch keineswegs nur Indianer, die Waren abnahmen bzw. ihre Erzeugnisse an die Beamten verkauften; vielmehr bildete die gesamte Landbevölkerung, einschließlich weißer Pächter und Besitzer kleinerer Haciendas oder Ranchos, den Kundenkreis. In vielen Minendistrikten geringerer Ergiebigkeit waren auch die Bergwerksbesitzer Kunden und Kreditnehmer der Beamten.

Der Warenumsatz richtete sich großenteils nach den regionalen wirtschaftlichen Gegebenheiten. Die wertmäßig bedeutendste Warengruppe bildete Nutzvieh – Pferde, Maultiere und Ochsen – zur Verwendung in der Landwirtschaft und im Transportgewerbe. Darüber hinaus scheinen insbesondere in Peru in großem Umfang auch importierte Stoffe und Tuchwaren, Farbstoffe und

Metallgerätschaften sowie einheimische Webwaren verkauft worden zu sein. Der Ankauf regionaler Erzeugnisse spielte dagegen offenbar eine weitaus geringere Rolle. In Mexiko dagegen wurden neben Nutzvieh andere Waren nur in sehr beschränktem Umfang und kaum Importgüter verkauft, dagegen in großem Umfang landwirtschaftliche und handwerkliche Produkte gegen Vorauszahlung in Bargeld aufgekauft. Erhebliche Bedeutung ist in diesem Zusammenhang dem Umstand beizumessen, daß die Warenpalette der in den einzelnen Distrikten umgesetzten Handelsgüter um so reichhaltiger war, je größer die Entfernung des betreffenden Distrikts von dem nächstgelegenen städtischen Wirtschafts- und Marktzentrum war. In abgelegenen Gebieten unterhielten die Beamten sogar Ladengeschäfte, in denen sie alle möglichen Gebrauchsartikel en detail anboten. Wichtig ist in diesem Zusammenhang ebenfalls, daß proportional zur Entfernung der Distrikte von städtischen Ansiedlungen auch die Häufigkeit des bargeldlosen Tauschhandels zunahm.

Die Preisfestsetzung erfolgte ausschließlich durch die Beamten, und zwar sowohl beim Ver- als auch beim Ankauf von Gütern. Preisänderungen auf dem freien Markt, zu dessen Konditionen die Beamten selbst kaufen und verkaufen mußten, blieben jedoch ohne direkten Einfluß auf die Preise der Beamten, da deren Höhe in großem Maße durch Gewohnheit festgelegt war und die Landbevölkerung auf Preissteigerungen oft sehr heftig reagierte, wie dies zumindest für Mexiko festgestellt werden konnte. Die Beamten brauchten mithin Preissenkungen nicht an ihre Kundschaft weiterzugeben, konnten andererseits aber auch nicht jede Preissteigerung unmittelbar auf ihre Verkaufspreise aufschlagen. Aufgrund dieser Umstände wurden für die zu verkaufenden Waren gemeinhin Höchstpreise kalkuliert, während die von den Beamten aufgekauften Produkte mit Niedrigstpreisen bezahlt wurden. Die Handelsspannen waren infolgedessen dann auch durchweg äußerst hoch. Je nach Ware schwankten sie zwischen 100 und 200%, doch sind die hohen Belastungen in Rechnung zu stellen, die aus Lager-, Transport- und Verwaltungskosten, Kommissionsgebühren, Risiko, Verkaufssteuern und schließlich aus Kapitalzinsen und Tilgungsraten resultieren. Der Reingewinn, der gesetzlich auf einen Höchstsatz von 25% begrenzt war, ist jedoch kaum zu ermitteln und dürfte von Fall zu Fall äußerst unterschiedlich gewesen sein.

Der Handelswert der in den einzelnen Distrikten umgesetzten Waren war – wie bereits erwähnt – ebenfalls unterschiedlich hoch und bewegte sich in Größenordnungen zwischen 5 000 und 50 000, in Einzelfällen auch um die 100 000 Pesos pro Jahr. Das Gesamtvolumen dieses Handels in bezug auf die großen Verwaltungseinheiten – Vizekönigreiche und Generalkapitanien – läßt sich freilich nur in groben Näherungswerten angeben. Für Peru verfügen wir um die Mitte des 18. Jahrhunderts über die Zahlen der für die einzelnen Distrikte gesetzlich festgelegten Maximalumsätze, die einen Jahresdurchschnitt von ca. 1 200 000 Pesos für das Gebiet der heutigen Staaten Peru und Bolivien ausweisen. Diese Summe wird wohl als unterste Grenze des Jahresumsatzes anzusehen sein. Im Hochland von Mexiko, der Provinz Oaxaca und den Küstenzonen am Atlantik und Pazifik, in den Gebieten des Vizekönigreiches Neuspanien also, in denen dieses Handelssystem verbreitet war, wo allerdings eine solche Umsatzfixierung nicht erfolgt war, dürfte sich der jährliche Gesamtumsatz nach einer auf zahlreichen Einzeldaten fußenden, groben Schätzung auf mindestens 1 600 000 Pesos belaufen haben, wahrscheinlich aber höher anzusetzen sein. Für die übrigen Gebiete des kolonialen Hispanoamerika, in denen diese Handelsform verbreitet war, also vor allem Kolumbien und Zentralamerika, lassen sich bislang keine auch nur grob fundierten Zahlenangaben machen.
Diese Summen verdeutlichen, daß die Handelsgeschäfte der Beamten einen beträchtlichen Anteil am Gesamtvolumen des kolonialen Binnenhandels gehabt haben müssen, auch wenn mangels einschlägiger Untersuchungen keine Prozentzahlen genannt werden können. Diese Tatsache wird noch dadurch unterstrichen, daß bestimmte Güter nahezu ausschließlich über dieses Handelssystem zu beziehen waren. Dies gilt beispielsweise für das landwirtschaftliche Nutzvieh, das einmal jährlich aus den dünn besiedelten Randgebieten in großen Herden von mehreren Tausend Stück in die Zentralregionen Mexikos und Perus getrieben wurde – in Mexiko aus den Nordprovinzen ins Hochland, vor allem in das Einzugsgebiet der Städte Mexiko und Puebla, und aus den heute argentinischen Provinzen Salta und Tucumán ins bolivianische Hochland und die Küstenregionen Perus – und dort aus naheliegenden Gründen nur en gros und gegen Barzahlung verkauft wurde. Es bedurfte also eines finanzkräftigen Zwischenhandels, der die Verteilung insbeson-

dere an die ländlichen Endabnehmer vorzunehmen in der Lage war. Ähnliches gilt mit umgekehrten Vorzeichen für die Koschenilleerzeugung in Südmexiko, wo die mühevolle, Investitionen erfordernde Kultur dieses den Farbstoff liefernden Insekts den Indianern nur dadurch ermöglicht wurde, daß die Beamten den Ertrag vorweg aufkauften und mit Bargeld bezahlten. Als gegen Ende des 18. Jahrhunderts dieser Warenhandel für einige Jahre rigoros unterdrückt wurde, blieben nicht nur die Viehimporte aus, so daß beispielsweise in manchen Distrikten die Transportpreise in kurzer Zeit um mehr als 100 Prozent anstiegen, sondern ging auch die Koschenilleproduktion erheblich zurück – ein Beweis für die gesamtwirtschaftliche Bedeutung dieses Güteraustauschs.

Vor einer eingehenderen Analyse dieser gesamtwirtschaftlichen Bedeutung ist es jedoch erforderlich, das Problem zu klären, wozu die Amtsautorität der Distriktsbeamten bei der Abwicklung des Warenaustauschs erforderlich war. Diente sie dazu, die Bevölkerung zur Abnahme von Gütern oder zum Verkauf ihrer eigenen Erzeugnisse zu zwingen, oder war sie zur Aufrechterhaltung einer Monopolstellung erforderlich oder gar zu beidem zugleich? Bezüglich des zweiten Aspekts ist diese Frage leicht zu klären, denn aus den bisherigen Ausführungen ist zu ersehen, daß die Beamten in ihren Distrikten ein sehr weitgehendes, zumindest für die von ihnen verkauften Waren geltendes Monopol besaßen. Zur Wahrung desselben war allerdings die Amtsautorität wohl nur in Ausnahmefällen erforderlich, da es auf dem flachen Lande keine ernsthafte, vor allem aber keine vergleichbar kapitalkräftige und über derart weitreichende Geschäftsverbindungen verfügende Konkurrenz gab – ein Umstand, der durch das Ansteigen des Warensortiments und die Zunahme der Häufigkeit des Tauschhandels in den entfernteren, abgelegeneren Distrikten hinreichend verdeutlicht wird. Schwieriger ist dagegen die Frage nach dem Zwangscharakter des Handels zu beantworten. Eine Flut kolonialzeitlicher Berichte schildert die Zwangsmaßnahmen, Brutalitäten und Bedrängnisse, denen sich die Zivilbevölkerung vonseiten der Beamten ausgesetzt sah, in den düstersten Farben. Darüber hinaus ist bekannt, daß diese Handelspraxis eine der maßgeblichen Ursachen für den Tupac-Amaru-Aufstand zu Ende des 18. Jahrhunderts in Peru war. Demgegenüber stehen jedoch zahlreiche Stimmen ernst zu nehmender zeitgenössischer Beobachter, die, ohne die Auswüchse zu leugnen, diesen Handel als notwendig, für die koloniale Wirtschaft unentbehrlich und für die Indianer und die gesamte Landbevölkerung als nützlich bezeichneten. In der Tat richten sich die Klagen der Eingeborenen nicht gegen das System als solches, sondern durchweg gegen seine Auswüchse und Begleiterscheinungen. Dies wird auch durch das Beispiel einer kleinen Indianergemeinde in Mexiko verdeutlicht, die, nach einschlägigen schlechten Erfahrungen, von der Krone eine auf sich bezogene Verfügung erwirkte, mit deren Hilfe sie sich in der Folgezeit erfolgreich von diesem Handel ausnahm – ein Beispiel, das die Möglichkeit wirksamen Schutzes aufzeigt, infolge seiner Einzigartigkeit aber erkennen läßt, daß eine generelle Abschaffung dieses Handelssystems seitens der Indianer dagegen wohl nicht erwünscht war. Es darf also angenommen werden – und für Mexiko ließe sich dies durch weitere Beispiele auch belegen –, daß diese Form des Warenhandels im Normalfall freiwillig akzeptiert wurde. In Mexiko zumindest war direkter Zwang, vor allem in Verbindung mit überhöhten Quoten und Preisen, zwar eine häufige Begleiterscheinung, aber durchaus kein charakteristisches Merkmal dieses Handelssystems, so daß von einem Zwangshandel im unmittelbaren Sinne nicht gesprochen werden kann. Angesichts der faktischen Monopolstellung der Beamten ist dieser Warenaustausch freilich als ein indirektes Zwangssystem anzusehen, da die Landbevölkerung über keine anderen Möglichkeiten zum Kauf und Verkauf von Gütern auf Kreditbasis verfügte. Die Amtsautorität der Beamten dürfte daher insbesondere dazu vonnöten gewesen sein, die Einhaltung der mit der Kreditannahme eingegangenen Zahlungsverpflichtungen zu gewährleisten, wozu die Beamten als oberste richterliche Instanzen ihrer Distrikte natürlich besser als jeder private Kaufmann in der Lage waren. Dies scheint bei der zumeist kaum hispanisierten Landbevölkerung erforderlich gewesen zu sein, da vor allem die Indianer dazu neigten, Zahlungsverpflichtungen in einer Höhe einzugehen, die ihre wirtschaftliche und finanzielle Leistungsfähigkeit weit überstieg, und da sie aus einer Besiegten- bzw. Randgruppenmentalität heraus immer wieder Mittel und Wege suchten, um sich ihren Verpflichtungen zu entziehen.

Unter Zusammenfassung aller charakteristischen Eigenschaften läßt sich diese Unternehmensform als ein kombiniertes Handels- und Kreditsystem bezeichnen, das der städtischen Wirtschaft die

Erschließung eines schwer zugänglichen Marktes ermöglichte, da es hervorragend geeignet war, die infolge der besonderen wirtschaftlichen, sozialen und kulturellen Situation der Landbevölkerung – es sei hier nur an die kollektiv organisierte indianische Dorfgemeinde mit ihrer weitgehend auf Gemeindeeigentum basierenden Wirtschaft erinnert – hohen Risiken auszuschalten und organisatorische Schwierigkeiten zu überbrücken. Dieser Markt eröffnete der städtischen Wirtschaft nicht nur Absatzmöglichkeiten für ihre Produkte, sondern ermöglichte ihr vor allem auch die Versorgung mit billigen Rohstoffen und verschaffte ihr schließlich billige Transportkapazitäten durch den Verkauf des Nutzviehs. Den Beamten wiederum bot sich durch diesen Handel die Möglichkeit zur Kapitalbildung und zur Reinvestition in verschiedenartige Handels- und Wirtschaftsunternehmungen, d. h. also, die Möglichkeit zum sozialen Aufstieg in die Schicht der selbständigen Kaufleute, Bergbauunternehmer und Hacienda-Besitzer. Die vorwiegend indianische Landbevölkerung ihrerseits wurde über dieses Handelssystem nicht nur mit den erforderlichen Produktionsmitteln versorgt, sondern sie verfügte damit auch über gesicherte regelmäßige Absatzmöglichkeiten für ihre Produkte, mußte dafür allerdings Höchstpreise bezahlen und Niedrigstpreise für die eigenen Erzeugnisse in Kauf nehmen. So wie die verschiedenen Formen des kolonialen Arbeitszwanges und das *peonaje*-System die Nutzbarmachung der indianischen Arbeitskraft für die spanisch-koloniale Wirtschaft bezweckten, so erfüllte dieses Handelssystem die Funktion, die indianische Landbevölkerung – bzw. die ländlichen Konsumenten und Produzenten in die koloniale Wirtschaftsordnung einzugliedern, d. h. sie in den Markt zu integrieren. Diese Integration erfolgte freilich unter den Bedingungen von Monopolabhängigkeit, wirtschaftlicher Fremdbestimmung und Ausbeutung.
Muß demnach der Warenhandel der Distriktsbeamten als ein koloniales Herrschaftsinstrument verstanden werden? Ein Überblick über die geographische Verbreitung dieses Handels zeigt jedoch, daß sich Zonen mit hohem indianischen Bevölkerungsanteil feststellen lassen, in denen dieses System überhaupt nicht praktiziert wurde. Ein solches Beispiel ist etwa in Mexiko der *Bajío* genannte Landstrich in der weiteren Umgebung der Stadt Guanajuato, dem Zentrum des mexikanischen Edelmetallbergbaus im 18. Jahrhundert. In diesem Gebiet setzte sich unter

dem Einfluß des Bergbaus und seiner hohen Güternachfrage nicht nur die Geldwirtschaft allgemein durch, sondern es konnten sich auch eine kapitalintensive Landwirtschaft und ein spezialisiertes Gewerbe entwickeln.[10] Dies wiederum löste einen Prozeß der Auflösung der traditionellen, kollektiv organisierten Indianergemeinden aus und führte zur Hispanisierung der Eingeborenen und zu ihrer wirtschaftlichen und gesellschaftlichen Integration als freie Lohnarbeiter, Pächter und Kleingewerbetreibende.[11] Die Wirtschafts- und Marktstruktur in dieser Region bot daher keinen Ansatzpunkt für diesen Warenhandel. Die Nachfrage des Bergbaus und die ausreichend zur Verfügung stehenden Zahlungsmittel und Kapitalien führten zur Entwicklung eines funktionierenden Marktes auch ohne die Beteiligung marktfremder Elemente wie etwa der Beamtenschaft.

Dieses Beispiel verdeutlicht ein wichtiges Merkmal der kolonialen Wirtschaft, nämlich das Fehlen bzw. die unzureichende Entwicklung eines einheitlichen Marktgefüges innerhalb der Grenzen der kolonialen Verwaltungseinheiten. Entsprechend der Gliederung dieser Verwaltungseinheiten in verschiedene, nur sehr begrenzt untereinander kommunizierende Wirtschaftsregionen zerfielen die Vizekönigreiche und Generalkapitanien in mehrere Binnen- oder Teilmärkte von höchst unterschiedlicher Struktur.[12] Neben den relativ offenen – weil kapitalkräftigen – Märkten der vom Bergbau geprägten Wirtschaftsregionen mit hoher, wenn auch den Schwankungen der Bergbauergiebigkeit unterworfenen Güternachfrage, finden sich andere, geschlossenere Märkte mit stagnierender bzw. lediglich von der demographischen Entwicklung beeinflußter Nachfrage insbesondere nach Gütern des täglichen Bedarfs. Bei den letzteren handelt es sich vorwiegend um landwirtschaftlich strukturierte Gebiete, die über keine oder nur sehr wenige Erzeugnisse verfügten, für die eine überregionale Nachfrage bestand, so daß Handel über die Grenzen der Region hinaus nur in sehr beschränktem Umfang möglich war. In diesen Gebieten läßt sich durchweg ein ständiger Mangel an Zahlungsmitteln und Kapitalien beobachten und entsprechend waren auch Naturalwirtschaft und Tauschhandel sehr verbreitet.[13] Dieser Mangel bedingte wiederum die Isolierung dieser Märkte, da für den überregionalen Absatz der landwirtschaftlichen und insbesondere der gewerblichen Erzeugnisse ein erhöhter Kapitaleinsatz erforderlich war, um das schwierige und kostspielige Transportproblem lösen und

dennoch konkurrenzfähig anbieten zu können.[14]
Diese Situation ist weitgehend durch die Wirtschaftspolitik des spanischen Mutterlandes gegenüber seinen amerikanischen Kolonien verursacht worden. Spanien war an einem möglichst hohen Warenexport nach Übersee und an größtmöglichen und vor allem raschen Zahlungsmittelrückflüssen als Gegenwert für die gelieferten Waren und darüber hinaus lediglich am Erwerb einiger Rohstoffe (Naturfarben und Medizinalpflanzen) interessiert. Es ist hinreichend bekannt, daß die passive Zahlungsbilanz der Kolonien im Handel mit der Metropole, die hohen Überweisungen des amerikanischen Fiskus ins Mutterland und in die chronisch defizitären, aber strategisch wichtigen Randgebiete des hispanoamerikanischen Kolonialreichs, dazu die regelmäßig aufgelegten Staatsanleihen und schließlich die häufig von der Krone erbetenen freiwilligen Hilfszahlungen und Spenden *(donativos)* ständig einen beträchtlichen Zahlungsmittelabfluß verursachten. Die Organisation des Handels zwischen Spanien und seinen Überseegebieten begünstigte außerdem die rasche Konzentration der aus dem Edelmetallbergbau stammenden Zahlungsmittel in den Händen der in den Handelskonsulaten *(consulados)* der Hauptstädte zusammengeschlossenen Großkaufleute. Diese zahlenmäßig kleine, privilegierte Kaufmannschaft kontrollierte nicht nur den Überseehandel, sondern sie war zumeist auch gleichzeitig finanziell stark im Bergbau engagiert, so daß eine direkte Verbindung zwischen Edelmetallproduktion und dem europäischen Warenimport bestand und daher ein großer Teil der im Bergbau gewonnenen Kapitalien direkt nach Europa transferiert wurde. Dieser Mechanismus behinderte die Geldzirkulation und trug dazu bei, daß die vom Edelmetallbergbau ausgehenden wirtschaftlichen Impulse weitgehend regional beschränkt blieben und eine Integration der einzelnen Teilmärkte sich nur sehr zögernd, im Gefolge lang anhaltender Prosperität im Bergbau vollzog. Darüber hinaus versuchte die Krone durch eine protektionistische Gesetzgebung zugunsten der spanischen Wirtschaft, die einzelnen Kolonialgebiete möglichst direkt auf das Mutterland auszurichten und untereinander zu isolieren.[15] Staatliche Politik, wirtschaftliche und geographische Faktoren in wechselseitiger Bedingtheit sind somit als die Hauptursachen für die Entstehung der unterentwickelten Marktstruktur zu nennen.
Wie das hinsichtlich des Warenhandels der Distriktsbeamten

negative Beispiel des mexikanischen *Bajío* bereits signalisiert, läßt sich dieser Handel überwiegend in den landwirtschaftlich ausgerichteten Wirtschaftsregionen mit unterentwickelter Marktstruktur feststellen. Hier boten sich naturgemäß einem Handelssystem, das gleichzeitig Geld und Kredit, Waren und Absatzmärkte anzubieten hatte, große Entfaltungsmöglichkeiten. Damit erklärt sich auch das schon erwähnte Phänomen, daß zu den Kunden der Beamten eben durchaus auch nichtindianische Landwirte, Gewerbetreibende und kleinere Bergbauunternehmer zählten. Der Warenhandel der Distriktsbeamten kann vor diesem Hintergrund jedoch nicht als ein koloniales Herrschaftsinstrument oder als direkter Ausbeutungsmechanismus der Kolonialmacht bezeichnet werden. Vielmehr bestand seine Bedeutung in der Funktion, die sich aus einer unterentwickelten, durch eine koloniale Abhängigkeit geprägten Marktstruktur ergebenden wirtschaftlichen Schwierigkeiten zu überbrücken. Dieses Handelssystem stellt sich somit als ein bedeutender Integrationsfaktor für die gesamte koloniale Wirtschaft dar, der zwar auch zugunsten der exportorientierten Wirtschaftszweige (vor allem Farbstoffgewinnung und -handel) wirkte, aber bei weitem überwiegend der nicht auf das Mutterland hin ausgerichteten kolonialen Binnenwirtschaft (Vieh, einheimische Gewerbeerzeugnisse, insbesondere Textilien) zugute kam. Es handelt sich also um ein von der kolonialen Stadtwirtschaft entwickeltes Instrument zur Erschließung eines aufgrund der bestehenden Wirtschaftsstrukturen nicht oder nur schwer zu erreichenden Marktes. Das Handelssystem als solches und die von ihm nachdrücklich geförderte Entfaltung der Stadtwirtschaft verstießen in vieler Hinsicht sogar gegen die Interessen der Metropole. Der Handel korrumpierte nicht nur die Beamtenschaft und unterwarf sie sachfremden, lokalen Einflüssen, sondern er führte auch zu umfangreichen Steuerhinterziehungen[16], zur Mißachtung der umfassenden Indianerschutzgesetzgebung der Krone und zu Unruhen und Aufständen unter der Indianerbevölkerung. Wie groß die Gefahr für die innere Sicherheit und Ordnung war, die von dem Warenhandel ausging, verdeutlicht einmal der maßgeblich auf die Exzesse der Distriktsbeamten zurückgehende Tupac-Amaru-Aufstand in Peru im ausgehenden 18. Jahrhundert und zum anderen auch die Tatsache, daß alle ländlichen Unruhen und Aufstandsversuche im zentralen Mexiko während des 17. und 18. Jahrhunderts durch Auswüchse dieses Warenhandels ausgelöst wurden. Neben der nicht zu unterschätzenden politischen Gefahr, die mittelbar von diesem Handelssystem ausging, konnte auch die von ihm wesentlich geförderte Entwicklung des städtischen Gewerbes nicht durchgehend im Interesse der Metropole liegen, da dies zu erheblichen Beeinträchtigungen der spanischen Exporte, etwa im Textilbereich, in die überseeischen Gebiete führte. Mit einiger Berechtigung kann daher gefolgert werden, daß die geschilderte Form des Warenaustausches ein eigenständiger, in wesentlichen Teilbereichen gegen die Politik der Kolonialmacht durchgesetzter wirtschaftlicher Mechanismus im Dienste bodenständiger, kreolischer Wirtschaftsinteressen war – kreolisch deshalb, da die an diesem Handel beteiligten Europaspanier, Beamte und deren Handelspartner, zumeist nicht nach Europa zurückkehrten, sondern ihre Gewinne im Lande investierten und in der kreolischen Oberschicht aufgingen.

Abschließend bleibt die Frage zu klären, wie denn die unter den Bedingungen von Ausbeutung, Fremdbestimmung und Abhängigkeit erfolgte wirtschaftliche Integration der Landbevölkerung vor dem geschilderten Hintergrund zu verstehen ist. Der Umstand, daß der Hauptnutznießer dieses Warenhandels die kreolische, an eigenen Interessen orientierte Stadtwirtschaft war, der eine übervorteilte indianische Landbevölkerung gegenüberstand, ließe es zu, diese Handelsform als Teil eines sekundären innerhispanoamerikanischen »Kolonialsystems« zu interpretieren[17], in dem die ländliche Eingeborenen- und Mischlingsbevölkerung in einer Art kolonialer Abhängigkeit von der städtischen, europastämmigen, kreolischen Oberschicht stand. Der Warenhandel der Beamten wäre in diesem Zusammenhang doch ein Herrschaftsinstrument, allerdings nicht im Dienste der Kolonialmacht, sondern einer neu entstandenen, einheimischen Oberschicht – eine These, die die Anerkennung des von den Vertretern der Dependencia-Theorie bekämpften Konzepts von der Entwicklung einer ›dualen Gesellschaft‹ voraussetzt.

Beurteilt man jedoch dieses Handelssystem hinsichtlich seiner Bedeutung für die soziale und wirtschaftliche Entwicklung der eingeborenen Landbevölkerung, so erscheinen die lediglich aus den äußeren Umständen dieses Warenaustauschs und den festgestellten Handelsspannen abgeleiteten Merkmale »Ausbeutung«, »Fremdbestimmung« und »Abhängigkeit« in einem weit milderen Licht und verlieren weitgehend die ihnen zunächst zuerkannte Funktion charakterisierender Eigenschaften. So hat der Warenhandel insbesondere im 18. Jahrhundert, d. h. in einer Phase starken indianischen Bevölkerungswachstums bei gleichzeitig – durch die Ausbreitung des Großgrundbesitzes im vorausgegangenen Jahrhundert – reduzierter Existenzgrundlage, auf dem flachen Lande Arbeits- und Verdienstmöglichkeiten geschaffen und damit die Verluste der Indianergemeinden an landwirtschaftlich nutzbarem Boden teilweise kompensiert. Indem sie den *comunidades* ein relativ selbständiges Wirtschaften ermöglichte und so die Entstehung eines zahlenmäßig bedeutenden Landarbeiterproletariats bzw. die massive Abwanderung der Eingeborenen in die Städte verhinderte, hat diese Handelsform neben anderen Faktoren nicht zuletzt auch den Fortbestand der traditionalen, kollektiv organisierten Indianergemeinde begünstigt.[18] Je nach Standort mag man darin ein retardierendes Moment in der Entwicklung des indianisch geprägten Hispanoamerika oder eine bedeutsame Form wirtschaftlicher, sozialer und kultureller Integration sehen; in den Augen der Betroffenen stellte sich dies sicherlich als ein Vorteil dar, der manche unerfreuliche Begleiterscheinungen dieses Handelssystems bis zu einem gewissen Grade wettzumachen vermochte. Stabilisierung der wirtschaftlichen und sozialen Verhältnisse auf dem Lande und Förderung der städtischen Wirtschaft durch Markterschließung sind mithin als die wesentlichen Konsequenzen des Warenhandels der Beamten anzusehen, während Ausbeutung, Fremdbestimmung und Abhängigkeit lediglich Begleiterscheinungen dieses Systems gewesen sind – Begleiterscheinungen, die in mehr oder weniger akzentuierter Form und unterschiedlicher Schärfe immer in den Tauschbeziehungen zwischen Stadt und Land zu beobachten sind. Nimmt man diese Begleitumstände als die bestimmenden Kriterien für die Beurteilung des untersuchten Phänomens, so wird die tatsächliche Bedeutung nicht oder nur sehr unzureichend erfaßt.

Um den Bezug des analysierten und interpretierten Aspekts der kolonialzeitlichen historischen Realität Hispanoamerikas zu den Dependencia-Theorien herzustellen, erhebt sich die Frage, welche dieser Theorien hier zum Vergleich heranzuziehen ist. Nicht in Betracht kommt die ursprünglich entwickelte Dependencia-Theorie, die die Abhängigkeit als Folge der Importsubstitutionspolitik der lateinamerikanischen Staaten deutet. Die

Vertreter dieser Richtung beschränken ihr Erklärungsmodell ausdrücklich auf die Nachkriegsentwicklung bzw. in Ausweitung der an der konkreten Situation gewonnenen Erkenntnis auf die gesamte geschichtliche Entwicklung nach der Unabhängigkeit. Dies wird verständlich, wenn man sich vergegenwärtigt, daß die Dependencia als Folge der Investition ausländischen, aus den entwickelten Ländern stammenden Kapitals in Rohstoffgewinnungs- und Industrieprojekte zu verstehen ist. In der Kolonialzeit dagegen fehlt eine direkte europäische Kapitalinvestition, wenn man von Investitionen in den Handel mit für den Export nach Amerika bestimmten europäischen Konsumgütern absieht. Die koloniale Wirtschaft Hispanoamerikas finanzierte sich also weitgehend mit im Lande angesammeltem Kapital. Vor der Unabhängigkeit ist daher von einer unmittelbaren politischen Abhängigkeit Lateinamerikas mit durchaus erheblichen wirtschaftlichen und sozialen Konsequenzen auszugehen, während die neueste Zeit – der Theorie zufolge – durch steigende wirtschaftliche Abhängigkeit mit politischen und sozialen Auswirkungen gekennzeichnet ist. Die Begriffe Kolonialismus und Imperialismus verdanken ihre Entstehung nicht zuletzt diesem wesentlichen Unterschied. Gerade ihn aber läßt die Dependencia-Version von A. G. Frank außer acht. Für ihn ist die durch Unterentwicklung, Ausbeutung und Abhängigkeit gekennzeichnete ›lateinamerikanische Gegenwart‹ die unmittelbare Folge der von der Eroberung an stets kapitalistisch ausgerichteten Wirtschaft und deren Abhängigkeit von den kapitalistischen Metropolen. Dieses Dependencia-Konzept ist für die Schlußbetrachtung heranzuziehen.
Die Frankschen Thesen sollen hier nicht in extenso referiert und in ihrer Gesamtheit diskutiert werden.[19] Auch die Fülle von falschen Aussagen, Verzerrungen und Fehlinterpretationen zur geschichtlichen Entwicklung Lateinamerikas brauchen hier nicht abermals aufgezählt zu werden.[20] Dagegen ist zu vermerken, daß Frank sich bei der Analyse der lateinamerikanischen Gegenwartssituation und der sie bedingenden Faktoren allgemeinster und extrem unscharfer Kategorien bedient, die keinerlei spezifischen Aussagewert haben. Bei Verwendung dieser Begriffe ließe sich Frank entgegenhalten, daß Massenarmut und Unterentwicklung als Folge von Ausbeutung und Abhängigkeit – auch als Folge ungleichwertiger Tauschbeziehungen[21] – im Umkreis aller aus der Geschichte bekannten Großreiche in mehr

oder weniger ausgeprägter Form auftraten. Will man nicht die absurde Behauptung aufstellen, daß der Kapitalismus ein geschichtliches Urphänomen sei, so fragt sich, wieso die heutige Situation Lateinamerikas ihre Ursache ausschließlich in der Entwicklung des Kapitalismus haben muß, wenn imperiale Machtzusammenballungen mit Sklavenhalter- oder Feudalwirtschaft ähnliche Entwicklungen auslösten. Wenn auch eine derart allgemeine Diskussion wenig zur Erfassung der Problemlage beiträgt, so verdeutlicht sie immerhin, daß Begriffe wie Ausbeutung und Abhängigkeit ohne nähere Bestimmung nichts aussagen, da sie Begleitumstände sehr verschiedenartiger geschichtlicher Vorgänge sein können.[22] Auch die Ergänzung »kapitalistisch« trägt nur geringfügig zur Konkretisierung dieser Begriffe bei, da etwa im Hinblick auf die Kolonialzeit Ausbeutung und Abhängigkeit eben auch ohne Kapitalismus in Form von Ausübung direkten Zwanges erzielt werden und ebenfalls zu Unterentwicklung führen können.

In bezug auf Lateinamerika ist damit aber die entscheidende Frage aufgeworfen: setzte sich die kapitalistische Wirtschaftsform in Lateinamerika bereits in den Anfängen der Kolonialzeit durch, bzw. geriet Lateinamerika durch die iberische Eroberung unmittelbar und ganz in die wirtschaftliche Abhängigkeit des europäischen Kapitalismus – um die einschlägige Terminologie beizubehalten – oder sind Abhängigkeit und Ausbeutung, soweit sie sich feststellen lassen, durch direkte Machtausübung bei gleichzeitig sich herausbildenden nichtkapitalistischen Wirtschaftsformen verursacht worden? Gleichgültig wie auch immer diese Frage zu beantworten ist, so wird bereits an dieser Stelle deutlich, daß auf das Kolonialismuskonzept nicht verzichtet werden kann, denn jedwede Wirtschaftsform ist in Lateinamerika erst durch die Eroberung und die darauffolgende politische Herrschaft der Kolonialmacht installiert worden.

Die überwiegende Mehrzahl der Historiker, die sich mit den Problemen der lateinamerikanischen Kolonialzeit beschäftigt haben – und zwar durchaus unter Berücksichtigung des Phänomens der Abhängigkeit in seinen verschiedensten Aspekten –, vertritt die Auffassung, daß kapitalistische Wirtschaftsformen in Lateinamerika nur sehr zögernd und nur in einzelnen, eng begrenzten Teilbereichen im Verlauf der Kolonialzeit Eingang fanden. Lediglich in bezug auf den Bergbau, die ihn beliefernde Landwirtschaft und auf einige gewerbliche Bereiche läßt sich die

Frage positiv beantworten. Landwirtschaft und Gewerbe in den bergbaufernen Gebieten waren dagegen wirtschaftlich weitgehend isoliert und wurden vom Handel mit Spanien kaum und vom Binnenhandel nur sehr unzureichend erfaßt, so daß sie weitgehend nur für eng begrenzte lokale oder regionale Märkte produzierten. Die Exporte nach Europa umfaßten zum überwiegenden Teil Edelmetalle und Farbstoffe aus einigen wenigen auf ihre Gewinnung spezialisierten Regionen. Andere Rohstoffe und landwirtschaftliche Erzeugnisse wurden nur in relativ geringen Mengen ausgeführt und kamen ebenfalls, wie etwa Zucker und Kakao, nur aus wenigen, entsprechend spezialisierten Gebieten. Auch die Warenlieferungen aus den Metropolen, durch Monopole, Schiffahrtsrestriktionen und die politische Entwicklung immer wieder behindert, waren vergleichsweise gering, mißt man sie an den kolonialen Bevölkerungszahlen. Unabhängig davon, wie die Handelsbilanz des kolonialen Lateinamerika zu beurteilen ist, gilt es aber darauf hinzuweisen, daß Import- und Exportstatistiken ohnehin nur in Relation zur Gesamtproduktion und zum Gesamtkonsum sowie zum Umfang des Binnenhandels interpretiert werden können. Die entsprechenden Vergleichszahlen sind infolge der schwierigen Quellenlage bislang aber noch nicht, bzw. für einzelne Gebiete nur zu wenigen wirtschaftlichen Teilbereichen erarbeitet worden, so daß eine volkswirtschaftliche Analyse, mit der allein die Franksche Theorie für die Kolonialzeit wissenschaftlich zu begründen wäre, vorerst gar nicht möglich ist. Zum Komplex des kolonialen Außenhandels wird man S. und B. Stein zustimmen dürfen, wenn sie zusammenfassend ausführen: »At the risk of oversimplification, it may be argued that the structure and function of Spanish imperial trade represents the maximization of the limited possibilities of backward metropolitan economy.«[23] Neben der geringen Verbreitung kapitalistischer Wirtschaftsformen in Lateinamerika selbst ist also zumindest das spanische Amerika auch nur in sehr begrenztem Umfang in den Wirtschaftsbereich des europäischen Kapitalismus einbezogen worden.

Konkret stellt sich nun die Frage nach der Beziehung zwischen Franks Kapitalismusthese und dem Warenhandel der Distriktsbeamten. Auf den ersten Blick scheint der Warenhandel infolge gewisser Parallelen zu dem europäischen Verlagssystem eine typisch merkantilistische, insofern also »frühkapitalistische«

Wirtschaftsform darzustellen. Bei näherer Betrachtung ergeben sich jedoch deutliche Unterschiede.[24] So bedeutet der Warenhandel nicht nur rationelle Vermarktung gewerblicher, sondern auch landwirtschaftlicher Produkte. Darüber hinaus dient er in erheblichem Ausmaß auch dem Verkauf sowohl von Produktionsmitteln (Vieh), deren Wirtschaftsertrag – ein weiterer Unterschied zum Verlagssystem – nur gelegentlich wieder über den Warenhandel abgenommen wird, als auch von Konsumgütern. Schließlich erfaßt der Warenhandel nicht eine städtische oder stadtnahe, sondern im Gegenteil eine ländliche Bevölkerung. Ebensowenig erlangt dieses Handelssystem gerade hinsichtlich der Vermarktung der ländlichen Erzeugnisse eine ähnliche Monopolstellung wie zumeist das Verlagswesen, da der Warenhandel der Beamten sich in dieser Hinsicht nicht gegen das hoch entwickelte und verzweigte System ländlicher indianischer Märkte durchzusetzen vermochte. Eine Monopolstellung besaß der Handel der Beamten lediglich im Hinblick auf den Güterabsatz auf dem Lande. Infolgedessen wurde durch den Warenhandel der Beamten auch nur in Einzelfällen eine Steuerung der ländlichen Gütererzeugung erreicht. Die Produktionsverhältnisse sind also durch den Warenhandel nicht beeinflußt worden, es sei denn in Form einer Förderung und Bewahrung bereits vorhandener, traditioneller Produktionsweisen. So ließe sich denn der hier untersuchte Warenaustausch allenfalls als handelskapitalistischer Mechanismus interpretieren. Als solcher diente er jedoch wiederum vorwiegend der Herstellung binnenwirtschaftlicher Beziehungen und zwar in weiten Bereichen durchaus gegen die Wirtschaftsinteressen der Metropolen. Ungeachtet der Tatsache, daß durch den Warenhandel auch Ausbeutung und Abhängigkeitsverhältnisse gefördert bzw. hergestellt wurden, ist dieses Phänomen dennoch nicht im Sinne der Frankschen Thesen wirksam gewesen, da es insgesamt weniger zur Transformation als vielmehr zur Stabilisierung der – aus vorspanischer Zeit stammenden – herkömmlichen sozialen und wirtschaftlichen Lebensbedingungen der ländlichen Indianerbevölkerung beitrug und im Hinblick auf die gesamte koloniale Wirtschaft die Abhängigkeit vom Mutterland durch die Erschließung einheimischer Märkte gerade für Inlandserzeugnisse eher abgeschwächt als verstärkt hat.

So muß insgesamt festgestellt werden, daß aus der Sicht des Historikers die Dependencia-Theorie(n) weder in allgemeiner

Hinsicht noch in bezug auf Einzelaspekte des geschichtlichen Lebens geeignet ist, die kolonialzeitliche historische Entwicklung Lateinamerikas zu erklären. Im Rahmen der historischen Arbeitsweise kann die Theorie bei der Untersuchung der lateinamerikanischen Kolonialgeschichte allenfalls als methodisches Instrument dienen, das eine schärfere Erfassung bestimmter historischer Zusammenhänge ermöglicht. Allerdings sind die wesentlichen Bestandteile dieser Theorie, also etwa die Entwicklung des modernen Kapitalismus, wirtschaftliche Ausbeutung und Abhängigkeit der Kolonialgebiete etc., in dem sehr viel weiter gespannten und zu weitaus differenzierteren Forschungsergebnissen führenden Kolonialismusbegriff enthalten und in diesem Zusammenhang auch in zahlreichen Studien behandelt worden, wenn auch infolge des Fehlens von Untersuchungen zu wesentlichen Aspekten der kolonialen Wirtschaftsgeschichte nur vereinzelt hinreichend fundierte allgemeine Deutungen der kolonialen Entwicklung Lateinamerikas formuliert werden konnten.

Anmerkungen

1 Dies wird besonders deutlich in den Arbeiten von André Gunder Frank, Capitalism and Underdevelopment in Latin America, New York 1967 und ders., Lumpenbourgeoisie: Lumpendevelopment. Dependence, Class and Politics in Latin America, New York 1972.

2 Vgl. dazu etwa die Arbeiten von Dieter Senghaas.

3 Einen Überblick über die unterschiedlichen Ansätze bietet A. G. Frank, Dependence is dead, long live Dependence and the Class Struggle, Latin American Perspectives 1, 1974, 87–106. Vgl. insbesondere auch die Bibliographie. – Diese Entwicklung der Dependencia-Theorie hat inzwischen ein vielfältiges Schrifttum über die Dependencia, ihren Ursprung, ihre Entwicklung und Auffächerung in verschiedene Richtungen angeregt, vgl. etwa David E. Stansfield u. Philip O'Brien, A Critique of Latin American Theories of Dependency, in: Centrum voor Studie en Documentatie van Latijns America (CEDLA) Hg., Dependency and Latin America: A Workshop. CEDLA Incidentele Publicaties 2, Amsterdam 1974, 3–10 sowie die Bibliographie zu dem zitierten Aufsatz Franks.

4 Stellvertretend für diese Schule seien lediglich die Arbeiten des französischen Soziologen Georges Balandier genannt, so z. B. G. Balandier, La situation coloniale: Approche Théorique, Cahiers Internationaux de Sociologie 11, 1951, 44–79 und ders., Contribution à une Sociologie de la Dépendence, Cahiers Internationaux de Sociologie 12, 1952, 47–69.

5 Der Hinweis auf diesen Umstand, verbunden mit einem Definitionsversuch,

findet sich bei B. F. Galjart, Dependence: Some Implications of a Definition of the Concept, in: CEDLA Hg., 11 ff.

6 Werner Sombart, Der moderne Kapitalismus, München 1916, Bd. 1, 680 ff.

7 Brian Hamnett, Politics and Trade in Southern Mexico, Cambridge 1971. Hamnett zieht die Bedeutung dieses Handelssystems für die Indianerbevölkerung nicht mit in seine Untersuchung ein. Zudem stellt die Provinz Oaxaca hinsichtlich des Warenhandels einen Sonderfall dar, da ein großer Teil der aufgekauften Waren für den Export bestimmt war – ein Aspekt, der in allen anderen Gebieten kaum Bedeutung hatte.

8 Karen Spalding, Tratos mercantiles del corregidor de indios y la formación de la hacienda serrana en el Perú, América Indígena (México) 30, 1970, 595–608.

9 Bezüglich Detailinformationen und Quellenangaben vgl. meine Arbeiten Alcaldes Mayores, Corregidores und Subdelegados. Zum Problem der Distriktsbeamtenschaft im Vizekönigreich Neuspanien, Jahrbuch für Geschichte von Staat, Wirtschaft und Gesellschaft Lateinamerikas (JbLA) 9, 1972, 173–270 und: Der Repartimiento-Handel der Distriktsbeamten im Raum Puebla im 18. Jahrhundert, JbLA 10, 1973, 236–51.

10 Vgl. dazu D. A. Brading, Miners and Merchants in Bourbon Mexico 1763–1810, Cambridge 1971 und die Aufsätze desselben Verfassers zu diesem Themenkomplex.

11 Formal bestanden die Indianergemeinden zwar weiter, doch verfügten sie nicht mehr über ein funktionierendes Gemeinschaftsleben; es fehlten Gemeindekassen, die gewählten Amtsträger, die rein indianischen religiösen Bruderschaften und eine gemeinsame Bewirtschaftung des Grundbesitzes; vgl. dazu auch Eric R. Wolf, The Mexican Bajío in the 18th century: An analysis of Cultural Integration, New Orleans 1957.

12 Das Problem der Bedeutung der kolonialen Binnenmärkte und ihrer Mechanismen ist bislang kaum untersucht worden. Ebensowenig liegen ausreichende Studien über den kolonialen Binnenhandel bzw. über den interkolonialen Handel vor. Einen ersten bedeutenden Schritt zur Schließung dieser Lücke stellt die Arbeit von Marcello Carmagnani, Les mécanismes de la vie économique dans une société coloniale: Le Chili (1680–1830), Paris 1973, dar.

13 Vgl. dazu etwa die früheren Ausführungen über die Form des Warenhandels der Distriktsbeamten. Den Kapital- und Zahlungsmittelmangel selbst in exportorientierten Wirtschaftszweigen verdeutlicht beispielsweise der Umstand, daß es im Gebiet von Puebla – dem Zentrum des mexikanischen Weizenanbaus, von wo aus Weizenmehl in die Karibik exportiert wurde – um die Mitte des 18. Jahrhunderts nur zwei Großhändler gab, die ihre Weizenkäufe in bar bezahlen konnten.

14 Die entscheidende Bedeutung des Transportproblems für den Handel zeigt zum Beispiel die Agrarkrise der Jahre 1785/86 in Mexiko. Trotz Hungersnot im Hochland verhinderten die extrem hohen Transportkosten die Lieferung des Grundnahrungsmittels Mais aus den südmexikanischen Überschußgebieten an der Atlantikküste.

15 In diesem Zusammenhang ist neben den *consulados* selbst insbesondere auf das System jährlicher Handelsflotten, die Verbote und Restriktionen im interkolonialen Handel und auf die Gesetzgebung zur Verhinderung der Entstehung von Großgewerbebetrieben und Manufakturen in Hispanoamerika zu verweisen.

16 So investierten die Beamten sehr oft die Gelder des ihrer Einziehung obliegenden Indianertributs in ihre Handelsunternehmung, bzw. vernachlässigten die Einziehung, um zunächst ihre Außenstände einzuziehen; außerdem umgingen sie in großem Maßstab die Zahlung der Verkaufssteuer *alcabala* – Praktiken, die die Krone vergeblich zu unterbinden suchte.

17 Während bisher »koloniale Abhängigkeit« im Sinne von »durch Eroberung bedingte, direkte Abhängigkeit« verstanden wurde, ist hier an den von Balandier umschriebenen Zustand gedacht; vgl. Anmerkung 4.

18 Die Desamortisation von Gemeindebesitz, der Fortfall dieses Handelssystems im 19. Jahrhundert und der Übergang zu modernerer und kapitalintensiverer Landwirtschaft etwa zu der gleichen Zeit haben erst die Landflucht und die Entstehung dieses Landarbeiterproletariats begünstigt.

19 Es sei hier lediglich auf die einleitend genannte Literatur verwiesen, darüber hinaus vor allem: Ignacio Sotelo, Subdesarrollo y dependencia. Notas para una evaluación de la categoria de la dependencia en el análisis del subdesarrollo, in: Sistema 10, 1975, 41–50. Herrn Hellwege (Bielefeld) danke ich für diesen Literaturhinweis.

20 Zahlreiche Beispiele dafür finden sich etwa gerade im Hinblick auf Chile, Franks wichtigstem historischen Demonstrationsfeld neben Brasilien, bei Harold Blakemore, Limitations of dependency: an historian's view and case study, CEDLA, Boletín de Estudios Latinoamericanos y del Caribe (Amsterdam) 18, 1975, 74–87.

21 Auf die Tatsache, daß Exporthandel unter den von Frank charakterisierten und als besonders bedeutsam herausgestellten Bedingungen bereits seit Menschengedenken praktiziert wird, verweist völlig zu Recht schon Marcin Kula, Capitalismo y atraso de América Latina según A. G. Frank, in: Estudios Latinoamericanos (Warschau), Bd. 1, 1972, 319.

22 Vgl. dazu insbesondere Sotelo.

23 Stanley J. Stein u. Barbara H. Stein, The Colonial Heritage of Latin America. Essays on Economic Dependence in Perspective, New York 1970, 46.

24 Bezüglich des Verlagswesens stützt sich der folgende Vergleich auf Friedrich Lütge, Deutsche Sozial- und Wirtschaftsgeschichte, Berlin 1966[3], 306 ff. u. 365 ff.

Konrad Stenzel

Die Entstehung des republikanischen Venezuela, oder: die Grenzen des kapitalistischen Fortschritts.
Bemerkungen zum Scheitern von »Modernisierung« in den Agrargesellschaften Lateinamerikas

1. Interne Grundlagen und Voraussetzungen

Nach einer ebenso oberflächlichen wie hektischen ersten Besitznahme, als deutsche und spanische Konquistadoren noch im venezolanischen Landesinneren das vermeintliche Eldorado zu erreichen glaubten, wurde das Gebiet, welches das heutige Venezuela ausmacht, rasch politisch und ökonomisch zweitrangig, und blieb für die spanische Kolonialverwaltung im Schatten der benachbarten Vizekönigreiche von Santa Fé/Nueva Granada und México/Nueva España sowie der Audiencia von Sto. Domingo.
Erst 1777 erfolgte die endgültige administrative Zusammenfassung im Generalkapitanat Venezuela.[1] Obwohl es eine frühe Phase der Aneignung und Konzentration von Grundeigentum in wenigen Händen gab, in der bereits gegen Ende des 16. Jahrhunderts vor allem die *cabildos* der großen Städte aufgrund der *Ley de Repartimiento y Encomiendas* von 1513 tätig wurden,[2] haben doch sowohl die Verteilung des Grundbesitzes wie auch die Institution der *encomienda* auf venezolanischem Boden immer nur einen im Vergleich zu den Zentren des spanischen Kolonialreichs geringen Umfang und geringe Bedeutung gewonnen.[3]
Erst die Blüte des Kakaoanbaus und die strikte ökonomische Ausrichtung des Landes auf die Maximierung dieser Monokultur durch das 1728 gegründete spanische Monopol der *Compañía Guipuzcoana*[4] hoben das Land aus der ökonomischen Belanglosigkeit und gaben seiner Produktion einen Stellenwert für den Weltmarkt des 18. Jahrhunderts.
In der Tat fällt hier eine letzte erfolgreiche Zentralisierungsan-

strengung der spanischen Metropole zusammen mit einem Halbjahrhundert wirtschaftlichen Aufschwungs für eine bis dahin im Abseits der Handelsströme gelegene Provinz ihres amerikanischen Kolonialreichs. Schlagartig mit dem Auftreten des Monopols wird der bis dahin dominierende mexikanische Zwischenhandel (noch 1720 waren 85 % der Kakaoausfuhren der Provinz Caracas nach Mexiko, nur 15 % direkt nach Cádiz gegangen) abgedrängt, verdoppelt sich in 40 Jahren das Gesamt-Exportvolumen – Resultat einer gezielten, geradezu modern anmutenden Kombination von Produktionszwang durch Drükken der Monopolpreise und forciertem Export.[5]

Diese Blüte des spanischen Monopolhandels trug aber die Keime ihrer Auflösung schon in sich; mit der Expansion wurde der ökonomische Widerspruch zwischen der spanischen Rentiers- und der kolonialen Grundbesitzerklasse politisch explosiv.

Drei Faktoren dieser widersprüchlichen Hochkonjunktur sollen hier etwas genauer skizziert werden:

1. Die Kehrseite des forcierten Kakaoexports war die Limitierung oder sogar die Unterdrückung des Handels mit und folgerichtig auch des Anbaus anderer aussichtsreicher tropischer Exportgüter wie Kaffee und Tabak. Die späteren Förderungsprogramme für Baumwolle und Indigo richteten sich zwar durchaus weitsichtig nach der unerhörten Nachfragesteigerung für diese Produkte auf dem englischen Markt im Verfolg der ersten industriellen Revolution in der Textilindustrie Lancashires.[6] Humboldt z. B. berichtet für die Zeit unmittelbar vor der Jahrhundertwende aus dem Agrarzentrum des damaligen Venezuela, den Tälern von Aragua, von recht hektischen Produktumstellungen im Zuge der Anpassung an die englischen Anforderungen, stellt aber (zwanzig Jahre nach der Auflösung der verhaßten »Kompanie von Caracas«) selbst das bedrückende spanische Abgaben- und Pachtsystem als Haupthindernis für eine weltmarktgerechte Agrarproduktion[7] dar. Aber die seit 1781 einsetzenden spanischen Freihandelsbemühungen, insbesondere seit 1797 intensiv im neutralen und befreundeten Teil der Karibe betrieben, litten an innerer Inkonsequenz, an der Furcht des spanischen aufgeklärten Absolutismus vor der eigenen Courage, sprich: der liberalen Partei im eigenen Land, und mehr noch an den Folgen eines außenpolitischen Zickzackkurses zwischen England und Frankreich, in den Worten von Hugh Thomas »erratic and politically disastrous«.[8]

Was die innere Administrierung oder besser und zeitgenössischer: Bedrückung der wirtschaftlichen Aktivitäten anging, so mußten die Pflanzer von Caracas bald sehen, daß sie mit der Auflösung der Monopolgesellschaft im Jahre 1780 und der etwa gleichzeitigen Schaffung einer staatlichen Intendencia zur Förderung auch anderer Produkte, vor allem des Tabaks, vom Regen in die Traufe gekommen waren. Über das Fiskalische ging nämlich das Interesse der Metropole nicht hinaus: die katastrophalen, über Jahrhunderte hinweg aus den benachbarten Vizekönigreichen subventionierten öffentlichen Finanzen der Verwaltung der venezolanischen Provinzen waren nun endlich auf Dauer zu sanieren; maximale Rendite für die wuchernde bourbonisch-aufgeklärte Bürokratie war die Devise.[9]

Zwar hatte die Intendencia gleich im ersten Jahr ihrer Funktion (1777) mit einer Steuererleichterung für Baumwolle ein wesentliches Hindernis aus dem Weg geräumt; verschiedene Maßnahmen für Indigo, Zucker und Kaffee folgten in den Jahrzehnten bis 1800. Aber als Maßnahmen einer bloß fiskalischen Strategie gerieten sie bald in Widerspruch zu den Expansionsbestrebungen der kolonialen Großagrarier, die ihr Wachstum darüber hinaus durch die permanenten kriegerischen Verwicklungen des Mutterlandes gefährdet sahen, dessen weiterbestehender Monopolanspruch für alle Transporte aus seinen Kolonien längst nur noch abhängig von der jeweiligen Interessenlage der zur See übermächtigen Engländer existierte.[10]

Von den speziellen Verwicklungen infolge der Expansion neuer Produkte wird noch die Rede sein. Zu der klassischen Kakao-Ära bis etwa 1780 bleibt festzuhalten, daß sie aufgrund der zahlreichen steuerlichen und physischen Hindernisse schon bald ihre jedermann offenbaren Grenzen erreicht hatte. Der (spanische) Kakaomarkt war für den Boom des Latifundien- und Handelskapitals zu klein geworden, Konzessionen, die einem ungehinderten agrarkapitalistischen Wachstum die Bahn hätten brechen können, erfolgten zu spät, in zu geringem Umfang und am falschen Platz.[11]

2. Der Kakao, das »Erdöl des 17. und 18. Jahrhunderts«[12], in der Tat nach den Edelmetallen das wertvollste Ausfuhrgut des spanischen Kolonialreichs in Amerika, brachte Venezuela eine kurze, aber gleichwohl zweitrangige Epoche der Sklavenwirtschaft, des »Großeinkaufs« von Negersklaven.

Die Zahlen blieben im Vergleich zur benachbarten Karibe klein, aber allein die *Compañía Guipuzcoana* importierte in den gut fünfzig Jahren ihres Bestehens immerhin 11 775 Negersklaven. Neben den Folgen dieser Bevölkerungsbewegung für die Sozialstruktur der venezolanischen Provinzen, die 35 Jahre später den Verlauf des Unabhängigkeitskriegs ganz entscheidend beeinflussen sollten, verdient noch ein wesentlicher Punkt im Zusammenhang mit den Interessen der Sklaveneinkäufer Aufmerksamkeit: Knapp zwanzig Jahre vor Beginn des verstärkten Sklavenhandels in Venezuela hatte Spanien im Frieden von Utrecht sein halbstaatliches Monopol im Sklavenhandel mit seinen Kolonien an England abgeben müssen – eine Begleiterscheinung des Verfalls seiner Macht in Europa. In einem wichtigen Bereich der Versorgung mit billiger Arbeitskraft war die venezolanische Oligarchie, in ihrer großen Mehrheit auch Kakaopflanzer und im 18. Jahrhundert durch die Exportgewinne daraus zu Macht und Selbstbewußtsein gekommen, also längst vor den napoleonischen Kriegen eine Interessengemeinschaft mit dem englischen Welthandel eingegangen. Wegen der weiterbestehenden spanischen Kontrollen bei der Einfuhr blühte aber auch der illegale Handel, der über die der venezolanischen Küste vorgelagerten holländischen Inseln oder die französischen Kleinen Antillen abgewickelt wurde. Neben den offiziellen Exporten nach Veracruz, später nach Cádiz, war Curaçao seit seiner Eroberung 1643 durch die Holländer immer auch Umschlaghafen des Kontrabandehandels – vor allem mit Kakao – von Terra firme gewesen.[13] Verschiedene Schätzungen über die Gesamtzahl der im Gegenzug eingekauften »menschlichen Ware« sprechen von ca. 35 000 legal importierten und derselben Zahl geschmuggelter Sklaven im 18. Jahrhundert, gegenüber jeweils 5 – 10 000 für die beiden vorangegangenen Jahrhunderte. Bei einer geschätzten Gesamtbevölkerung von 1 Million nennt Humboldt für 1799 60 000 Sklaven, für 1810 sind ebenfalls 60 000 erwähnt.[14] Generelle Übereinstimmung herrscht in allen Analysen der Sklaverei in Venezuela darüber, daß sie, vor der Kakaoblütezeit völlig bedeutungslos, nur in unmittelbarer Symbiose mit diesem Produkt eine gewisse Verbreitung erlangte. Dies geht so weit, daß man an der Verbreitung des Kakaoanbaus unmittelbar die Schwerpunkte der Negerbevölkerung gegen Ende des 18. Jhts. ablesen kann.[15]

So sehr sich Bewußtsein und Handeln der Führer der venezolanischen Unabhängigkeitsbewegung in vielen Einzelpunkten aus ihrem Sklavenhalter-Status verdeutlichen lassen, so sehr ist andererseits die Zweitrangigkeit des Sklavenproblems ein bedingender Faktor für die Rebellion der Oligarchie der *mantuanos* von Caracas gewesen. Von Interesse ist hier der Vergleich mit Kuba, der sich schon zeitgenössischen Beobachtern aufdrängte: Bei einer Gesamtbevölkerung von weniger als einem Viertel der venezolanischen (1792: 212 000) hatte Kuba 88 000 Sklaven. Man geht wohl nicht fehl in der Annahme, daß wichtige Motive für Kubas Rolle als Herd der royalistischen Reaktion bis 1830 in der ganz andersartigen ökonomischen und sozialen Brisanz des Sklavenproblems zu suchen sind, von dem sich Habanas herrschende Schicht – das warnende Beispiel Haitis vor Augen – fortwährend und unmittelbar in ihrer Existenz bedroht sah.[16]

3. Der letzte hier zu nennende Faktor in der widersprüchlichen Entwicklung hin zu einem kapitalistischem Kalkül entsprechenden direkten Zugriff auf die Produktionskräfte ist das Phänomen der zunehmenden Subsumierung des Grundbesitzes unter kapitalistische Produktionsformen. Besonders hier wies die Dynamik des durch das spanische Kakaomonopol eingeleiteten Akkumulationsprozesses über den inadäquaten spanischen Bezugsrahmen hinaus.

Grundeigentum war im spanischen Rechtssystem erheblichen Beschränkungen unterworfen, die in einem Vergleich mit dem heutigen Privateigentum an Grund und Boden besonders deutlich werden: Einmal war zumindest de jure der *ausentismo*, d. h., Grundbesitz als Produzent von Grundrente für einen abwesenden Latifundisten, nur unter erschwerenden Auflagen möglich. Die Rechtsinstitution des Gemeinbesitzes, der Allmende *(ejido)* sowie der kommunalen Nutzungsrechte an allen Weiden, Waldungen und Gewässern, auch solchen in privatem Besitz, war ein weiteres Hindernis bei den Arrondierungs- und Erweiterungstendenzen der großen Latifundisten.[17] Boden in den Kolonien konnte de jure auch nur von der Krone vergeben werden. Obwohl zweifellos schon früh von den königlichen *mercedes* und *composiciones* in weitem Umfang, im Zweifel auch durch Bestechung, Gebrauch gemacht wurde bei der Entstehung und Ausweitung des kolonialen Großgrundbesitzes und auch die rechtliche Situation immer wieder dem tatsächlichen Besitzstatus angepaßt wurde, wurde diese legale Beschränkung schon früh als Hindernis angesehen – abzulesen etwa an den permanenten Vorstößen der Grundbesitzer im cabildo von Caracas.[18]

Ein weiteres Hindernis waren die Schutzbestimmungen der Leyes de Indias für die eingeborene Bevölkerung. Trotz ständiger unverhohlener Übergriffe und der legitimierten Zwangsarbeitsformen der Missionen *(reducciones, entradas)*, die auch nach dem Verschwinden der encomienda eine gewisse ökonomische Bedeutung hatten, nahmen diese Bestimmungen einen erheblichen Teil der Bevölkerung und – weit wichtiger – große Landstriche mit erstklassigen Böden vom direkten Zugriff der Grundbesitzer aus. Selbst innerhalb der encomiendas gab es den Indianern in Gemeineigentum ausschließlich zugesprochenen Grundbesitz.[19] In der spanischen Rechtsgebung verlor dieses Gemeineigentum mit dem aufgeklärten Absolutismus und besonders mit dem Beginn der liberalen Politik an Gewicht. Am 15. 6. 1788 dekretierte Carlos III. in einer Real Cédula das Recht der Eigentümer, ihren Grundbesitz einzufrieden und die Gemeinnutzung zu unterbinden unter explizitem Bezug auf den Segen, den in ökonomischer Hinsicht die *enclosures* den Engländern gebracht hätten. Bergländereien und Wasserläufe blieben immer noch ausgeschlossen.[20]

Im Zusammenhang mit diesem Dekret, das für das Mutterland zusammen mit anderen, etwas späteren Maßnahmen aus derselben Epoche eine Neuorientierung hin zur ökonomischen Rechenhaftigkeit und zur bedingungslosen Sanktionierung des privaten Besitzes bedeutete, verdient eine weitere königliche Verfügung Beachtung, vor allem wegen des Zeitpunktes des Erlasses.

Am 19. 4. 1788 erhielt der cabildo in Caracas eine königliche Verfügung, die das bis dahin selbstverständliche Recht zum Bau kommunaler Wasserleitungen über fremden Privatbesitz erschwerte. Dieser zweimonatige Vorsprung vor dem ersten Erlaß in Spanien ist nicht etwa Zufall, sondern spiegelt getreulich das Ausmaß und die Intensität der Pressionen der venezolanischen Oligarchie wider, die in immer neue Petitionen und mit Besuchen von regelrechten Lobbyisten bei Hof ihre Sache vorantrieben. Für diesen besonderen Fall sind vor allem Juan Blanco y Plaza sowie Manuel Felipe Tovar als Urheber namhaft. Eine Vielzahl gleichartiger Vorstöße gibt diesem hier genannten durchaus symptomatischen Charakter.

Die Ziele waren gegeben: Durch ganz konkrete einzelne Schritte, die die weitestmögliche Zurückdrängung der alten kommunalen *fueros* zum Inhalt hatten, Einführung eines allge-

meinen Grundstücksmarktes, damit die Vereinheitlichung des Tauschwertes von Boden, anders gewendet: die Voraussetzung für eine allgemeine Grundrente, Aufhebung der Beschränkungen durch restriktive Pachtgesetze und ähnliche die Verfügungsgewalt des Besitzers einschränkende Rechtsinstitute.[21]
Weiterhin standen auf dem Programm die Einbeziehung der Indio-Ländereien in die Verwertung durch die Plantagenwirtschaft sowie die strikte Orientierung der Arbeitsformen am Rentabilitätsprinzip: Die Auflösung des Sonderstatus der Eingeborenen begann nach dem Ende der Unabhängigkeitskriege und beseitigte 1885 die letzten Grenzen für den Großgrundbesitz. Erwähnenswert ist hier das Gesetz des Kongresses von Cúcuta vom 4. 10. 1821, das den indianischen Gemeinbesitz in – den indianischen Produktionsformen wesensfremde – einzeln zugeteilte Privatparzellen zerteilte und sie zugleich für Kauf und Verkauf freigab, was in kürzester Zeit das Ende dieser Reservate im Zentrum der venezolanischen Agrarproduktion, in den Tälern von Caracas und Aragua, zur Folge hatte.[22] Und schließlich brachte dieses Kalkül auch die zunehmende Abschaffung der Sklaverei zugunsten verschiedener Formen legal freier, aber de facto in ökonomischer Schuldknechtschaft lebender Arbeitskraft; die Sklavenhaltung hatte sich für Venezuelas Agrarier in zunehmendem Maße als unrentabel erwiesen.[23] So war auch das Einfuhrverbot für Sklaven durch die erste Junta von 1810 nicht nur ein Produkt idealistischer Ziele, sondern auch ohne jeden Widerstand praktikabel. Weiter unten wird noch kurz auf die allgemeine Liberalisierung und Festschreibung des Privateigentums am Boden sowie auf die Einbeziehung des Kirchenbesitzes einzugehen sein.

2. Externe Einflüsse: Hochkonjunktur und Krise

Diese verschiedenen Ausgangsbedingungen führten das bis dahin so wenig bedeutende venezolanische Gebiet in eine bis zum Ende des 18. Jahrhunderts anhaltende, beispiellose Hochkonjunktur, in der freilich die verbleibenden Restriktionen eines ungehinderten kapitalistischen Wachstums um so nachdrücklicher zu spüren waren.
Macht und ökonomischer Boom gaben der kolonialen Elite in Caracas und anderswo in Venezuela zugleich ein neues Selbstbe-

wußtsein, das immer deutlicher die Überwindung der Schranken des spanischen Monopols und des bedrückenden Fiskalismus forderte. »Hier hörten wir zum erstenmal in diesem Himmelsstrich die Namen Franklin und Washington mit Begeisterung aussprechen«, notierte Humboldt bei seiner Landung im Oriente. Die Bitterkeit der Debatte in der Hauptstadt und die »politischste« aller Atmosphären in den amerikanischen Metropolen legen hierfür ebenso Zeugnis ab wie die häufig wohlwollend protegierten ideologischen Agenten der französischen Direktoriumsregierung, die in den letzten Jahren des Jahrhunderts immer zahlreicher von Guadelupe aus aufs Festland kamen.[24]

In den Jahren nach dem Verschwinden der Guipuzcoana stieg die landwirtschaftliche Produktion enorm an. Während die Kakaoproduktion zusehends ihre frühere Dynamik verlor, führten externe Umstände zur rasch expandierenden Erzeugung von Indigo und Kaffee. Während das erste Phänomen, d. h. jenes der rasch wachsenden Produktion von Indigo-Farbstoff, der industriellen Nachfrage in England gehorchte, wo der Bedarf der Textilindustrie bis ca. 1840 so groß war, daß auch große Importe von Gebieten außerhalb des englischen Einflusses nötig und willkommen waren, gab den Anstoß für die Produktion von Kaffee in *Venezuela* nicht nur die rasch wachsende Nachfrage, sondern vor allem auch der Exodus der weißen Farmer aus der frankophonen Karibe, wo sie teils gewaltsam vertrieben wurden wie aus Haiti, teils aus Furcht vor ähnlichen Maßnahmen der revolutionären französischen Regierung auswanderten wie aus Guadelupe und Martinique. Diese Gruppe hatte, was den Anbau von Kaffee anging, das am weitesten fortgeschrittene technische Wissen im damaligen Amerika.[25]

Der unterschiedliche Verlauf der Indigo- und der Kaffee-Konjunktur ist wiederum nur verständlich, wenn man die unentschiedene und erratische Steuer- und Zollpolitik sowohl des spanischen Mutterlandes wie auch der Intendencia von Caracas mit berücksichtigt. Der Indigokultur wurden rasch alle Hindernisse (etwa in Form der *alcabalas*, interner Transport- und Verkaufssteuern) aus dem Wege geräumt; ihr Anteil am Wert der Ausfuhr aus dem bedeutendsten Hafen La Guaira stieg von 1775 bis 1973 von wenig mehr als Null auf fast 30%, während der Anteil des Werts der Kakaoausfuhren von 75% auf 62% zurückging. Kaffee hingegen taucht in den amtlichen Zahlen fast gar nicht auf. Es besteht aber kein Zweifel, daß sich sein Anbau bis 1790 über ganz Venezuela in den geeigneten Zonen verbreitet hatte; Kaffee scheint zunehmend den Kakao in seiner Bedeutung auch für den Kontrabandehandel abzulösen, mit dessen Gewinnen die jetzt dringend benötigten holländischen und britischen Manufakturgüter zur Modernisierung der Haciendas importiert wurden.[26] Der Grund war recht einfach: Kaffee durfte auf seine Märkte nur via Cádiz geliefert werden und war nach der entsprechenden fiskalischen Partizipation Spaniens preislich nicht mehr konkurrenzfähig; der spanische Binnenmarkt konsumierte aber kaum Kaffee.

Eine weitere Besonderheit der Einbindung Venezuelas in den Weltmarkt wird hier manifest: Auch nach dem Wegfall des baskischen Monopolhandels blieb der venezolanische Produzent dem spanischen Handelskapital oder spanischen Wucherern ausgeliefert, deren Handelsspannen etwa im Transport zwischen La Guaira und Cádiz 100% weit überschritten. Erst spät, und immer wieder revozierbar, erlaubte die Intendencia englischen und französischen sowie nordamerikanischen Schiffen den Export limitierter Kontingente, so daß für die einheimischen hacendados die Kontrabande existenznotwendig und »eine Form des Kampfes um die Freiheit des Handels« (Brito Figueroa) war. Der Beitrag dieses Warenaustausches zur Akkumulation des produktiven Kapitals in der Kolonialepoche ist nur in Umrissen abschätzbar; jedenfalls erreichen die Dunkelziffern mindestens noch einmal die Höhe der uns bekannten Zahlen.

Die strikte ethnische Trennung zwischen den criollos (also Kreolen), den *cosecheros*, auf der einen Seite und den peninsulares (also Spaniern), den *canasteros*, auf der anderen, die allein die zum Export nötigen Finanzmittel hatten, sollte der Angelpunkt der Unabhängigkeit werden. Die immer monströsere Belastung des lokalen Grundbesitzes mit den wucherischen Hypothekenzinsen, zu der gerade die in den Jahrzehnten der großen Expansion nötige Geldaufnahme bei den baskischen und katalanischen Bankiers und deren Agenten in Venezuela geführt hatte, trat neben all die anderen Motive, die die Verbindung mit Spanien mehr und mehr unattraktiv machten.[27]

Das plötzliche Verschwinden dieser äußerst begrenzten Gruppe von Handels- und Finanzagenten (für 1797 weist der »Club« der Mächtigen in Venezuela, das *Real Consulado de Caracas*, neben 658 Familien der Pflanzeroligarchie, den *mantuanos*, 79 Großhändler auf) und die damit verbundene Kapitalflucht, die das Land schließlich sogar ohne Münzgeld ließ, sind entscheidend für die Stagnation gewesen, die statt des erhofften freien kapitalistischen Wachstums das Land nach dem Unabhängigkeitskrieg erfaßte. Schließlich drängte sich der derart rigoros in seinen Profitmöglichkeiten für die Oligarchie beschnittene Kaffeeanbau seit dem Ende des 18. Jahrhunderts noch aus einem einfachen Grunde auf, der in der Schwäche des spanischen Imperiums begründet liegt: Nachdem sich Spanien zusehends in eine glücklose Allianzpolitik zwischen England und Frankreich verstrickt hatte, war ein zuverlässiger Transport der Exporte aus dem karibischen Raum ins Mutterland immer weniger sicherzustellen. Kakao kann bis zu seiner Weiterverwendung höchstens ein Jahr gelagert werden, was bei der Unsicherheit und Unberechenbarkeit der Handelsverbindung der jahrelang haltbaren Kaffeebohne noch zusätzlich einen entscheidenden Vorteil verschaffte.[28]

Die kriegerischen Verwicklungen Spaniens, endgültig in den napoleonischen Kriegen, gefährdeten das weitere Wachstum der Exportwirtschaft Venezuelas und damit den Gewinn der hacendados. Als 1810 die spanische Macht vor aller Augen auf die Rest-Enklave von Cádiz reduziert war, beschloß die Patriotische Junta in Caracas unter dem Vorwand, die Rechte des vertriebenen Königs Ferdinand VII. wahren zu müssen, die Unzuständigkeit aller spanischen Institutionen und Gesetze für das Generalkapitanat. Die Schwäche des Mutterlandes war jetzt zu nutzen, um die seit mehr als einem Jahrzehnt von extern verursachten Krisen beeinträchtigte Hochkonjunktur ungestört fortsetzen und ausbauen zu können. Um zusammenzufassen: Man kann sich den Boom im Exportsektor der venezolanischen Wirtschaft vor 1810 kaum umfassend genug vorstellen; die Kontrabande blühte, der Kaffee erhielt durch die Kontinentalsperre in Europa einen weiteren entscheidenden Preisauftrieb, der Export von Häuten erreichte erstmals bedeutsame Dimensionen. Allein Caracas wuchs zwischen 1784 und 1810 von 19 000 auf 42 000 Einwohner; die 25 größten Städte des Landes, zugleich seine Handelszentren, verdoppelten nahezu ihre Bevölkerung.[29]

3. Das Programm der venezolanischen Oligarchie: Subsumierung der wirtschaftlich bedeutenden Sektoren unter eine kapitalistische Produktionsweise

Die Absichten der Oligarchie nach außen waren einfach genug; sie hatte der Bedeutungslosigkeit und dem Ruin Spaniens sowie der Vorherrschaft Englands auf den Weltmärkten Rechnung zu tragen. Pathetisch heißt es in einem Freihandelsdekret vom September 1810: »Vergeblich öffnen wir unsere Häfen allen anderen Nationen, wo doch eine allein den Dreizack Neptuns besitzt; vergeblich bebauen wir das reiche Gebiet, das wir besitzen, wo doch eine Nation allein unsere Produkte auf Europas Märkte gelangen lassen oder aber dies verhindern kann ...«[30]

Im Inneren waren die Zielsetzungen komplexer und widersprüchlicher, wenngleich nicht weniger weitreichend. Allerdings taucht hier mit gewissem Recht die Frage auf, ob man angesichts des fragmentarischen Charakters solcher Maßnahmen überhaupt sinnvoll von einem »Programm« der einheimischen Oligarchie sprechen kann. Die Anarchie und die Verwerfungen, die die Unabhängigkeitskämpfe gerade auf venezolanischem Boden hinterlassen haben, die Kompromisse, zu denen sich die Führer des republikanischen Venezuela gezwungen sahen, könnten tatsächlich den Blick dafür verstellen, daß hinter aller Unentschiedenheit und hinter den verschiedensten Fraktionierungen durchaus ein klarer Blick und ein erstaunlich umfassendes Bewußtsein von den notwendigen Schritten und von der Richtung, die einzuschlagen war, standen. Die bestehenden Verfügungsbeschränkungen für den privaten Grundbesitz, die Reste von Gemeinrechten zur Nutzung entfielen völlig; die Verfassung von 1811 bestimmte dies in Kap. 8, Art. 2, die von 1819 behielt die Bestimmungen inhaltsgleich bei.[31] Hinzu kamen die Maßnahmen zur Beseitigung des Rechtsschutzes der indianischen Gemeinbesitze aus der Zeit Karls V.

Die Annullierung und Beschlagnahme der Kirchengüter wurde später in Angriff genommen, wies aber in dieselbe Richtung eines allgemeinen Zugriffs der großen Unternehmer-Latifundisten auf die Landreserven. In der ersten Republik »resalta el ánimo cristiano de los hombres de 1811«, wie ein interessierter Autor lobend hervorhebt.[32] Kapitel 1, Art. 18 der ersten venezolanischen Verfassung protegierte die katholische Kirche als einzige öffentliche wie private religiöse Institution, bestätigte deren Rechtspersönlichkeit, unterwarf sie damit freilich in analoger Auslegung des spanischen Königrechts den Forderungen des venezolanischen Staates. Nach den Erfolgen der Royalisten in den Jahren 1813/14 wurde die spanienfreundliche Kirchenpolitik auf Betreiben der spanischen Diplomatie in Rom sogar in einer Enzyklika (Etsi Longissimo vom 30. 1. 1816) festgeschrieben, kaum ein Reflex der Meinung der Mehrheit des lateinamerikanischen Klerus, der nun aber die Repressalien der Republikaner zu tragen hatte.[33]

Konsequent zog nach den Niederlagen der Monarchie der Kongreß von Cúcuta mit Gesetz vom 22. August 1821 das Kirchengut und die Einnahmen aus ihm im Raum der neuen großkolumbianischen Republik ein. Die noch weitergehende *Ley del Patronato Eclesiástico* von 1824 wurde für Venezuela 1830 und 1833 erneut bestätigt. Die Kirche als Konkurrent bei der profitablen Ausbeutung der landwirtschaftlichen Arbeitskraft war ausgeschaltet – um den Umfang der Enteignung von Kirchengut anzudeuten, folgende Angabe: der Wert allein der Besitzungen der Kirchenprovinz von Caracas wurde zu Beginn des Unabhängigkeitskrieges auf 32 Millionen Pesos geschätzt.[34]

Dieser Besitz und die reichlich aus ihm fließenden Einnahmen der Kirche waren ein Ergebnis der kolonialen Vergangenheit Venezuelas, in der die Kirche, nicht zuletzt die die Indianermission betreibenden Ordensgründungen, unter ihre allerwichtigsten Aufgaben die Erwirtschaftung großer vermarktbarer landwirtschaftlicher Überschüsse gestellt hatten. Die Grundbesitzer machten nun kurzen Prozeß mit den ökonomischen Aspirationen der Kirche. Von José Antonio Páez, Präsident Venezuelas seit 1830, als Kampfgefährte Bolívars im Unabhängigkeitskrieg seit 1815 General der Reiterarmee in den Llanos des Orinoko, ist folgende Antwort auf eine Petition des Erzbischofs Méndez von Caracas überliefert: »Ihr, Schwager, seid nicht weniger Bürger, nur weil Ihr Erzbischof seid!«[35]

Diese eher stichwortartigen Hinweise zur weiteren Ausdehnung des privaten Grundbesitzes und seiner Befreiung von legalen Restriktionen mögen hier genügen. Im folgenden soll kurz auf einige Aspekte des unmittelbareren »Zugriffes« auf die Arbeitskraft eingegangen werden: Die Verwandlung von Sklaven in durch dauernde Schuldknechtschaft gebundene Kleinbauern, deren Aufzucht und Verpflegung nicht mehr die Sorge der

Herren zu sein brauchte, begann schon während des Höhepunktes der Kakaokultur 1770–80 in zunehmendem Maße: Das Handeln der hacendados war bei dieser Metamorphose der Sklaverei diktiert vom Streben nach der rentabelsten Ausnutzung der Arbeitskraft und, wie noch zu erläutern sein wird, später auch von der Notwendigkeit von Zugeständnissen an die Sklaven, die mit deren aktiver Mitwirkung in den militärischen Aktionen immer stärker wurde.

Die republikanische Oligarchie wurde sich andererseits schnell darüber klar, welche ungewollte Dynamik einer »übereilten« Sklavenbefreiung im Krieg gegen Spanien innewohnte: Aufgrund ihrer Befürchtungen waren die Maßnahmen bis 1814, mit denen Sklaven für den Militärdienst gewonnen werden sollten, eher dürftig. Hierin waren sich die regulären Heere beider Seiten ähnlich.[36] Erst die irreguläre Guerrilla – auf beiden Seiten – und insbesondere die Aktion des monarchistischen Caudillo José Tomás Boves mobilisierten ohne Reserven die soziale Basis der Negersklaven und der unfreien *peones.* Bei allen bleibenden Unklarheiten über die Ziele von Boves, die wegen seines frühen Todes Ende 1814 auch keine endgültige und systematische Antwort finden können, bleibt doch unbestreitbar, daß sich schon die Zeitgenossen über die sozialen und ökonomischen Implikationen seiner Forderungen, die in eine Infragestellung des Grundbesitzes einmündeten, Rechenschaft ablegten.[37] Sicherlich können die meisten Aspekte seiner Eigentumsverteilung mit der Notwendigkeit erklärt werden, die kämpfende Truppe zu versorgen und zu entlohnen. Eine Agrarreform hat er sicher nicht geplant.[38] Aber die von den republikanischen Großgrundbesitzern so gefürchteten »papeletas de propiedad« auf den Besitz des toten oder vertriebenen Feindes hat er an seine einfachen Soldaten ausgegeben; an zwei Punkten seines Zuges auf Caracas ist dies zweifelsfrei bezeugt.[39] Daß seine eigene Propaganda aus diesen Aktionen die Gestalt des »Boves redistribuidor de la propiedad« kreieren konnte, ist schon ein Zeichen für die soziale Unruhe im Venezuela des Jahres 1814.

Viele der Boves zugeschriebenen sozialrevolutionären Züge wird man sicherlich nach sorgfältiger Prüfung ins Reich der Legende verweisen müssen, an der vor allem der spanische Heereskaplan José Ambrosio Llamozas mitwirkte. Sein Zeugnis, der ausführlichste zeitgenössische Bericht, den wir besitzen, beeinflußte die Auffassung der Nachwelt von Boves' Zug nachhaltig. Er fand auch bei den Zeitgenossen außergewöhnliche Beachtung und Verbreitung, nachdem er von Llamozas wenige Monate nach Boves' Tod dem spanischen Hof im Jahre 1815 vorgelegt worden war.[40]

In einer nach wie vor strikt rassistischen Kastengesellschaft konnte aber das Motto Boves': »exterminar a los blancos« zusammen mit der Verteilung des gegnerischen Besitzes, die er begann, seine Wirkung nicht verfehlen. Die Propaganda der Royalisten arbeitete so gut, daß die halbherzige Sklavenpolitik der Republikaner diese in den Augen der »pardos libres« und der Sklaven immer mehr ausmanövrierte. Ein eindrucksvolles Zeugnis hierfür ist ein Brief des Generals Rafael Urdaneta von Ende 1814: »Die Städte widersetzen sich ihrem Wohl; der republikanische Soldat wird mit Furcht und Schrecken betrachtet; es gibt niemanden, der nicht unser Feind wäre. Auf dem Lande vereinigen sich die Leute freiwillig, um gegen uns Krieg zu führen; unsere Truppen marschieren durch die fruchtbarsten Gebiete und finden nichts zu essen . . .«[41]

Obwohl angesichts der kriegsbedingten sozialen Unruhe, vor allem der Sklaven, offensichtlich war, daß jede Konzession eine Gefährdung des Status der Sklavenhalter bedeuten würde, erzwang die Fortführung des Krieges über mehr als zehn Jahre von der kreolischen Oberschicht dennoch die zunehmende Beteiligung der Unterschichten, die zuletzt fast ausschließlich die soziale Basis der venezolanischen Befreiungsheere bildeten.[42]

Sicherlich war die von Bolívar von 1816 bis 1819 vertretene Forderung nach der sofortigen Befreiung der Sklaven sowohl Resultat der Einsicht in einen notwendigen politischen Schritt zur Konstitution eines republikanischen Venezuela als auch mindestens ebensosehr Konsequenz der Allianz, die er mit Haitis Präsident Alexandre Pétion 1816 und 1817 eingegangen war. Dennoch bedurfte es zweier wenig ruhmreicher Expeditionen zum Festland in den Jahren 1816 und 1817 und umfangreicher Propagierung des neuen Grundsatzes, daß Sklaven nach Heeresdienst frei würden, bis die Republikaner mit ihrer neuen Politik auch in den Augen der Betroffenen identifiziert waren.[43]

Aber schon auf dem Kongreß von Angostura im Februar 1820 konnte Bolívar seine radikale Position gegenüber der großen Mehrheit der Delegierten, die die Grundbesitzer repräsentierten, nicht mehr behaupten und wich vor dem Mehrheitsbeschluß

zurück. Die wesentlichen Bestimmungen dieses Dekrets von 1820 verabschiedete der großkolumbianische Kongreß, der 1821 in Cúcuta zusammentrat, in einem Gesetz, das für Venezuela bis zur Abschaffung der Sklaverei 1854 Gültigkeit behielt.[44] Seine wichtigste Bestimmung war die, daß alle Kinder von Sklavinnen ab Erlaß des Gesetzes nach dem 18. Lebensjahr frei sein sollten. Um diesen Übergang angesichts der »Ignoranz« der Sklaven so zu vollziehen, daß »aus ihnen zuerst Menschen und dann Bürger« würden, schloß sich eine vier- bis siebenjährige Lehrknechtschaft *(aprendizaje)* beim vorherigen Herrn an, die diesen laut der Begründung im Gesetz für die Kosten der Aufbringung und Ausbildung entschädigen sollte. Dieser Übergangsmechanismus funktionierte nur selten in der vorgesehenen Weise, ebensowenig wie die Einrichtung regionaler Manumissionsfonds, die die Erträge aus einer vorgesehenen Erbschaftssteuer zum Freikauf weiterer Sklaven verwenden sollten.[45] Dennoch hatte sich – hauptsächlich aufgrund des immer geringeren *ökonomischen* Interesses, das die Sklavenhalter an einer Fortdauer der Institution hatten[46] – bis zur legalen Beseitigung der Sklaverei die Zahl der Sklaven auf gerade 12 000 reduziert. Sicherlich aber kann diese Entwicklung gegenüber den radikalen Proklamationen im Unabhängigkeitskrieg nur als Stabilisierung des Status quo ante interpretiert werden, die die Sklavenemanzipation jetzt den Erfordernissen der Grundbesitzer anpaßte und ihr viel von der sozialen Brisanz nahm, die sie während der Kriegsjahre gehabt hatte, da andererseits nun ein Freilassungsversprechen gesetzlich verankert war. Immerhin war die Mobilisierung der Sklaven im Unabhängigkeitskrieg der erste Schritt weg von der stillschweigenden Akzeptierung der alten Kastengesellschaft hin zu einem sehr stark ausgeprägten und auch heute noch in der venezolanischen politischen Kultur zentralen Bewußtsein von der Gleichheit aller Venezolaner.[47]
Dieser Gewinn könnte nun freilich nach all den rasch vergessenen Versprechungen der Kriegsjahre gering und kaum als »soziale Vertiefung der Revolution«[48] erscheinen, hielte man nicht dagegen das »Revolutionsdesign« der kolonialen Oligarchie 1810/1811, in der Epoche der gar nicht so naiven Ersten Republik, deren volkstümlicher Name »República Boba« wohl die Unfähigkeit ihrer Gründer zur Organisation eines Staatswesens trifft, nicht dagegen die Klarsichtigkeit und langfristige Perspektive ihrer Vorhaben. Hier soll exemplarisch für die Pläne

der Republikaner auf ein mit Ausnahme von Carrera Damas' Boves-Studie bislang nicht zur Kenntnis genommenes Gesetzgebungswerk eingegangen werden: die für die zentrale Provinz Caracas erlassenen *Ordenanzas de Llanos* aus dem Jahre 1812.[49]

Tratado I des corpus legte in allen Einzelheiten eine komplette polizeiliche Überwachung der gesamten Orinokoebene fest, übertrug einzurichtenden Polizeistreifen die richterliche Gewalt, all dies vorgeblich »zur Ausrottung des überhandnehmenden Räuberunwesens«, was tatsächlich nur die dort ohne obrigkeitliche Erfassung hausenden *poblaciones volantes* aus entflohenen Sklaven *(cimarrones)*, Eingeborenen und entlaufenen peones meinen konnte. Galt gewohnheitsrechtlich der Gemeinnutz und Nießbrauch nicht gebrandmarkten freien Viehs in den Llanos, sollte dies nun unterbunden und sollten alle Bestände binnen zwei Monaten markiert werden, was den »frei umherschweifenden Elementen« zweifellos die Existenzgrundlage genommen hätte. Tratado II regelte nicht nur die Registrierung des Viehs, sondern auch der Menschen: alle *gente libre* sowie die *transeuntes* konnten sich in den Llanos nur noch mit einem Paß mit Arbeitsbescheinigung eines hacendado bewegen; ohne ein solches Zeugnis war auch eine Wiederanstellung nicht zulässig. Wer nach der Erfassung noch als »vago« angetroffen wurde, sollte zwangsweise einem hacendado zur Arbeit zugeteilt werden; im Wiederholungsfall drohte ein Jahr Haft. Das Betreten fremder Grundstücke ohne Erlaubnis war unstatthaft; ohne Kaufbrief mit Vieh auf den Wegen der Llanos angetroffen zu werden, hatte sechs Jahre Haft zur Folge. Brandmarken oder Diebstahl fremder Tiere wurde mit dem Tod bestraft. Angesichts der Verhältnisse im Orinoko- und Apure-Tiefland, wo Humboldt zufolge die großen Grundbesitzer oft nicht annähernd den Umfang ihres Viehbestandes kannten und wo wilde Herden traditionell der Subsistenz der freien Bevölkerung dienten, war dieser Katalog ein Freibrief für polizeiliche Willkür, weit über den beschworenen Zweck der Bekämpfung von Diebesbanden – die nun eben dazu gemacht wurden – hinaus. Die Einführung des Privateigentums in den kommunal genutzten Llanos ist mit Sicherheit für die antirepublikanische Grundströmung der Llaneros mitverantwortlich gewesen, die einen Boves zum Erfolg trug.[50]

Der unrühmliche Zusammenbruch der ersten venezolanischen

Republik verhinderte, daß dieses Projekt der polizeilichen Arbeitsorganisation je auch nur teilweise realisiert wurde. Die Zugeständnisse der venezolanischen Oligarchie an die Sklaven und halbfreien *campesinos enfeudados*[51], die die Fortführung des Krieges erzwang, sowie der Ruin der Viehwirtschaft führten dazu, daß auch nach dem Triumph der Republik erneute Versuche in dieser Richtung ohne Erfolg blieben. Die Zumutung des Gesetzgebungswerkes von 1812 hatte sich den Llaneros offenbar tiefer ins Gedächtnis eingegraben, als die Herrschenden glauben wollten. Denn ein erheblich weniger weitreichender Vorstoß von Páez im Jahre 1828 mußte wegen der bedrohlichen Empörung der Bevölkerung abgebrochen werden.[52] Dies sollte freilich nicht dazu verführen, die intendierte Tragweite außeracht zu lassen. Wir haben es hier in der Konzeption ohne Zweifel mit dem Projekt einer Bourgeoisie im Werden zu tun, wobei die genannten Maßnahmen den englischen enclosures und poor laws in ihrer Funktion im Ansatz durchaus vergleichbar wären.

4. Das Projekt einer venezolanischen Bourgeoisie scheitert an seiner eigenen Durchführung

Venezuela als kapitalistisch produzierendes Arbeitshaus, diese Konzeption des Fortschritts, ergänzt durch die Ablösung der unrentablen Sklavenarbeit durch die nur formal freien *campesinos enfeudados*, die nun der geschuldete Pachtzins an den hacendado band; die als Anbieter und Nachfrager allein auf den Markt tretenden wenigen Tausend Besitzenden, frei von allen unnützen Bindungen ihres Eigentums, frei auch, auf den Weltmärkten maximalen Profit für ihre Produkte zu erwirtschaften, diese Vision von Tovar, Bolívar, Toro und anderen weitsichtigen Vertretern der venezolanischen Oligarchie präsentiert sich uns als Bilanz aller Dokumente.
Hier ist noch kurz auf das erstaunliche Mißverhältnis zwischen den zu Beginn des Unabhängigkeitskampfes faßbaren Projekten der republikanischen Oligarchie und ihrer kümmerlichen historischen Realisierung einzugehen. Angesichts des unvereinbaren Nebeneinanders von fast völligem Fehlen eines staatlichen Polizeiapparats sowie der nur teilweise kapitalistischer Rationalität folgenden Wirtschaftsweise der hacendados auf der einen Seite und Prinzipien eines Wirtschaftsliberalismus mit weitrei-

chenden Plänen auf der anderen Seite läge der Schluß nahe, daß die bisher vorgetragene Interpretation eine Überbewertung dieser kapitalistischen Ansätze darstelle. Da Geschichte in der Regel die der Sieger ist, läßt sich für die Relevanz bloßer Pläne und spärlicher Ansätze lediglich ein Indizienbeweis führen. Die skizzierte Reaktion der Betroffenen spräche eher zugunsten unserer These. Eine Einebnung dieses Paradoxons hin auf den Zustand etwa ab 1830 verbietet sich auch, wenn man sich den eingangs behandelten Entwicklungsstand der venezolanischen Wirtschaft vor 1810 und die Tendenzen, die sich damals andeuteten, vor Augen führt. Nicht die Nichtexistenz einer Bourgeoisie ist das adäquate Erklärungsmuster für die »steckengebliebene« soziale Transformation der Republik[53], vielmehr ist ein sehr differenzierter und widersprüchlicher Prozeß einer projektierten und im Resultat zu einem »hybriden Feudalismus« (Maza Zavala) degenerierten kapitalistischen Revolution der Hintergrund, auf dem die verwirrende Vielfalt der Ereignisse 1810 bis 1830 ihren Sinn bekommt: Wieweit etwa die Ambitionen der Revolutionäre gingen, läßt sich aus einem Artikel von William Burke entnehmen, der am 30. November 1810 in der *Gaceta de Caracas* in spanischer Sprache erschien: Seit der Unabhängigkeitserklärung von 1776 habe sich in den ehemaligen nordamerikanischen Kolonien die landwirtschaftliche Produktion bereits versiebenfacht; in Südamerika sei nach dem Bruch mit dem spanischen Handelsmonopol eine ähnliche Entwicklung zu erwarten.[54] Aber neben einem vielleicht allzu oberflächlichen Vergleich von nicht Vergleichbarem, neben dem Paradox einer Revolution sklavenhaltender Großgrundbesitzer mit von der Französischen Revolution übernommenen Zielen der Bourgeoisie hat vor allem ein nicht vorhersehbares Faktum die Pläne der Oligarchie aus dem Lot gebracht: Niemand erwartete 1810 einen blutigen Unabhängigkeitskampf von über zehnjähriger Dauer, aus dem Venezuela ruiniert und ausgeblutet wie kein zweites Land des spanischen Kolonialreiches hervorgehen würde, und in dem das Land zwischen 1811 und 1817 fünfmal den Besitzer wechseln würde.

Entscheidenden Schaden fügte dem auf stetiges Wirtschaftswachstum angewiesenen Plan der Oligarchie das Beschlagnahmeunwesen während des Krieges zu, das beide Seiten gleich virtuos und mit den gleichen katastrophalen Folgen für die Wirtschaft des Landes zwecks Verfolgung des politischen

Gegners handhabten: Die *Juntas de Proscripciones* auf der republikanischen und die *Tribunales de Secuestros* auf der spanischen Seite hatten zeitweise bis zu 60% des gesamten Landbesitzes ihrem ursprünglichen Besitzer entrissen.[55] Die Knappheit der öffentlichen Finanzen führte zu verstärkten Anstrengungen, die beschlagnahmten Güter zu verkaufen, was in der Regel ohne Erfolg blieb, so daß Verpachtung oder Versteigerung zu minimalen Sätzen die einzigen Auswege waren.[56] Von den zwischen 1815 und 1819 von seiten der Monarchisten beschlagnahmten 312 Haciendas in der Provinz Caracas (= 70% des dortigen Grundbesitzes) fanden nur 34 einen Käufer, 106 einen Pächter, und 16 wurden versteigert. Der Rest verkam, zumal die komplizierte Ökologie der Kakaosträucher dauernde Pflege verlangte und die tropische Vegetation rasch wieder vorrückte.[57] Auch das Schicksal der verpachteten Besitzungen war kaum besser, da die Pächter in der Regel wegen der politischen Unsicherheit keinen Anreiz für zukunftsträchtige Investitionen und Verbesserungen hatten, sondern nur darauf aus waren, kurzfristig den maximalen Profit sicherzustellen.
Schon um die Kriegskasse immer wieder aufzufüllen, griffen beide Seiten laufend auf das ökonomisch ruinöse Beschlagnahmeverfahren zurück. Dazu kam, zuerst auf spanischer Seite, eine ganz bewußt durchgeführte Politik der verbrannten Erde, um die Nahrungsmittelversorgung des Gegners zu erschweren.[58] Die Antwort der Republik war die von Bolívar im Quartier in Trujillo am 15. Juni 1813 verkündete »Guerra a muerte« gegen die Spanier.[59] Die auf Sklavenarbeit angewiesenen Kakaopflanzungen verkamen zusehends, auch weniger empfindliche Kulturen erlitten große Rückschläge. Was den direkten Kriegseinwirkungen entging, das ruinierte das Fehlen von Arbeitskräften und die politisch motivierte Enteignung. Damit nicht genug, setzten sich bald nach Beginn der Feindseligkeiten die Finanz- und Handelskapitalisten, in ihrer überwiegenden Mehrheit spanienfreundlich, auf die sichere monarchistische Bastion Kuba oder ins Mutterland ab. Kuba allein hatte in den Jahren von 1812 bis 1814 20 000 royalistische Emigranten aufzunehmen.[60] Horten und Verstecken bewirkten zusammen mit der kaum kontrollierbaren Kapitalflucht ins Ausland[61] ein Verschwinden der wertvollen spanischen Münzen, was gegen Ende des Krieges sogar zur Ausgabe von Papiergeld zwang. Lange nach dem Ende der unmittelbaren Feindseligkeiten versuchte die republikanische

Regierung, die emigrierten hacendados mit großzügigen Konzessionen ins Land zurückzuholen, ohne aber den gewünschten Erfolg zu erzielen.[62]

Das Fazit: Eine sich konstituierende Bourgeoisie, die in der ersten Phase lediglich im Interesse der Stabilisierung und Ausweitung ihrer neuen Profite im internationalen Handel eine allmähliche Subsumierung von Boden und Arbeit unter ein kapitalistisches Kalkül durchzusetzen suchte, verwickelte sich gegen ihren Willen in eine militärische Eskalation in der Auseinandersetzung mit dem Mutterland. Sie mußte die Revolution auch für die beherrschten Klassen mit sozialem Gehalt füllen, um sich gegen die reaktionäre Guerrilla behaupten zu können. Sie gewann die militärische Auseinandersetzung und befreite in einer ungeheuren Kraftanstrengung, gestützt auf Heere venezolanischer Sklaven, die Hälfte der südamerikanischen Kolonien von der spanischen Herrschaft.

Für ihre militärischen Triumphe in der lateinamerikanischen Unabhängigkeitsbewegung mußte die venezolanische Republik aber nicht wiedergutzumachende Bevölkerungsverluste, die zugleich Verluste an Arbeitskräften waren, und den physischen Ruin der Grundlage ihres Reichtums, der Kakao- und Kaffeepflanzungen sowie der Viehherden in Kauf nehmen. Den Erwartungen des Jahres 1810 war die Grundlage ein- für allemal entzogen. Nur wenige Zahlen sollen das Ausmaß dieses Desasters illustrieren: Die Bevölkerung, bereits 1799 von Humboldt nahe an einer Million geschätzt, erreichte erst 1825 wieder 650 000; der Viehbestand sank zwischen 1812 und 1823 von 4,5 Millionen auf 256 000; die Kakaoexporte sanken auf ein Fünftel ihrer Vorkriegswerte, die des Kaffees auf weniger als ein Drittel; dazu kam ein rapider Preisverfall für alle diese Güter auf dem Weltmarkt, der bis 1830 anhielt, z. B. für eine *fanegada* Kakao 1810/1825: 45/12 Pesos, 1 *quintal* Kaffee 12/6, 1 *quintal* Baumwolle 15/5.[63] Die Gesamtexporte, die sich 1810 auf einen Wert von 4,7 Millionen Pesos beliefen, erreichten 1830 mit Mühe wieder 2,5 Millionen.[64]

5. Perspektiven: Der veränderte Kontext der Macht der Grundbesitzer

Alles, was nach der Ablösung der spanischen Macht geschah, die geschilderte Freisetzung und kapitalistische Integration des privaten Grundbesitzes, die bald einsetzende, nun von einer soziologisch durch die Ergebnisse des Krieges nur leicht veränderten Klasse von alten und neuen Großgrundbesitzern getragene Welle erneuter Konzentration und vor allem die ab 1830 einsetzende private Aneignung des bis dahin staatlichen Brachlandes *(tierras baldías)*[65], alles das waren folgerichtige Schritte. Der Kontext war jedoch nicht mehr der einer Verallgemeinerung der kapitalistischen Arbeitsverhältnisse und des Eintritts in den Weltmarkt in der Phase einer Hochkonjunktur. Neue Randbedingungen bestimmten Stellenwert und Reichweite des latifundistischen Konzentrationsprozesses in der Republik nach 1830: Feudale Regressionen wurden sichtbar an der Ausweitung der Pachtverhältnisse, einem Rückgang der Pflanzenkulturen in allen Bereichen, dem Vordringen extensiver Bewirtschaftungsweisen, Auswahl der kultivierten Produkte nach Kriterien, die vielfach völlig irrational die Vermarktungschancen und Gewinnmöglichkeiten außer acht ließen, dem Beibehalten antiquierter Techniken in vielen Bereichen und der Benutzung des Bodens zusehends nur noch zu spekulativen Zwecken.[66]

Der Eintritt in den Weltmarkt mit einer Vielfalt expandierender Produkte, der 1810 möglich schien, hatte nun ein anderes Gesicht: Venezuela war im Anbau von Baumwolle und Indigo durch den Ruin aus der Konkurrenz mit den nordamerikanischen Produzenten gedrängt; die diffizile Kakaokultur war angesichts des horrenden Kapitalmangels nicht mehr möglich, die Viehwirtschaft auf Dauer abgeschlagen[67]; die kostengünstigste und robusteste Kultur des Kaffees wurde so zu einer neuen nachfrageabhängigen Monokultur bestimmt; die Handels- und Vermarktungsgewinne gerieten nach dem Exodus der Basken und Katalanen erneut in fremde Hände, diesmal die deutscher und amerikanischer Handelshäuser; die nach Kapital zum notdürftigen Wiederaufbau verlangende Landwirtschaft war auf dem sicheren Weg in eine permanente Verschuldung.

6. Schlußbemerkung: Venezolanische Abhängigkeit und »dependencia«-Theorien

Was hätte nun diese These vom gescheiterten Projekt einer venezolanischen Bourgeoisie, wenn man sie akzeptiert, an Folgerungen für die Problematik der Dependencia-Theorien erbracht? Die Schwierigkeiten sind hier unübersehbar, da »dependencia« vielen vielerlei ist. In dieser Vielfalt grundsätzliches Gemeinsames festzuhalten, ist ein mühsames Unterfangen.[68] Ohne hier in die scholastischen Feinheiten des theoretischen Disputs einzudringen, bleibt vielleicht so viel festzuhalten: Gegenüber Modernisierungstheorien fragen »dependencia«-Ansätze nach *außen*verursachten Entwicklungshemmnissen; gegenüber der »klassischen« Imperialismustheorie lenken sie die Aufmerksamkeit auf die *internen* Strukturen, insbesondere die Klassenstruktur der betroffenen Länder. Es liegt also auch in diesem Zusammenhang nahe, einem Zeitraum, der gemeinhin in der Dependencia-Literatur nur unter dem Stichwort: »Ablösung der spanischen Dominanz durch die englische« rubriziert wird, etwas von der Plattheit solcher Aussagen zu nehmen und die Widersprüchlichkeit, die dialektische Qualität der Ereignisse im Zusammenhang mit der Unabhängigkeit Venezuelas exakter zu verdeutlichen. Deutlich gemacht werden muß auch, daß hier nicht eine prädeterminierte Naturgesetzlichkeit des kapitalistischen Weltmarktes herrscht, sondern daß bei näherer Betrachtung angefangene, gescheiterte Versuche sichtbar werden, die die Feinstrukturen wechselnder Abhängigkeiten besser erklären können als die statische und deshalb auch verfälschende Kategorie vom »Fehlen einer Bourgeoisie«. Sieht man einmal von allzu inhaltsleeren, modischen Arabesken im Feld der »dependencia« ab, so bleibt doch, daß für eine Theorie und Geschichte lateinamerikanischer Gesellschaften »Abhängigkeit« noch lange auf der Tagesordnung stehen wird. Daß einer »faktizistischen« Aufarbeitung eines kleinen Ausschnitts ihrer Probleme der Vorwurf der Theoriebedürftigkeit gemacht werden wird, ist unvermeidlich und in Kauf zu nehmen; die Theorie der »dependencia« ihrerseits, will sie nicht zur literarischen Rezension ihrer selbst degenerieren, bedarf demgegenüber vor allem praktischer Historie. Die hier vorgetragenen Stichworte verstehen sich als Bruchstücke zu einem solchen Versuch.

1 Zuvor hatte es eine geteilte Zuständigkeit zwischen den Vizekönigreichen Sta. Fé und Sto. Domingo über die Provinzen Caracas, Cumaná, Guayana, Margarita, Trinidad und Maracaibo gegeben. S. hierzu Federico Brito Figueroa, Historia Económica y Social de Venezuela, Bd. 1, Caracas 1973, 158.

2 Brito Figueroa, 84–87.

3 Hierzu Eduardo Arcila Farías, El Régimen de la Propiedad Territorial en Hispanoamérica, in: Comisión de Historia de la Propiedad Territorial Agraria en Venezuela Hg., La Obra Pia de Chuao 1568–1825, Caracas 1968, 44 ff.; in gewissem Gegensatz dazu Brito Figueroa, 87–90, der sonst aber dieselbe These vertritt.

4 Durch Real Cédula vom 25. 9. 1728 gegründet; vom Anteilskapital von 1,5 Millionen Pesos in Stückelung zu 500 Pesos besaßen: Philipp V. 100 000 Pesos, die Provinz Guipúzcoa 50 000, einen weitaus erheblicheren Teil jedoch die Oligarchie von Caracas, namentlich die Häuser Toro, Bolívar, Tovar, Ibarra; der vierte Haupteinleger war die Kirche (eine interessante Doppelrolle, die hier nicht im einzelnen erörtert werden kann).

5 Ausführliche Statistiken hierzu bei Brito Figueroa, 102 f.; zur Politik der Monopolpreise Miguel Izard, La Agricultura Venezolana en una Epoca de Transición, 1777–1830, Boletin Histórico 28, Caracas 1972, 81–85.

6 Baumwollimporte nach Liverpool 1772: 160 000 lb; 1809: 3 117 000 lb.

7 Alexander von Humboldt, Vom Orinoko zum Amazonas. Reise in die Äquinoktialgegenden des neuen Kontinents, Wiesbaden 1969[5], 177–80, 96.

8 Hugh Thomas, Cuba or The Pursuit of Freedom, London 1971, 85.

9 Hierzu Details bei Ramón Veloz, Economia y Finanzas de Venezuela desde 1830 hasta 1944, Caracas 1945, 13.

10 Vgl. Izard, 89–92, 97–99.

11 Ebd., 98.

12 Domingo Felipe Maza Zavala, La Estructura Económica de una Plantación Colonial en Venezuela, in: La Obra Pia de Chuao, Caracas 1968, 69.

13 Hierzu Brito Figueroa, 90–95, Humboldt, 195.

14 Zahlenangaben Brito Figueroa, 97; Izard, 81 f. Humboldt, 149 über Curaçao, sowie John Lombardi, Decadencia y Abolición de la Esclavitud en Venezuela 1820–1854, Caracas 1974, 56.

15 Vgl. Brito Figueroa, 139 f.

16 Humboldt, 149–155; Thomas, 89 f.

17 Vgl. Arcila Farías, 12–14.

18 S. Brito Figueroa, 75, 86 f.

19 Vgl. hierzu Mario Sanoja u. Iraida Vargas, Antiguas Formaciones y Modos de Producción Venezolanos, Caracas 1974, 244.

20 Arcila Farías, 15, betont das Vorbild der enclosures.

21 Es ist interessant, daß z. B. auch Humboldt, 96, hier die Partei der »modernen« Unternehmer ergreift, ganz im Einklang mit den wenig später beginnenden preußischen Reformen in Sachen Agrarkapitalismus; zum Problem des Grundstücksmarktes in der Kolonie vgl. Maza Zavala, 70.

22 Vgl. Sanoja u. Vargas, ebd.

23 Maza Zavala, 72 f.; Brito Figueroa, 236; Lombardi, 20.

24 Humboldt, 121, 148, 154 f., 366 f.
25 Vgl. Izard, 86 f., 92–96.
26 Statistiken bei Brito Figueroa, 104–107.
27 Zur Hypothekenbelastung s. Brito Figueroa, 116 f.
28 Humboldt, 171.
29 Brito Figueroa, 151–155.
30 »En vano abriríamos nuestros puertos a las demás Naciones, quando una sola es la que posee el Tridente de Neptuno; en vano cultivaríamos el rico territorio que poseemos, quando una sola puede conducir o dejar llegar a los mercados de Europa nuestros frutos . . .«
Universidad Central de Venezuela, Consejo de Desarrollo Científico y Humanístico, Materiales para el Estudio de la Cuestión Agraria en Venezuela, Bd. I (1800–1830), Caracas 1964, 42 (Materiales).
31 Vgl. Ramón Losada Aldana, Venezuela. Latifundio y Subdesarrollo, Caracas 1969, 77–79, zu den völlig fehlenden Bestimmungen über Sozialbindung und öffentliche Nutzung von Privatbesitz in der Geschichte der venezolanischen Verfassungen.
32 José Rodríguez Iturbe, Iglesia y Estado en Venezuela (1824–1964), Caracas 1968, 33 f.
33 Ebd., 45–50.
34 Brito Figueroa, 114.
35 »Usted, compadre, no deja de ser ciudadano por ser arzobispo.« Brito Figueroa, 280.
36 Lombardi, 59–62.
37 Germán Carrera Damas, Sobre el Significado Socioeconómico de la Acción Histórica de Boves, in: Materiales XII.
38 S. ebd., CXIII f., CXVI.
39 Ebd., CX, CXVIII/IX gibt zahlreiche Referenzen für Verteilung von Viehherden und Häusern.
40 S. hierzu Carrera Damas, passim sowie Materiales, 164–70.
41 »Los pueblos se oponen a su bien; el soldado republicano es mirado con horror; no hay un hombre que no sea enemigo nuestro; voluntariamente se reúnen en los campos a hacernos la guerra; nuestras tropas transitan por los paises más abundantes y no encuentran que comer . . .« Carrera Damas, CI.
42 Vgl. Günter Kahle, Ursprünge und Probleme lateinamerikanischer Guerillabewegungen im 19. Jahrhundert, in: 13. Internationaler Kongreß d. Historischen Wissenschaften, Moskau 1970, 3–5.
43 Documentos para la Historia de Venezuela, existentes en el Archivo Nacional de Cuba. Compil. José L. Franco, La Habana 1960, LXVI–LXXV, 58–63, 70–72.
44 Lombardi, 74–76.
45 Ebd., 77–80, Materiales, 266 f., 289–94.
46 So übereinstimmend Brito Figueroa, 236; Lombardi, 20.
47 Zahl 12 000 bei Lombardi, 56; zur Gleichheitsproblematik vgl. z. B. Brito Figueroa, 325: ». . . herencia del sentimiento igualitario del pueblo venezolano . . .« und W. Sievers, Venezuela, Hamburg 1888, 258, über die alltägliche Bedeutung dieser Mentalität.
48 Manfred Kossok, Der iberische Revolutionszyklus, in: ders. Hg., Studien über die Revolution, Berlin 1969, 209–30, 222.
49 Vollständig auffindbar in Textos Oficiales de la Primera República de

Venezuela, Bd. II, Caracas 1959, 143–205; s. auch Materiales, 65–92.
50 S. hierzu Carrera Damas, CXXV–CXXVIII.
51 Begriff nach Brito Figueroa, 98 f., 272, 332.
52 Vgl. Carrera Damas, CXXIX.
53 So etwa Brito Figueroa, 270.
54 Materiales, 48.
55 Vgl. Brito Figueroa, 192 f., 218, Izard, 114 f.
56 Carrera Damas, CXXXIII–CXXXVII.
57 Brito Figueroa, 218.
58 Izard, 117 f.
59 Simón Bolívar, Obras Completas, Caracas o. J., Bd. 3, 555–57.
60 Thomas, 90.
61 Wie verzweifelt die Bemühungen der Republik waren, zeigt die Bestimmung des »Decreto sobre la Conservación del Numerario ...« vom Juni 1811, Materiales, 61.
62 Vgl. etwa ein Dekret Bolívars in Lima 1825, Materiales, 424, oder Dekret des Kongresses von Valencia 1830, Materiales, 534 f.
63 Brito Figueroa, 221–24, Veloz, 21.
64 Veloz, 14.
65 Vgl. Carmen Gómez R., Política de Enajenación y Arrendamiento de Tierras Baldías (1830–1858), Caracas 1970, passim.
66 Vgl. Izard, 105, zur Irrationalität des Verzichts auf Zuckeranbau in größerem Umfang; detaillierte mündliche Informationen zu antiquierten Arbeitstechniken in den Kakao-Haciendas im Zusammenhang mit deren sozialer Struktur habe ich von Juan Pablo Pérez Alfonzo, ehem. Finanzminister Venezuelas.
67 Nach Schätzungen von Experten des venezolanischen Landwirtschaftsministeriums aus dem Jahre 1974 hat der Bestand an Rindern bis heute die vor 1810 gezählte Höhe nie mehr erreicht.
68 Die ausführlichste und zugleich verwirrendste mir bekannte kritische Bibliographie bei Tilmann T. Evers und Peter v. Wogau ›dependencia‹: lateinamerikanische Beiträge zur Theorie der Unterentwicklung, Das Argument, H. 79, 1973, 404–52.

Klaus Lindenberg

Militär und Abhängigkeit in Lateinamerika. Fremdbestimmte Faktoren seiner institutionellen Entwicklung, seines professionellen Rollenverständnisses und seines politischen Verhaltens

1. Kurze Vorbemerkung

Die Frage nach der »Abhängigkeit« lateinamerikanischer Militärs mag auf den ersten Blick geeignet erscheinen, anhand eines *per definitionem* dankbaren Gegenstandes der Versuchung zu unterliegen, den kompletten Nachweis einer umfassenden Abhängigkeitssituation einer professionellen und gleichzeitig politischen Elite in Lateinamerika liefern zu wollen. Es ist jedoch keineswegs unbekannt, daß Militärs – wenn es sich nicht gerade um die Vereinigten Staaten von Nordamerika und die Sowjetunion oder, nachgeordnet und in geringerem Maße, um Frankreich, Großbritannien und die Volksrepublik China handelt – bereits im Hinblick auf das von Berufs wegen benötigte oder zumindest als erforderlich erachtete Handwerkszeug, nämlich Rüstung und den damit notwendigerweise verbundenen waffentechnischen und logistischen Technologietransfer, einem vielfach verschränkten und subtil differenzierten System von Abhängigkeitsmechanismen unterworfen sind. Dies gilt nicht nur für das Beziehungsnetz zwischen Industrie- und Entwicklungsländern, sondern – wenngleich auf der Basis differenter machtpolitischer Voraussetzungen in modifizierter Form – gleichfalls für militärische Abhängigkeitsverhältnisse in globalen, regionalen, interessensphärischen oder Block-Systemen innerhalb der Länder, die nicht der Dritten Welt zugerechnet werden. Die Konzentrierung der Analyse von Abhängigkeitsverhältnissen lateinamerikanischer Militärs auf Rüstungsprobleme und waffentechnische Liefer- und waffentechnologische Logistik-Verhältnisse allein würde zwar zweifelsohne einen wichtigen Sektor der allgemeinen militärischen Abhängigkeitssituation anschneiden, sich gleichwohl sehr schnell als die regionale Variante eines globalen Phänomens herausstellen, deren regionale Spezifika nur beschränkt zu einer umfassenderen Betrachtung des weitaus komplexeren Problems der Abhängigkeitssituation lateinamerikanischer Militärs beitragen könnten.

In dem vorliegenden Essay soll vielmehr in sehr geraffter Form der Versuch unternommen werden, anhand einiger ausgewählter Beispiele die – zunächst hypothetisch und undifferenziert unterstellte – Abhängigkeitssituation lateinamerikanischer Militärs dahingehend zu untersuchen, *ob und inwieweit ausländische Einflußnahmen in Form von struktur- und funktionsprägenden Wertmustern und Handlungsanleitungen für die institutionelle Entwicklung, das professionelle Selbstverständnis und das politische Verhalten lateinamerikanischer militärischer Eliten bestimmend waren und noch sind.* Die gleichzeitige Berücksichtigung von institutionellen, professionellen und politischen Fragestellungen ergibt sich im Falle Lateinamerikas aus dem Faktum, daß bei den militärischen Eliten der Region die Nahtstellen zwischen den Grenzen ihrer professionellen und politischen Funktionen weitgehend fließend bleiben und daher eine begrifflich exakte Definition ihres professionellen bzw. politischen Rollentausches oft nur ungenau erreicht werden kann. Die manifeste politische Dimension der Rollenerwartung militärischer Eliten in Lateinamerika als maßgeblich integrierender Bestandteil hoch ausdifferenzierter Gesellschaften macht eine Beschränkung der Erörterung ihrer Abhängigkeitssituation auf rein militärtechnische Sachverhalte zwangsläufig obsolet. Der folgende Essay wird sich deshalb auf die Erörterung einiger historischer und aktueller Beispiele konzentrieren, anhand derer eine komplexe Abhängigkeitssituation lateinamerikanischer militärischer Eliten in ihren unterschiedlichsten Dimensionen, die über die Waffentechnik und die technologische Logistik hinausgehen, exemplifiziert werden soll. Folgende Beispiele sollen dabei herausgegriffen werden:

Zunächst wären von speziellem Interesse die Entstehung und die Entwicklung der eigentlichen Institutionalisierung des lateinamerikanischen Militärs und die dabei relevant gewesenen ausländischen Bestimmungsfaktoren. Dies ist die Frage nach den Bestimmungsfaktoren militärischen Selbstverständnisses und ihre Ableitung in spezifische Handlungs- und Verhaltensmuster aufgrund ausländischer Einflußmechanismen. Es soll der auslän-

dische Einfluß im Rahmen des Institutionalisierungs- und Modernisierungsprozesses lateinamerikanischer militärischer Eliten in einigen ausgewählten Ländern um die Jahrhundertwende erörtert werden.
Zweitens soll im Rahmen der hemisphärischen Sicherheitsstrategien nach dem Zweiten Weltkrieg die ausländisch beeinflußte und zum großen Teil auch bestimmte professionelle Rollendefinition lateinamerikanischer Militärs erörtert werden, wobei Genesis und Motivierung und die jeweiligen Wandlungen des sicherheitspolitischen Selbstverständnisses lateinamerikanischer Militärs im Mittelpunkt des Interesses stehen werden und deren abhängigkeits-motivierte Grundlagen herausgearbeitet werden sollen.
Drittens soll im Hinblick auf den Problembereich des ausländisch beeinflußten politischen Verhaltens lateinamerikanischer politischer Eliten ein spezieller Sachverhalt herausgegriffen werden. Es soll diskutiert werden, ob – auch und insbesondere – die bislang in den meisten Fällen hauptsächlich erwünschte bzw. hypothetisch unterstellte Reformorientierung sogenannter »nationalistischer« lateinamerikanischer Eliten in einem Schema komplexer Abhängigkeitssituation zu verorten ist.
Spätestens an diesem Punkt sollte jedoch notwendigerweise eine Begriffsklärung vorgenommen werden, die diesem Essay zugrunde liegen wird. Es wird hier von der Behauptung ausgegangen, daß es in den verschiedensten »Schulen« der inzwischen umfangreichen lateinamerikanischen Dependencia-Literatur bislang »keine einzige theoretisch stringente und begrifflich scharfe Definition von Abhängigkeit« gibt[1]; auch teilen unsere Überlegungen den »Eindruck, daß der Begriff seine Popularität gerade seiner Unschärfe verdankt«[2], und gehen außerdem davon aus, daß es bisher »an der empirischen Arbeit (mangelt), auf die sich die theoretische Diskussion stützen könnte.«[3]
Der vorliegende Essay hat sich keineswegs zum Ziel gesetzt, zur begrifflichen Schärfe der »Abhängigkeit« beizutragen. Ebensowenig soll er angesichts des konstatierten Mangels an begrifflicher Schärfe zu dessen weiterer Popularisierung beitragen. Er versteht sich eher als ein sehr begrenzter Beitrag zur empirischen Weiterentwicklung in einem zwar wichtigen, gleichwohl jedoch sehr spezifischen Teilbereich der aktuellen theoretischen Diskussion. Es soll ausdrücklich festgehalten werden, daß der folgenden Arbeit eine begriffliche Definition zugrunde liegt, die

»Abhängigkeit« bzw. »dependencia« mit *Fremdbestimmung* gleichsetzt. Dabei wird die mangelnde theoretische Definition und sicher fließende Abgrenzung auch dieses Begriffs in Kauf genommen, wenngleich davon ausgegangen wird, daß die konkrete Untersuchung der im Rahmen dieses Essays angeführten empirischen Beispiele deutlich machen wird, was darunter verstanden wird. Im Mittelpunkt der folgenden Analyse steht dementsprechend die Fragestellung nach einigen *fremdbestimmten Faktoren der institutionellen Entwicklung, des professionellen Selbstverständnisses und des politischen Verhaltens militärischer Eliten in Lateinamerika.*

2. Fremdbestimmte Faktoren der institutionellen Entwicklung des lateinamerikanischen Militärs

Im letzten Viertel des 19. Jahrhunderts begann in einigen lateinamerikanischen Ländern der eigentliche Prozeß der Institutionalisierung und deshalb Modernisierung und Professionalisierung des Militärs. Eine Reihe von Faktoren waren dabei maßgebend, die je nach Land unterschiedlich, aber in ihrer je spezifischen Kombination die entsprechenden Voraussetzungen für diesen Modernisierungsprozeß schufen.[4] Die Kriegserfahrungen einiger lateinamerikanischer Länder hatten im letzten Drittel des 19. Jahrhunderts die Notwendigkeit aufgedeckt, aus militärisch-politischer Opportunität heraus die Schlagkraft der Armeen zu erhöhen und sie durch stärkere Professionalisierung zu modernisieren. Der Krieg Argentiniens und Brasiliens gegen Paraguay (1865–1870) sei in diesem Zusammenhang ebenso erwähnt wie der »Salpeter-Krieg« zwischen Chile einerseits und Peru und Bolivien andererseits.[5] Dabei kam dem direkten Einfluß europäischer Länder eine erhebliche Bedeutung zu, insbesondere dem Deutschen Kaiserreich und Frankreich, deren Krieg von 1870/71 für lateinamerikanische Offiziere das *non plus ultra* moderner Kriegführung darstellte, wobei der Sieg Preußen-Deutschlands diesem den höheren Prestigewert reservierte.[6]

Als historisches Datum des Beginns der Professionalisierung wird oft die Einladung einer deutschen Militärmission durch das chilenische Heer im Jahre 1885, also kurz nach dem von Chile gewonnenen »Salpeter-Krieg« (1879–1883), genannt.[7] In der Tat leistete die deutsche Militärmission unter der Leitung des preußischen Generals Emil Körner in dieser Hinsicht Pionierarbeit.[8] Chilenische Offiziere wurden zur Ausbildung nach Deutschland entsandt, in Chile selbst ein Generalstab nach preußischem Vorbild und vor allem eine Kriegsakademie für höhere Offiziere gegründet. Ein weiterer wichtiger Faktor waren die modernen Waffenlieferungen Deutschlands, die – von der deutschen Militärmission vermittelt – einerseits der technischen Professionalisierung der chilenischen Armee dienten, andererseits in gleicher Weise im Interesse der deutschen Waffenproduktion, insbesondere der Firma Krupp, lagen.[9] Alain Joxe hat darauf hingewiesen, daß die Professionalisierung der chilenischen Armee sehr wohl mit den Interessen europäischer Länder, insbesondere im Hinblick auf den Waffenexport, harmonierte.[10] Der außerordentliche Einfluß von General Emil Körner wurde im Jahre 1891 innenpolitisch relevant, als er sich in dem Bürgerkrieg zwischen dem Staatspräsidenten General José Balmaceda und dem »konstitutionalistischen« Parlament auf die Seite des letzteren stellte. Für Balmaceda endete die Krise mit Selbstmord, für Körner in der Konsolidierung seiner Position als Chef des von ihm selbst geschaffenen chilenischen Generalstabs.[11] Die »Verpreußung« des chilenischen Heeres – von Balmaceda u. a. ursprünglich als Gegengewicht gegen den vorherrschenden britischen Einfluß in der chilenischen Marine gedacht[12] – ging nun auch über die Offiziersränge hinaus auf die Mannschaften über. 1895 bestand die deutsche Militärmission in Chile aus 37 Offizieren.[13] Preußische Befehlsstrukturen, Organisationsmuster, Ausbildungsmethoden, Waffen und Uniformen bis zu Pickelhaube und Monokel prägten das chilenische Heer, und der deutsche Einfluß blieb ungebrochen zumindest bis zum Ausbruch des Ersten Weltkrieges. Andererseits begann Chile selbst, Militärmissionen in andere lateinamerikanische Länder zu senden. 1903 wurden zwei Offiziere nach El Salvador und drei nach Ecuador entsandt. 1907 begann, ebenfalls durch »Ausbildungshilfe«, der chilenische Einfluß in der kolumbianischen Armee. 1913 begann eine chilenische Militärmission ihre Unterstützung bei der Reorganisation des venezolanischen Heeres. Offiziere aus Paraguay, Nicaragua und Ecuador nahmen ihrerseits an Kursen der chilenischen Militärakademie teil.[14]

Argentinien hatte zwar noch mit seinem traditionellen Militär

den Krieg gegen Paraguay (1865–1870) zusammen mit Brasilien gewonnen; gleichwohl wurde bereits im vorletzten Kriegsjahr von Präsident Sarmiento mit der Gründung des *Colegio Militar de la Nación* der Grundstein für die Professionalisierung der argentinischen Armee gelegt.[15] In den folgenden Jahrzehnten, insbesondere unter der Präsidentschaft des Generals Julio Argentino Roca (1880–1886 und 1898–1904) wurde die Professionalisierung systematisch betrieben, wozu nicht zuletzt die – von den europäischen Mächten, insbesondere Großbritannien, geförderte – Rivalität über Grenzfragen zwischen Chile und Argentinien der Anlaß war. 1899 übernahm auch in Argentinien eine deutsche Militärmission die Restrukturierung der argentinischen Armee, wenngleich ihr nicht eine so weitreichende Bedeutung zukam wie der deutschen Militärmission in Chile. Aber auch ihre Anwesenheit ist verknüpft mit der Lieferung moderner Waffen (Krupp, Mauser) an das argentinische Heer.[16] Im April 1900 wurde das 1869 gegründete Colegio Militar de la Nación abgeschafft und statt dessen eine neue Kriegsakademie gegründet, mit deren Organisation die deutsche Militärmission beauftragt war. Der Direktor der Kriegsakademie und vier von zehn Dozenten waren deutsche Offiziere.[17] Bis zum Ausbruch des Ersten Weltkrieges bildeten deutsche Offiziere in argentinischer Uniform und Ehrenrängen Hunderte von argentinischen Offizieren aus, die – verbunden mit einem Ausbildungsprogramm in Deutschland selbst – später in den zwanziger Jahren hohe Posten im Ausbildungswesen, in der Verwaltung und in Truppenkommandos der argentinischen Armee innehatten.[18] Auch in den zwanziger Jahren zog es die argentinische Armee unter dem Einfluß ihres General-Inspekteurs, General José F. Uriburu, der selbst in Deutschland ausgebildet worden war, zeitweise vor, den französischen Militäreinfluß zurückzudämmen und statt dessen deutsche Offiziere unter der Leitung von General Wilhelm Faupel als Berater zu beschäftigen. Die Gründung der argentinischen Kriegsakademie durch die deutsche Militärmission wird vor allem deshalb als ein wichtiger Schritt in Richtung der Professionalisierung angesehen, weil in den folgenden Jahren durch entsprechende Gesetzgebung die Offizierskarriere mehr und mehr geregelt und die Beförderung von der erfolgreichen Teilnahme an einschlägigen Kursen der Kriegsakademie abhängig gemacht wurde.[19]
In Peru, dem einen Verlierer des »Salpeter-Krieges«, kam zwölf

Jahre nach dessen Beendigung 1895 der erste zivile *caudillo* des Landes, Nicolás de Piérola, an die Macht, nachdem Rebellentruppen *(Montoneros)* mit populärer Unterstützung den Militärdiktator General Cáceres aus seinem Amt gejagt hatten, obwohl das offizielle Heer jenen unterstützte.[20] Nicolás de Piérola bildete die zweite Zivilregierung der Geschichte Perus und leitete überdies immerhin 19 Jahre ziviler Herrschaft ein, bis dato übrigens die längste Epoche ziviler Herrschaft in Peru überhaupt. In dieser Zeit wurden die Grundlagen für die Modernisierung und Professionalisierung der peruanischen Armee gelegt. Piérola nutzte die nach dem »Salpeter-Krieg« immer noch demoralisierte und ökonomisch vergleichsweise desolate Lage des Militärs aus, um einerseits das Heer drastisch auf 2 000 Mann zu reduzieren und damit – zumindest zeitweise – politisch zu neutralisieren, andererseits gleichzeitig das Militär durchgreifend zu reorganisieren. Diese Aufgabe übertrug er im wesentlichen einer französischen Militärmission, die im Jahre 1896 ins Land kam.[21] Die französische Militärmission unter der Leitung des Generalstabsoffiziers Paul Clément[22] empfahl, nachdem bisher alle Versuche, die peruanische Offiziersausbildung systematisch zu organisieren, rundweg gescheitert waren[23], die Errichtung einer *Escuela de Aplicación* und einer *Escuela Militar Preparatoria y Naval.* Nicolás de Piérola dekretierte dies am 31. 12. 1896; am 10. 2. 1898 wurde die Escuela de Aplicación eröffnet, und General Paul Clément wurde ihr erster Direktor.[24] In seiner Antrittsrede äußerte General Clément u. a. die Hoffnung, daß »niemand Offizier genannt werden könne, der nicht aus diesem Zentrum hervorgegangen ist«.[25] Diese Hoffnung sollte sich zwar nicht bewahrheiten, gleichwohl wurde die von Clément gegründete Escuela de Aplicación, die 1900 in *Escuela Militar* und am 11. 3. 1942 in *Centro de Instrucción Militar Peruano* (CIMP) umbenannt wurde[26], die *alma mater* des peruanischen Heeres[27], an der auch viele Offiziere anderer lateinamerikanischer Länder studierten.

Die unmittelbaren Professionalisierungs-Effekte, angeregt von der französischen Militärmission, äußerten sich in der strukturellen Reorganisation des peruanischen Heeres, in der Einführung des obligatorischen Wehrdienstes[28], in der Schaffung eines Generalstabes des Heeres (am 1. 3. 1896) und der gesetzlichen Regelung der Offizierskarriere, d. h. in der Reglementierung der

Voraussetzungen für die Beförderung. Es handelte sich also auch hier, wie in Chile und in Argentinien unter deutschem Einfluß, um den Versuch, mittels Reglementierung von Ausbildungsvoraussetzungen und -methoden sowie organisatorischer Restrukturierung einen höheren Grad der Professionalisierung und Institutionalisierung des peruanischen Heeres zu erreichen, wobei *die ausländische Beratung Vorbild und Exekutor zugleich* war. Im Jahre 1927 kontraktierte der peruanische Kriegsminister Ingo Fermín Málaga – trotz des verlorenen Weltkrieges – eine deutsche Militärmission unter der Leitung des Generals Wilhelm Faupel, der zuvor seinen Dienst in Argentinien verrichtet hatte. Noch vierzig Jahre danach wußte das peruanische Militär die Dienste dieser deutschen Militärmission offiziell zu belobigen, wobei insbesondere die Verdienste des deutschen Kavallerie-Generals Issendorf hervorgehoben wurden, wenngleich an erster Stelle der Verdienst-Skala »das Kennenlernen und die Anwendung der deutschen Doktrin, bei der die Präzision und die Unzweideutigkeit der Befehlsgebung hervorsticht«[29], stand. Auch hier blieb nicht unerwähnt, daß es eine der lobenswerten Eigenschaften der deutschen Militärmission gewesen sei, empfehlend Waffenkäufe vermittelt zu haben, wobei die »Kanonen Bofford und Oerlikon« besonderer Erwähnung wert sind.[30] Darüber hinaus wird die »praktische militärische Ausbildung«, die »körperliche Ausbildung des Offiziers« und die monatliche Durchführung von Manövern pro Garnison besonders hervorgehoben.[31] Die deutsche Militärmission zog sich 1932 zurück und ließ »angenehme Erinnerungen an ihren Dynamismus und ihre professionelle Effizienz« zurück.[32] Im Jahre 1932 nahm eine neue französische Militärmission unter General Raymond Laurent in Peru ihre Arbeit auf und konnte sie durchführen bis zum Jahre 1945, als erstmals eine nordamerikanische Militärmission zugelassen wurde, die »Peru die Erfahrung des Zweiten Weltkrieges« vermittelte.[33]

Französische Militärmissionen waren um die Jahrhundertwende auch in Ecuador und ab 1905 in Bolivien tätig, wenngleich sich in Bolivien kurioserweise gleichzeitig auch deutsche Offiziere als Berater aufhielten und um 1911 einen ähnlichen Einfluß ausübten wie die Franzosen.[34] Das vorrevolutionäre Mexico hatte keine ausländischen Militärmissionen eingeladen, wenn auch eine Reihe von mexikanischen Offizieren in Deutschland ausgebildet wurden, die in der Militärakademie von Chapultepec deutsche Militärgeschichte sowie deutsche Ausbildungsmethoden lehrten.[35]

Das brasilianische Militär hatte als einziges in Lateinamerika eine längere, noch von der Kolonialmacht begründete Tradition der Professionalisierung, insbesondere im Hinblick auf technische Ausbildung. Bereits vor 1814 hatte Brasilien sowohl eine Königliche Militär-Akademie als auch eine Königliche Marine-Akademie, deren Lehrer aus Portugal stammten und die eine achtjährige Ausbildung für Offiziere durchführten. Bis zur Gründung des Polytechnischen Instituts im Jahre 1874 wurden auf der Militärakademie sowohl Militärs als auch Zivilingenieure ausgebildet. Auch danach spielte die Militärakademie etwa zum Ende des Ersten Weltkrieges in dieser Hinsicht eine wichtige Rolle. Den Militär-Ingenieuren kam eine bedeutsame Funktion bei der Erschließung des Landes zu.[36] Gleichwohl begann die eigentliche Professionalisierung erst im ersten Drittel des 20. Jahrhunderts. Unmittelbar vor dem Ersten Weltkrieg hatten zwar bereits eine Reihe von brasilianischen Offizieren in Deutschland studiert[37], zu der Einladung einer deutschen Militärmission kam es jedoch nicht. Mit Dekret Nr. 13. 415 vom 29. 1. 1919 wurden demgegenüber die Bedingungen für die Kontraktierung einer französischen Militärmission festgelegt, die im Jahre 1920 ihre Arbeit aufnahm. Sie stand unter der Leitung von General Maurice Gamelin, der später französischer Generalstabschef wurde, und umfaßte zunächst 26 Offiziere.[38] Ähnlich den deutschen Militärmissionen in Chile und Argentinien rund 35 bzw. 20 Jahre früher, lehrten die französischen Offiziere in der neuen *Escola Superior de Guerra* und in den *Escolas de Aperfeiçoamento* für Artillerie, Infanterie, Kavallerie und Ingenieurswesen und waren mit der Reorganisation des Offizierskorps vom Hauptmann aufwärts beauftragt. Die französischen Offiziere waren jedoch nur als Instrukteure und Berater tätig und hatten keine Kommandofunktionen wie etwa Emil Körner in Chile. Als die französische Militärmission ihre Tätigkeit aufnahm, verfügte Brasilien bereits über die größte Armee der Region mit insgesamt rund 75 000 Mann, etwa 3000 Offiziere eingeschlossen.[39]

In unserem Zusammenhang soll die Modernisierung der Armeen karibischer und einiger mittelamerikanischer Länder in diesem Zeitraum durch die *marines* der Vereingten Staaten nur erwähnt, aber nicht im einzelnen erörtert werden, weil sie mit der

Tätigkeit europäischer Militärmissionen auf dem Subkontinent nicht vergleichbar ist. Dies vor allem, weil diese »Ausbildungshilfe« der USA zu diesem Zeitpunkt von den betroffenen Ländern bzw. Regierungen keineswegs erbeten worden, sondern vielmehr Ergebnis gewaltsamer Interventionen war. Die militärischen Besetzungen von Cuba,[40] Haiti (1915–1934), der Dominikanischen Republik (1916–1934) und Nicaragua (1926–1931) und das Engagement der USA in Panama hatten zwar u. a. auch die Zielsetzung, die Armeen dieser von den USA besetzten Länder zu reorganisieren – was größtenteils, wenngleich meist nur zeitweise, auch erreicht wurde; die spezifischen Bedingungen dieser Unternehmen, nämlich die militärische Besetzung dieser Länder durch die USA, waren jedoch in der Regel die beste Voraussetzung dafür, daß die erstrebten Ziele – eine professionalisierte Armee, die verantwortliche Zivil-Regierungen respektiert und dadurch zur politischen »Stabilität« des Landes beiträgt – zunichte wurden.[41]
Es mag richtig sein, daß der Einfluß ausländischer Militärberatung in Form von Militärmissionen auf das *politische* Verhalten militärischer Eliten lateinamerikanischer Länder – jedenfalls in der bisher erörterten historischen Phase – vielfach überschätzt worden ist[42]; gleichwohl kann nicht übersehen werden, daß dieser Einfluß für die Entwicklung der Institution Militär selbst für einige Jahrzehnte von durchaus entscheidender Bedeutung war. Die unter europäischem Einfluß gegründeten und zeitweise verwalteten Militärakademien machten erstmals den Versuch, die Offizierskarriere zu regeln mit dem Ziel, Beförderungen von Leistungsnachweisen abhängig zu machen. Dies war eine Modernisierung, verglichen mit der bisherigen Praxis, Offiziers-, insbesondere Generalstitel als Pfründen zu vergeben oder sich selbst zum General zu ernennen. Nachdem die Armeen lateinamerikanischer Länder in Überwindung des *caudillismo* des 19. Jahrhunderts inzwischen – sozusagen – »verstaatlicht« waren, bedeutete die Definierung eines konkreten Berufsethos des Offizierskorps eine Weiterentwicklung; die – wie auch immer unzureichende – Professionalisierung stand im Einklang mit dem Prozeß der Institutionalisierung lateinamerikanischer Armeen. Dies sicher nicht im Sinne der – nach zivilen Maßstäben – adäquaten Ubikation im Bereich des politischen Prozesses, sehr wohl aber im Sinne der Festigung und Identifikation der militärischen Institution als nationale, d. h. staatliche Institu-

tion. In Ländern, wo das Militär die Gegebenheit der ersten Stunde war – losgelöst von institutionellen und allgemein-politischen Ordnungsvorstellungen – bedeutet die »Verstaatlichung« und die professionelle Sinngebung und – soweit möglich – Festschreibung der Rolle der Armee einen Fortschritt für die allgemeine Entwicklung, speziell aber für die Weiterentwicklung der zivil-militärischen Beziehungen in diesen Ländern.[43]
Die in diesem Abschnitt beschriebene Entwicklung ist – zusammengefaßt – zumindest in folgenden Aspekten wirksam geworden: Die Anarchie des militärischen Berufsbildes – Kennzeichen der Militär-Entwicklung des 19. Jahrhunderts – wurde systematisiert, konkretisiert und damit rationalisiert. Die Änderung des Berufsbildes des Offiziers in Richtung einer deutlicheren Professionalisierung war in einer Reihe von lateinamerikanischen Ländern begleitet von einer gleichzeitigen waffentechnischen Modernisierung. Schließlich wurden die Grundlagen für ein rationaleres Ausbildungssystem für die Offizierskorps geschaffen und die Ausbildungsinhalte ebenfalls revidiert. Insgesamt gesehen handelt es sich also um einen deutlichen Schritt in Richtung der Institutionalisierung des Militärs, verglichen mit der Entwicklung während des Jahrhunderts zuvor. In dieser Etappe wurden die Grundlagen für die Herausbildung von *»organizational format«*, *»skill structure«* und *»career lines«* (Janowitz) der lateinamerikanischen Offizierskorps gelegt, und zwar in erheblichem Maße fremdbestimmt.
Der ausländische, nicht zuletzt deutsche Einfluß auf die institutionelle Entwicklung einiger lateinamerikanischer Armeen in dieser historischen Phase, das fremdbestimmte *institution building*, kann insofern mit Kategorien einer Abhängigkeitssituation beschrieben werden, als – in einem weiteren Sinne – die Modernisierung lateinamerikanischer Armeen zu einem guten Teil von außen vermittelt wurde. Die gleichzeitige Verkoppelung der Tätigkeit der ausländischen Militärmissionen mit Rüstungslieferungen aus den Ursprungsländern macht den Sachverhalt deutlich.

3. Fremdbestimmte Faktoren des professionellen Selbstverständnisses lateinamerikanischer Militärs

Die veränderte weltpolitische Konstellation des kalten Krieges und besonders der Erfolg der kubanischen Revolution 1959 haben die weitere Entwicklung des lateinamerikanischen Militärs zu einem großen Teil von dem Einfluß der USA abhängig gemacht, der zuvor im wesentlichen auf den karibischen Raum und einige zentralamerikanische Länder beschränkt war. Dies bezieht sich sowohl auf die waffentechnische Modernisierung als auch auf die Ausbildungsmethoden und -inhalte. Unter dem Begriff »Militärhilfe« verbarg sich ein umfassendes Programm politischer Durchdringung und hegemonialer Machtpolitik.[44] Es umfaßte Waffenlieferungen, militärische Ausbildung, insbesondere Spezialausbildungen, und militärisch-politische Beratung durch Militärmissionen. Die Motivation der nordamerikanischen Militärpolitik gegenüber Lateinamerika entwickelte sich vom Prinzip der hemisphärischen Verteidigung (Rio-Pakt 1947; Caracas-Konferenz 1954) zum Prinzip der inneren staatlichen Sicherheit,[45] und in jeder ihrer Phasen war der Beitrag der US-Militärpolitik zur Modernisierung des lateinamerikanischen Militärs von entscheidender Bedeutung und aus US-Sicht »eine Schlüsselkomponente bei der Militär-Planung der USA in der westlichen Hemisphäre.«[46]

In fast allen lateinamerikanischen Ländern gibt es nordamerikanische Militärmissionen und/oder *Military Assistance Advisory Groups* (MAAG); letztere haben die Aufgabe, die von den USA im Rahmen der jeweils bilateral (*Mutual Assistance Pact* – MAP) vereinbarten Militärhilfe gelieferten Ausrüstungen zu überwachen. Im Jahre 1971 hatten die nordamerikanischen Militärmissionen, die zum Teil von den jeweiligen Truppenteilen – Heer, Luftwaffe, Marine – separat unterhalten werden, und MAAGs einen Personalbestand von 531 Offizieren, von denen 448 US-Bürger waren. In »Krisenzeiten« wurde dieser Personalbestand je nach Land jedoch ad hoc erheblich erhöht, wie beispielsweise in Venezuela Anfang der sechziger Jahre oder Mitte der sechziger Jahre in der Dominikanischen Republik, wo die Militärmission um ein Vielfaches stärker besetzt war als heute.

Es kann kein Zweifel darüber bestehen, daß in Lateinamerika seit dem Zweiten Weltkrieg die Spirale der Waffenlieferungen,

Tabelle 1: Personalbestand der US-Militärmissionen und MAAGs in Lateinamerika. Stand 1. Juli 1971[47]

Land	US	Andere	Insgesamt
Hauptquartier Southern Command	28	0	28
Argentinien	33	6	39
Bolivien	38	7	45
Brasilien	60	30	90
Chile	28	5	33
Columbien	50	6	56
Costa Rica	4	1	5
Dominikan. Rep.	33	2	35
El Salvador	16	2	18
Guatemala	27	3	30
Honduras	14	3	17
Nicaragua	17	2	19
Panama	7	1	8
Paraguay	17	3	20
Peru	7	4	11
Uruguay	19	5	24
Venezuela	50	3	53
Lateinamerika	448	83	531

d. h. die Ausrüstung mit immer modernerem Kriegsgerät, in der Regel ohne objektive Notwendigkeit zu einer Eskalation abhängiger Rüstung geführt hat, die sowohl in ihren Kosten als auch oft in ihrer Strukturierung in einem Mißverhältnis zu den jeweiligen militärischen »Verteidigungs«-Bedürfnissen und -möglichkeiten steht.[48] Dies erklärt sich nicht nur aus dem ökonomischen und sicherheitspolitischen Interesse der Hegemonialmacht USA, sondern gleichfalls aus der militärischen Rollenerwartung ihrer lateinamerikanischen counterparts. Wesentliches Motiv für die Rüstungseskalation dürfte das Prestige-Bedürfnis professionalisierter militärischer Eliten sein, wobei die – meist fiktive – äußere Bedrohung durch Nachbarländer in der Regel als Alibi benutzt wird, um einen gewissen technologischen Fanatismus mit scheinbar vernünftigen Notwendigkeiten zu überspielen.[49] In Wirklichkeit ist kaum eine Armee eines lateinamerikanischen Landes tatsächlich imstande, die Verteidigung nach außen zu garantieren. Es wird sich also im wesentlichen um eine innenpolitische Funktion handeln.

Die Rüstungsentwicklung in Lateinamerika ist nach dem Zweiten Weltkrieg hauptsächlich, wenn auch nicht ausschließlich, von den USA beeinflußt und gesteuert worden. Mit der äußeren Begründung der Standardisierung der Waffentechnik haben die USA im Rahmen ihrer direkten Militärhilfe-Programme (*Military Assistance Program*-MAP), durch Kreditierung von Waffenkäufen im Rahmen des *Foreign Military Sales*-Programms (FMS) und mittels der EXIM-Bank, durch Dauerleihgaben von Kriegsschiffen und Direktverkäufen aus eigenen Beständen *(»excess«)* in 25 Jahren, von 1946 bis 1970, insgesamt annähernd

Tabelle 2: Die Militärhilfe der USA für Lateinamerika 1946–1970[50] (in Mio. Dollar)

Land	MAP-Hilfe	FMS und Eximbank Kredite für Waffenkäufe	Wert geliehener Schiffe	Lieferungen aus US-Beständen	Insgesamt pro Land
Argentinien	44,0	48,6	37,0	1,4	131,0
Bolivien	23,9	–	–	1,4	25,3
Brasilien	221,0	72,7	57,1	27,6	378,4
Chile	93,9	20,1	29,9	8,0	151,9
Columbien	94,1	–	14,5	5,5	114,1
Costa Rica	1,8	–	–	*	1,8
Cuba (1946–1960)	10,6	–	–	1,8	12,4
Dominikan. Rep.	25,9	–	1,0	1,1	28,0
Ecuador	42,9	0,7	10,0	3,4	57,0
El Salvador	6.6	–	–	0,3	6,9
Guatemala	17,1	0,5	–	1,1	18,7
Haiti (1946–1963)	3,2	–	1,1	0,1	4,4
Honduras	8,1	–	–	0,5	8,6
Jamaica	1,1	–	–	*	1,1
Mexiko	1,8	4,4	4,4	*	10,6
Nicaragua	12,8	–	–	0,3	13,1
Panama	4,0	–	–	0,1	4,1
Paraguay	9,4	0,2	1,4	0,6	11,6
Peru	88,5	20,1	32,8	6,4	147,8
Uruguay	42,3	0,3	0,1	3,2	45,9
Venezuela	9,3	85,2	11,3	0,3	106,1
Region allgem.	15,4	–	–	–	15,4
Lateinamerika	777,7	252,8	200,6	63,1	1 294,2

* Weniger als 50 000 US-$

Tabelle 3: Ausbildung lateinamerikanischer Militärs in den USA oder auf US-Militärbasen außerhalb der USA 1950–1970[50]

Land	In den USA ausgebildet	Von, aber außerhalb der USA ausgebildet	Insgesamt pro Land	Militärstärke pro Land 1970
Argentinien	2 382	426	2 808	137 000
Bolivien	410	2 248	2 658	21 800
Brasilien	6 009	847	6 856	194 350
Chile	2 553	1 821	4 374	61 000
Columbien	2 126	2 503	4 629	64 000
Costa Rica	33	496	529	–[1]
Cuba (1950-1960)	307	214	521	109 500
Dominikan. Rep.	609	1 984	2 593	19 300
Ecuador	1 538	2 746	4 284	20 000
El Salvador	185	886	1 071	5 630
Guatemala	626	1 654	2 280	9 000
Haiti	444	60	504	5 500
Honduras	189	1 389	1 578	4 725
Mexico	393	202	595	68 500
Nicaragua	615	3 379	3 994	7 100
Panama	38	3 110	3 148	–[2]
Paraguay	287	753	1 040	20 000
Peru	2 890	2 117	5 007	54 650
Uruguay	933	790	1 723	15 400
Venezuela	1 311	2 767	4 078	30 500
Lateinamerika	23 878	30 392	54 270	848 155

[1] Costa Rica hat offiziell keine Armee
[2] Panama unterhält eine Nationalgarde

1,3 Mrd. Dollar für die Rüstung Lateinamerikas aufgebracht.[51]

Zwar wurde der Waffentransfer von den USA nach Lateinamerika vor allem in den sechziger Jahren unterschiedlich intensiv gehandhabt und zeitweise aufgrund parlamentarischen Drucks gedrosselt, angesichts der europäischen Konkurrenz und nicht zuletzt aufgrund der diesbezüglichen Empfehlungen des Rockefeller-Reports von 1969[52] wurden die Lieferungen jedoch wieder angekurbelt.[53] Entscheidend in diesem Zusammenhang ist jedoch, daß zur Beherrschung moderner Waffentechnik auch eine entsprechende Ausbildung der Offiziere vonnöten ist. Diese

Ausbildung wurde nach dem Zweiten Weltkrieg ebenfalls vorrangig von den USA beeinflußt und durchgeführt.[54]
In zwanzig Jahren, zwischen 1950 und 1970, wurden insgesamt 54 270 lateinamerikanische Militärs in oder von den USA ausgebildet.
Nicht nur im Vergleich mit der Tätigkeit europäischer Militärmissionen in einigen lateinamerikanischen Ländern um die Jahrhundertwende erweisen sich diese Zahlen schon bei oberflächlicher Prüfung als beeindruckend. Immerhin sind bis 1970 rund 4,5 % des gesamten lateinamerikanischen Militärs von den USA ausgebildet worden, wobei in diesem Fall die Mannschaften mitgerechnet sind. In Wirklichkeit konzentriert sich die Ausbildungstätigkeit verständlicherweise auf die Offizierskorps, so daß ein erheblich höherer Prozentsatz dafür veranschlagt werden kann. Andererseits bietet die Relation zur gesamten Militär-Stärke (Mannschaften eingeschlossen) in einigen, vor allem kleineren lateinamerikanischen Ländern ein aufschlußreiches Bild. Immerhin haben beispielsweise rund 25 % des *gesamten* Militärs in Ecuador, El Salvador und Guatemala US-Ausbildung genossen, in Bolivien, Peru und der Dominikanischen Republik jeweils rund 10 % oder mehr, in Nicaragua sogar mehr als die Hälfte der gesamten Armee.
Die Ausbildungs*inhalte* sind ihrerseits außerordentlich unterschiedlich, sie konzentrieren sich jedoch im wesentlichen auf drei Aspekte. Zum einen gelten sie Offizieren unterschiedlicher Waffengattungen, die sich technisches Know-how aneignen müssen, um die in erster Linie von den USA gekauften modernen Waffentechniken überhaupt handhaben zu können. Zum anderen handelt es sich um die Ausbildung in speziellen Formen der Kriegführung, zuförderst die *Counter-Insurgency*, also die Bekämpfung innenpolitischer »Subversion«, wobei in diesem Fall auch Mannschaften inbegriffen sind, die zu *Rangers* oder *Cazadores* ausgebildet werden. Und drittens – als komplementäre Ergänzung zum Counter-Insurgency-Konzept – die Entwicklung und Einübung von *civic action (Acción Cívica)*.
Die *Acción Cívica* beinhaltet die Umorientierung der innenpolitischen Funktion des Militärs lateinamerikanischer Länder auf einen entwicklungspolitisch relevanten Einsatz von Spezialeinheiten der Armeen, angefangen vom Straßen-, Krankenhaus-, Flugplatzbau und sonstigen Aufgaben materieller Infrastruktur bis zu Gesundheitsdiensten und Alphabetisierungs- und sonsti-

gen Erziehungsaufgaben.[55] Sie ist als solche kein speziell für Lateinamerika typisches Phänomen; der zivile Einsatz militärischer Spezialeinheiten – nicht nur in Ausnahmefällen wie Naturkatastrophen u. ä. – findet sich in der ganzen Welt, insbesondere, aber nicht nur, in den Entwicklungsländern.
In Lateinamerika wurde die *Acción Cívica* seit Anfang der sechziger Jahre jedoch in erster Linie als »eine taktische Phase in einer globalen anti-subversiven Strategie, als eine psychologische Waffe«[56] angesehen, die – nach einem vielzitierten Ausspruch des ehemaligen kolumbianischen Kriegsministers Gen. Lt. Ruíz Navoa (1962–64) – davon ausgeht, daß »die Inanspruchnahme der Militärs im Rahmen ökonomischer und sozialer Wohlfahrtsprogramme bei der davon betroffenen Bevölkerung Vertrauen und Sympathie gegenüber der Regierung und den Streitkräften erweckt.«[57]
Die innenpolitische Bedrohung einer Reihe von lateinamerikanischen Ländern – insbesondere Guatemala, Kolumbien, Venezuela, Peru und Bolivien durch die castristische Guerrilla, später auch Brasilien, Uruguay und Argentinien durch die städtische Guerrilla – war der Anlaß einer neuen Counter Insurgency-Strategie, die einerseits den jeweiligen lateinamerikanischen Armeen und/oder Polizeikräften unter nordamerikanischer Anleitung eine neue militärische Aufgabe nach innen stellten; andererseits bildeten die Acción-Cívica-Programme eine komplementäre taktische Ergänzung des neuen militärischen Konzepts der Counter-Insurgency, das seinerseits wiederum zu einem integralen Bestandteil des politischen Konzepts der *Allianz für den Fortschritt* wurde. Die neue Counter-Insurgency-Strategie wurde – nicht nur für Lateinamerika, sondern global – von der nordamerikanischen Regierung zentral organisiert, zumindest was den Anteil der US-Truppen und deren Einflußmöglichkeiten betraf, meist jedoch in Abstimmung und unter Beteiligung der jeweiligen lateinamerikanischen Regierungen und Militärs. Nicht zuletzt die im März 1961 gescheiterte Invasion in Kuba war der Kennedy-Administration Anlaß, im Januar 1962 eine *»Special Group«* für Counter-Insurgency ins Leben zu rufen, der die Planung, Durchführung und Überwachung der Sicherheitsmaßnahmen in Abstimmung mit Geheimdiensten, Entwicklungshilfe-Organisationen, insbesondere der AID, und dem Militär-Apparat der USA übertragen wurde.[58]
Die Konkretisierung dieser Strategie wickelte sich in der Regel

– grob unterschieden – in drei Paketen von untereinander abgestimmten Maßnahmen ab.[59]
Auf der einen Seite wurde in vertraglicher Vereinbarung mit lateinamerikanischen Regierungen die jeweils nationale Organisation und Koordination der Acción-Cívica-Programme festgeschrieben, wobei die jeweilige Rolle und aktive Beteiligung der nordamerikanischen Militärs unterschiedlich gehandhabt wurde.[60] Zweitens wurde ein systematisches Ausbildungsprogramm im Rahmen der Counter-Insurgency-Strategie begonnen und mit Vorrang gefördert. Die 1949 gegründete *Army Caribbean School* in der Panama-Kanalzone, die ursprünglich lediglich für die Ausbildung von nordamerikanischen Militärs konzipiert war, wurde am 1. Juli 1963 in *United States Army School of the Americas* umbenannt und entwickelte sich zusammen mit Fort Bragg in North Carolina, dem *Inter-American Defense College* in Washington und einer Reihe von anderen, je von den unterschiedlichen Waffengattungen unterhaltenen Militärbasen zu einem Zentrum der praktischen Counter-Insurgency-Ausbildung für lateinamerikanische Offiziere.[61] Assistant Secretary of State Edwin M. Martin definierte bereits Anfang 1963, daß in der Kanalzone und in Fort Bragg Lateinamerikaner »in riot control, counter-guerrilla operations and tactics, intelligence and counter-intelligence, and other subjects which will contribute to the maintenance of public order, and the support of Constitutional Governments« ausgebildet wurden.[62] Die Einschränkung, daß dies zum Nutzen von *konstitutionellen* Regierungen in Lateinamerika geschehe, wurde später aufgegeben.[63]
Außer den Acción-Cívica-Programmen und den konkreten Ausbildungsmaßnahmen im Rahmen der Counter-Insurgency-Strategie blieb als drittes Instrument die direkte militärische Intervention, wie 1965 in der Dominikanischen Republik,[64] die massive Unterstützung in ad-hoc-Krisenfällen wie 1967 im Falle der Zerschlagung der Guerrilla Ernesto Guevaras in Bolivien[65] und die »Pazifizierung« der guatemaltekischen Guerrilla von 1966 bis 1968 unter der Leitung von Oberst Carlos Arana Osorio, dem späteren Staatspräsidenten Guatemalas. Man hat Guatemala »eine Art Labor für die Counter-Insurgency in Lateinamerika« genannt, in dem in einem »makabren Technologie-Transfer« die Erfahrungen des Vietnam-Krieges – einschließlich der Anwendung von Napalm und des Einsatzes der

Green Berets – angewandt wurden.[66] Die Ausrüstung, die Aufgabenstellung und zum großen Teil auch die Ausbildungsinhalte und -ziele der lateinamerikanischen Militärs sind nach dem Zweiten Weltkrieg wesentlich von den USA beeinflußt worden, wobei das sicherheitspolitische Interesse, sowohl als Funktion des kalten Krieges als auch danach, neben dem ökonomischen Interesse zweifelsohne der dominierende Faktor war. Die in der Tat groß angelegte Indoktrinierung der lateinamerikanischen Offizierskorps führte wie nie zuvor zu sekundären Sozialisationsmustern und Identifikationsreihen derselben mit dem ausländischen Vorbild und läßt damit die Offizierskorps als eine der abhängigsten gesellschaftlichen Gruppen überhaupt erscheinen, wenngleich sich auch Beispiele dafür anführen lassen, daß diese Indoktrination das Gegenteil des gewünschten Erfolges erreicht hat. Es waren nicht zuletzt eine Reihe von jüngeren Offizieren, die im Rahmen der Counter-Insurgency-Strategie ausgebildet worden waren, die dann jedoch zu Führern der Guerrilla-Bewegung ihrer Länder wurden.[67] Andererseits hieße es zu monokausal argumentieren, würde man den US-Einfluß ausschließlich für die jüngste Entwicklung der Modernisierung und Professionalisierung lateinamerikanischer Offizierskorps verantwortlich machen. Parallel dazu setzte sich innerhalb der lateinamerikanischen Militärs der Prozeß des Struktur- und Funktionswandels fort, der um die Jahrhundertwende begonnen hatte und dessen Motive sehr wohl auch in der nationalen Entwicklung lateinamerikanischer Offizierskorps zu suchen sind, wenngleich eine Wechselwirkung mit dem ausländischen Einfluß, bzw. mit den vom ausländischen Einfluß vorrangig bestimmten übernationalen Interessenkonstellationen, keineswegs ausgeschlossen werden kann.

4. Fremdbestimmte Faktoren des politischen Verhaltens lateinamerikanischer Militärs

Die Frage nach fremdbestimmten Faktoren des politischen Verhaltens lateinamerikanischer Militärs ist so vielschichtig und komplex, daß sie im folgenden nur anhand einiger spezieller Beispiele erörtert werden kann. Da es sich hierbei offensichtlich um die Nahtstelle zwischen professioneller Rolle und politischer Funktion handelt, soll auf der einen Seite die Rolle der

Militärakademien – am Beispiel Perus und Brasiliens – dahingehend untersucht werden, inwieweit professionelle Modernisierung politisches Verhalten determiniert und inwieweit fremdbestimmte Faktoren dabei wichtig sind; auf der anderen Seite soll die mögliche Fremdbestimmung militärischer Eliten an der Macht kurz angerissen werden. Die fortschreitende Professionalisierung lateinamerikanischer militärischer Eliten, insbesondere bei den technologisch anspruchsvollen Waffengattungen, hat die Regelung der beruflichen Karrieren und Beförderungssysteme durch Leistungsnachweise in Form von erfolgreich abgeschlossenen Kursen an Militärakademien (auch im Ausland) unumgänglich gemacht. Inzwischen haben beispielsweise in Peru alle Marine- und Luftwaffen-Offiziere und 90 % der Heeresoffiziere erfolgreich die jeweils einschlägigen Militärakademien absolviert.[68] Einige Militärakademien spielten jedoch insbesondere deshalb eine besondere Rolle, weil ihnen eine Schlüsselrolle bei der *Formulierung neuer Konzepte* sowohl für die *militärische* als auch für die *politische Rollenerwartung* – und in vielen Fällen auch für das politische Verhalten – militärischer Eliten zufiel. In einigen Ländern war ihre Gründung und Weiterentwicklung der sichtbare Ausdruck für deren Struktur- und Funktionswandel.

In Peru wurde am 15. Juni 1951 das *Centro de Altos Estudios Militares* (CAEM) eröffnet, das nach den Worten seines ersten Direktors, General José del Carmen Marín, die Aufgabe hatte, »Studien und Arbeiten durchzuführen, die der höheren Befähigung für die Ausübung des Ober-Kommandos« dienen sollten.[69] Von Anfang an lehrten im CAEM auch zivile Lehrer, im ersten Jahres-Kurs für Obristen 1951 bereits 23,[70] und 1955 hatte CAEM auch erstmals zivile Absolventen.[71] Die ersten Schwerpunkte von CAEM waren rein militärischer Natur und befaßten sich mit der Erarbeitung von nationalen Verteidigungskonzeptionen. Die rein militärische Zielsetzung der Ausbildung höherer Offiziere erfuhr jedoch bald ebenso wie der Begriff der »nationalen Verteidigung« eine Ausweitung, die keineswegs ausschließlich militärische Aspekte beinhaltete.[72] Sie erfuhr im Gegenteil – nach den trotzkistischen Bauernaufständen Hugo Blancos – eine deutliche Wendung in Richtung auf die »innere Front« (»frente interno«)[73] und mündete schließlich in einer umfassenden »Politischen Doktrin allgemeinen Wohlergehens«, die mit rein militärischen Aufgaben nichts mehr zu tun hatte und

in deutlichem Kontrast zur politischen Realität Perus unter der Zivilregierung Belaúnde in den sechziger Jahren stand.[74]
Die Entwicklung eines *neuen Sicherheitsbegriffes nach innen* im Rahmen eines neuen Konzepts der »nationalen Verteidigung« ist eine wichtige Station in der Entwicklung des peruanischen Offizierskorps in den letzten beiden Jahrzehnten gewesen, und CAEM war der bevorzugte Ort für die theoretische Ausfeilung dieser neuen Konzepte.[75] Der damalige Oberst und spätere Premierminister der peruanischen Militärregierung, General Edgar Mercado Jarrín, hat Ende 1964 in einem richtungweisenden Aufsatz über den Modernisierungsprozeß der peruanischen Militärs ausführlich darauf hingewiesen, daß »die nationale Verteidigung erweiterte Dimensionen angenommen hat und das Zusammenspiel aller politischen, ökonomischen und sozialen Faktoren mit einbezieht, die sowohl innen- als auch außenpolitisch, im Frieden ebenso wie im Krieg relevant sind.« Und »da die Sicherheitspolitik (die nationale Verteidigung) ein Bestandteil der nationalen Politik ist, bedeutet das CAEM einen neuen doktrinären Markstein aufgrund der Tatsache, daß es die Notwendigkeit einer effektiven Mitarbeit der Streitkräfte an ihrer Formulierung verdeutlicht, zumal die Politik des Wohlergehens und die Sicherheit, die sie – die nationale Politik, KL – ausmachen, eng miteinander verflochten sind.« Dementsprechend übernahm das CAEM außer seiner Ausbildungstätigkeit für höhere Offiziere als zweite wichtige Aufgabe »das Studium und die Erforschung derjenigen politischen, ökonomischen und sozialen Faktoren, die mit militärischen Problemen im Zusammenhang stehen und die für die nationale Verteidigung von Bedeutung sind«, also »eine(r) Reihe von Problemen nationaler Bedeutung und ihre(r) möglichen Lösungen.«[76] Diese Neudefinition eines Sicherheitsbegriffes, der über das rein Militärische weit hinausgeht, wurde zur Voraussetzung, zur Basis und zum integralen Bestandteil der »politischen Doktrin des nationalen Wohlergehens«, wesentlich veranlaßt durch die Guerrilla-Erfahrung der peruanischen Militärs Anfang und Mitte der sechziger Jahre, worauf Mercado Jarrín auch ausdrücklich hinwies und bereits damals, vier Jahre vor der Machtübernahme des Militärs 1968, verdeutlichte, daß die größte Schwierigkeit zur Verwirklichung dieses Konzepts und zur Überwindung der Guerrilla-Herausforderung in den »Schwächen und Widersprüchen der peruanischen Gesellschaft, deren Transformation ein

nationales Bestreben sein müsse«, begründet liege.[77]
Nach dem militärischen Staatsstreich vom 3. Oktober 1968 in Peru gewann das CAEM eine plötzliche Publizität, weil die Reformorientierung des Militärregimes unter Juan Velasco Alvarado eine Reihe seiner insbesondere ausländischen Interpreten in eine bislang ungewohnte Beweisnot ihrer politischen raison d'être brachte.[78] Dabei konnte nicht ausgeschlossen werden, daß die a-posteriori-Entdeckung von CAEM ihrerseits dazu führte, daß dessen Rolle auch überschätzt wurde. Denn die »Forschungstätigkeit« von CAEM und die Ausfeilung einer sicherheitspolitisch motivierten Ideologie nationalen Wohlergehens ist nicht unbedingt identisch mit den Ausbildungsprogrammen der jährlichen Kurse für Obristen; schon gar nicht entsprach CAEM manchen Klischees, die ihm von außen angehängt wurden. So wurden dort weder »junge Offiziere« mit revolutionärem Gedankengut bekanntgemacht, noch gelang es zivilen, linksorientierten Professoren, die militärische Intelligenz von Obersten und Generalen in ihrem Sinne zu beeinflussen.[79] Zwar konzentrierte sich das Ausbildungsprogramm wesentlich auf nicht eigentlich militärische Fächer,[80] seine Internalisierung durch die zuhörenden höheren Offiziere bleibt dabei jedoch noch fraglich. Die qualitative Analyse der Publikationen von CAEM-Absolventen erweist im Gegenteil ein außerordentlich niedriges Niveau und legt, insbesondere im Hinblick auf die Behandlung nicht direkt militärischer Sachverhalte, eher den Schluß nahe, daß das Lehrangebot mehr einem Nachhilfeunterricht für höhere Offiziere gleichkam.[81] Zwar ist es auch richtig, daß 13 der 19 Minister des ersten Kabinetts der Militärregierung nach 1968 und eine Vielzahl anderer Offiziere in führenden Regierungspositionen CAEM-Absolventen waren,[82] aber dies ist zunächst nur ein Indiz für die interne Institutionalisierung der Offizierskarriere, bei der die Absolvierung von CAEM-Kursen zu einem integralen Bestandteil des Beförderungssystems geworden war. Es kann keineswegs bedeuten, daß alle Offiziere, die jemals CAEM-Kurse absolviert haben, sich einheitlich indoktriniert in Regierungspositionen wiederfanden, mithin also CAEM die ausschließliche Kaderschmiede des Militärregimes nach 1968 gewesen sei. Es überwiegt vielmehr der Eindruck, daß eine Reihe von führenden Offizieren in Regierungspositionen des Militärregimes ihre nichtmilitärischen Sachkenntnisse sehr wohl auch anderswo, z. B. mittels Studium im Ausland

oder an normalen Universitäten, erworben haben. Gleichwohl ist die Bedeutung der Militärakademie CAEM für die Entwicklung des peruanischen Militärs und auch für die ideologische Orientierung des peruanischen Militärregimes seit 1968 aus den dargelegten Gründen sicher einzigartig.
Aber auch unter einem anderen Aspekt ist die Rolle und die Entwicklung des CAEM einzigartig – und dieser Aspekt ist bislang in der Regel übersehen worden. Der im CAEM – wenngleich natürlich nicht nur dort – entwickelte neue Sicherheitsbegriff nach innen im Rahmen eines neuen Konzepts der »nationalen Verteidigung«, der schließlich in eine umfassende »politische Doktrin allgemeinen Wohlergehens« mündete, korrespondiert in hervorragender Weise mit der oben dargestellten professionellen Rollendefinition im Rahmen der fremdbestimmten Sicherheitsstrategie im Rahmen der Counter-Insurgency und den damit implizierten Hilfs-, Ausbildungs- und Acción-Cívica-Maßnahmen. Es steht fest, daß die vom peruanischen Militär entwickelten politischen Handlungsanleitungen wesentlich von der Konfrontation mit revolutionären Alternativen – Hugo Blanco, Guerrilla – motiviert worden sind. Daraus ergibt sich, daß die Internalisierung fremdbestimmter Sicherheitsstrategien verbunden mit der konkreten Erfahrung der peruanischen Militärs in der ersten Hälfte der sechziger Jahre nicht nur die theoretische Entwicklung eines neuen Sicherheitsbegriffs im Rahmen von CAEM motiviert hat, sondern CAEM – auch ohne einen physisch anwesenden »Brückenkopf« in Form ausländischer Berater in seinen Räumen – offensichtlich genau der Ort war, wo diese fremdbestimmten Wertemuster, Handlungsanleitungen und strategisch-taktischen Konzepte nicht nur adaptiert, sondern in eine auf peruanische Verhältnisse zugeschnittene Philosophie verfeinert wurden, die wiederum ein wesentlicher Faktor für das spätere politische Verhalten des Militärs an der Macht und damit für seine Reformorientierung wurde. Diese Reformorientierung erklärt sich, wenngleich es auf den ersten Blick paradox erscheinen könnte, zu einem erheblichen Teil aus dem neuen – von fremdbestimmten Faktoren nicht nur beeinflußten, sondern zu großen Teilen auch formulierten – Sicherheitsbegriff nach innen.
Eine ähnliche Bedeutung, wie sie das CAEM für die Entwicklung des peruanischen Militärs hatte, fiel in Brasilien der sogenannten militärischen »Sorbonne«, der *Escola Superior de*

Guerra (ESG), zu, die am 20. August 1949 durch Dekret des Präsidenten Dutra wiedergegründet wurde. Ihre Gründung war wesentlich auf die Pressionen führender Offiziere des brasilianischen Expeditionskorps (*Força Expedicionária Brasileira* – FEB) im Zweiten Weltkrieg zurückzuführen, die zusammen mit nordamerikanischen Truppen und unter alliiertem Oberkommando in Italien gekämpft hatten und sich nach nordamerikanischem Vorbild eine nationale Kriegsakademie wünschten. Im Gegensatz zum peruanischen CAEM, das niemals nordamerikanische Berater oder Ausbilder beschäftigt hat, lud Brasilien eine nordamerikanische Beratungsgruppe für den Aufbau der ESG ein, die von 1948 bis 1960 zu diesem Zweck im Land war.[83] Auch die ESG war – wie in späteren Jahren das CAEM – für zivile Studenten offen. Den ersten Jahreskurs von 1950 absolvierten zwar nur 16 zivile von insgesamt 62 Teilnehmern der ESG, aber von insgesamt 1276 Teilnehmern zwischen 1950 und 1967 waren insgesamt mehr als die Hälfte, nämlich 646 Zivilisten.[84] Bis 1966, zwei Jahre nach dem militärischen Staatsstreich in Brasilien, zählte die ESG Vertreter der Schlüssel-Sektoren der politischen und ökonomischen Machtstruktur Brasiliens zu ihren Absolventen.[85] 599 davon waren Offiziere, 224 private Geschäftsleute bzw. Unternehmer, 200 Beamte der wichtigsten Ministerien, 97 Beamte von untergeordneten Behörden, 39 Abgeordnete des nationalen Parlaments, 23 Richter unterschiedlichen Ranges und 107 *professionales* wie Lehrer, Volkswirte, Schriftsteller, Ärzte und sogar katholische Priester.[86] Ursprünglich dazu ausersehen, der brasilianischen Offiziers-Spitze rationalere Fortbildungsmuster zu liefern, übernahm – ähnlich dem peruanischen CAEM – auch die ESG in Brasilien die Aufgabe, einen neuen Sicherheitsbegriff für das brasilianische Militär zu entwickeln und dergestalt zur Umorientierung und »neuen« Professionalisierung des brasilianischen Offizierskorps beizutragen.[87] Auch in der ESG wurde der nationale Sicherheitsbegriff differenziert, was sich an der Bezeichnung ihrer sieben akademischen Abteilungen ablesen läßt, die sich mit politischen, sozial-psychologischen, ökonomischen, militärischen, logistischen und Mobilmachungsangelegenheiten sowie mit Spionage und Gegenspionage und schließlich Doktrin- und Koordinationsproblemen befaßten.[88] Auch in der ESG stand seit Mitte der fünfziger bis Anfang der sechziger Jahre der Zusammenhang zwischen nationaler Sicherheit und nationaler

Entwicklung im Vordergrund des militärisch-akademischen Interesses.[89] Deutlicher noch als im Falle des peruanischen CAEM wurden bei der ESG Brasiliens die unterschiedlichsten Konzeptionen internationaler und intra-kontinentaler Sicherheitspolitik manifest. Wohl nicht zuletzt aufgrund des von Anfang an präsenten nordamerikanischen *sponsorship* war die brasilianische ESG von Anfang an streng antikommunistisch und in den von außen vorgegebenen Regeln des kalten Krieges befangen und wurde hernach, angesichts der lateinamerikanischen Guerrilla-Herausforderung, das ideologische Zentrum der Counter-Insurgency-Strategie in Brasilien.[90] Vor diesem Hintergrund wurden in der ESG Brasiliens Neudefinitionen der Planung der »nationalen Sicherheit« erarbeitet,[91] die zwar mit dem peruanischen CAEM die gleiche Ausgangsbasis der neuen militärisch-strategisch-politischen Planung teilten, gleichwohl zu *wesentlich anderem politischen Verhalten* des brasilianischen Militärregimes nach 1964 führten. Ähnlich dem peruanischen CAEM wurden auch in der brasilianischen ESG Probleme des nationalen, politischen, ökonomischen und sozialen Lebens analysiert, die über den traditionellen, rein militärischen Bereich weit hinaus gingen. Die Planspiele und die ideologische Ausfeilung des auch in Brasilien neuen Sicherheitsbegriffes nach innen durch die ESG hatten ihren direkten Einfluß auch auf die Generalstabsakademie *(Escola de Comando e Estado Maior do Exército* – ECEME), an der im Jahre 1968 222 Unterrichtsstunden auf innere Sicherheit, 129 Stunden auf Guerrilla-Kriegführung, jedoch nur 21 Unterrichtsstunden auf die Verteidigung nach außen verwendet wurden.[92]

Daß im Rahmen derselben hemisphärischen Strategie eines Sicherheitsbegriffs nach innen so unterschiedliches politisches Verhalten militärischer Eliten an der Macht wie in Brasilien und Peru möglich ist, daß also auf der Basis ähnlicher sicherheitspolitischer Konzepte so unterschiedliche politische Handlungsanleitungen und Verhalten entstehen konnten, mag – abgesehen von einer Reihe politischer Faktoren, die in diesem Rahmen nicht erörtert werden können – auch darauf beruhen, daß das peruanische Militär bei seiner Machtübernahme 1968 die radikale Alternative – zurecht – bereits als überwunden und nur noch als eine latente Gefahr angesichts einer schwachen liberal-demokratischen Reformregierung ansah, während das brasilianische Militär die radikale Herausforderung unmittelbar in der Regie-

rung sah, die es 1964 zu stürzen sich vornahm. Grob zusammenfassend läßt sich feststellen, daß folgende fremdbestimmte Faktoren die Entwicklung des lateinamerikanischen Militärs in den letzten Jahrzehnten wesentlich beeinflußt und damit die Koordinaten seines politischen Verhaltens geliefert haben.
Die waffentechnische Modernisierung (Rüstung) erforderte neue *skills*, d. h. neue militärische Fähigkeiten, deren Bereitstellung in erster Linie die USA als die wichtigsten Waffenlieferanten, durch Beratungs- und Ausbildungsprogramme sicherten.
Die innenpolitische Herausforderung durch die lateinamerikanischen Guerrilla-Bewegungen der sechziger Jahre erforderte ein neues Konzept der »nationalen Verteidigung«, das die USA im Rahmen einer nicht nur kontinentalen, sondern globalen Counter-Insurgency-Strategie tatkräftig unterstützten. Das lateinamerikanische Militär erfuhr – im Rahmen dieser Counter-Insurgency-Strategie – die Innovation der Acción Cívica, d. h. des instrumentalisierten entwicklungspolitischen Einsatzes unter sicherheitspolitischen und letztlich machtpolitischen Auspizien. Die lateinamerikanischen Offizierskorps internalisierten diese globalstrategischen Erfordernisse dadurch, daß sie in vergleichsweise hochspezialisierten Militärakademien ihrerseits Konzepte eines differenzierten Sicherheitsbegriffes entwarfen, die einerseits militärisch-politisch den jeweils national vom Militär als richtig erkannten Strategien entsprachen, andererseits – zumindest implizit – die jeweils nationale Variante einer übergreifenden, außerhalb der jeweiligen Länder erdachten und operationalisierten globalen oder hemisphären Sicherheitspolitik darstellten.
Ein anderer Bereich fremdbestimmter Faktoren für das politische Verhalten lateinamerikanischer Militärs ist die Problematik ausländischer Einflüsse bei politischen Interventionen des Militärs. Grundsätzlich muß die entsprechende Motivation des Militärs in Lateinamerika – in diesem Zusammenhang nur in der Form militärischer Staatsstreiche betrachtet – als ein Resultat des Zusammenspiels einer Reihe unterschiedlicher Faktoren (z. B. Konflikte zwischen verschiedenen Klassen, Konflikte innerhalb derselben Klasse, militär-spezifische Korporativinteressen, kurzfristige ökonomische Krisen, Ineffizienz ziviler Politik bzw. Regierungen, ausländischer Einfluß, politischer Voluntarismus des Militärs) betrachtet werden, wobei die fremdbestimmten Faktoren in der Regel in ihrer Gesamtheit,

selten monokausal wirksam werden. Selten jedoch wurde ein militärischer Staatsstreich so deutlich als das Produkt konzentrierter Aktionen in- und ausländischer *triggers* identifiziert wie der chilenische vom 11. September 1973. Das Zusammenspiel von multinationalen Unternehmen, insbesondere Kennecott und ITT, und dem nordamerikanischen Regierungs-, Entwicklungspolitik- und vor allem Geheimdienstapparat, die Finanzierung der Fuhrunternehmerstreiks vor dem Sturz Allendes durch die CIA, besonders jedoch das jeweilige Zusammenspiel mit der innenpolitischen Opposition, sind inzwischen nicht nur belegt,[93] sondern wurden von nordamerikanischen Stellen, angefangen vom CIA-Direktor Colby über Außenminister Kissinger bis selbst zu Präsident Ford teilweise sogar ausdrücklich bestätigt und nachträglich gutgeheißen.[94] Im Falle von Chile finden sich also eine Reihe von Motivationen ineinander verwoben: es handelt sich sowohl um Klassenkonflikte und um militärisch-spezifische Korporativinteressen als auch um eine größtenteils von außen erzeugte ökonomische Krise und manifesten ausländischen Einfluß, der für die Instrumentalisierung der ökonomischen Krise sorgte und im Zusammenspiel mit der inländischen Opposition – von rechtsradikalen Organisationen über rechte Parteien bis schließlich auch zu den rechten Christdemokraten – ein wesentlicher, wenn nicht der wesentlichste Faktor des Sturzes der demokratischen Regierung Allende war.

Ansonsten ist es – von offenbaren Fällen ausländischer Intervention wie dem Sturz von Jacobo Arbenz in Guatemala 1954 durch die Invasionsarmee unter Oberst Castillo Armas mit nordamerikanischer Unterstützung oder der Intervention in der Dominikanischen Republik 1965 abgesehen – in der Regel schwierig, ausländischen Einfluß als Teil der Motivationsstruktur militärischer Staatsstreiche *nachzuweisen*, weil es sich de facto um eine Angelegenheit militärischen Geheimnisses handelt. So ist bis heute nicht exakt nachgewiesen, welcher Einfluß von seiten der USA auf das brasilianische Militär ausgeübt wurde, der dieses veranlaßte, João Goulart im April 1964 zu stürzen,[95] wenngleich die Tatsache als solche kaum bestritten wird. Andererseits ist jedoch der Einfluß der USA auf das lateinamerikanische Offizierskorps inzwischen so umfassend, daß von daher Handlungsmotivationen nicht ausgeschlossen werden können. Darüber hinaus ist es jedoch wichtig zu sehen, daß ausländischer

Einfluß keineswegs ein bilaterales Beziehungsverhältnis zwischen den USA und den Militärs der jeweiligen Länder der Region bedeutet. Auch lateinamerikanische Länder, d. h. vor allem natürlich solche, die von Militärregimes beherrscht sind, üben Einfluß über ihre Grenzen hinaus aus. Die »Koordinierungsgespräche« anläßlich der Amtseinführung des brasilianischen Präsidenten Ernesto Geisel im Mai 1974, die von den Präsidenten Hugo Banzer, Augusto Pinochet, Alfredo Stroessner, Juan María Bordaberry und Ernesto Geisel geführt wurden, können als Harmonisierungsstrategie ähnlicher Interessenlagen auf der Grundlage politischer Affinität verstanden werden. Die Beratungsfunktion peruanischer Militärs für die ecuatorianische Militärregierung unmittelbar nach dem Staatsstreich vom 15. 2. 1972 hatte zumindest intentional ein ähnliches Ziel.[96] Die außenpolitische Bedrohung Boliviens durch Brasilien unter der Militärregierung des Generals Juan José Torres wurde ausdrücklich als eines der wichtigsten Motive des Staatsstreichs vom August 1971 unter der Führung von Oberst Hugo Banzer genannt, wobei ohne diesen Staatsstreich wegen der Bedrohung durch Brasilien die staatliche Existenz Boliviens als infrage gestellt angesehen wurde.[97]
Obwohl es auf den ersten Blick so aussieht, kann bislang kein expliziter *contagion*-Effekt lateinamerikanischer militärischer Staatsstreiche nachgewiesen werden. *Contagion*, also »Ansteckung«, in dem Sinne, daß durch *manifesten* ausländischen Einfluß diese oder jene Militärregierung in anderen lateinamerikanischen Ländern ihre Nachahmer finden und dem dortigen Militär ein weiteres Motiv für eine politische Intervention liefern würde. Dabei würden auch die spezifischen politischen und gesellschaftlichen Konstellationen lateinamerikanischer Länder zu sehr außer acht gelassen werden. Andererseits steht fest, daß heute konservative Militärregimes offenbar mehr »Nachahmer« finden als fortschrittliche. Gleichwohl verleitet die jeweilige politische Identifikation unterschiedlicher Militärregimes sehr wohl zur Übernahme von Klassifikationsschemata in dem Sinne, daß man beispielsweise von Guatemala bis Brasilien »peruanistische« Militärfraktionen – bisher meistens vergeblich – sucht. Der ausländische Einfluß als Bestandteil der Motivationsstruktur politischer Interventionen des Militärs kann – und dies sollte herausgestellt werden – offenbar nur dann zum Tragen kommen, wenn sich analog zu den je vorhandenen politischen Zielvorstellun-

gen innenpolitische counterparts finden lassen, die die Operationalisierung der Putschvorbereitung übernehmen; das gilt von Castillo Armas in Guatemala 1954 bis zu Pinochet in Chile 1973. Andernfalls würde es sich um eine militärische Besetzung handeln, die jedoch – mit Ausnahme der gescheiterten Invasion in Kuba 1961 und der Intervention in der Dominikanischen Republik 1965 – in Lateinamerika seit dem Ende des ersten Drittels dieses Jahrhunderts bis auf weiteres aus der Mode gekommen ist.

5. Zusammenfassung in Thesen

1. Die Fremdbestimmung des lateinamerikanischen Militärs umfaßt sowohl seine *institutionelle Entwicklung* als auch sein *professionelles Selbstverständnis* und sein politisches Verhalten als Machtelite.
2. Die Institutionalisierung lateinamerikanischer Armeen seit dem letzten Viertel des 19. Jahrhunderts ist wesentlich fremdbestimmt gewesen. Insbesondere das Deutsche Kaiserreich und Frankreich haben entscheidend zur Institutionalisierung der Armeen in einigen wichtigen lateinamerikanischen Ländern beigetragen. Ein wesentliches Motiv dabei waren Waffenlieferungen.
3. Die professionelle Rollendefinition des lateinamerikanischen Militärs in der Zeit nach dem Zweiten Weltkrieg ist wesentlich von den Vereinigten Staaten von Nordamerika fremdbestimmt worden. Dabei standen globale und regionale Sicherheits- und sonstige Interessen der Hegemonialmacht USA im Vordergrund.
4. Die Operationalisierung dieser Strategie umfaßte waffentechnische Abhängigkeit, Ausbildungshilfen, entwicklungspolitische Umfunktionierung des Militärs und die Sicherstellung interner Abwehrstrategien gegenüber radikalen Herausforderungen.
5. Im militärisch-akademischen Bereich wurden diese Strategien nach national unterschiedlichen Erfordernissen bzw. militärischen Erwartungshaltungen ausdifferenziert.
6. Der Verbund von fremdbestimmter hemisphärischer Sicherheitsstrategie und nationaler konkreter Militär-Erfahrung sowie theoretischer, politisch anwendungsorientierter militärischer

Strategieformulierung hat das politische Verhalten lateinamerikanischer militärischer Eliten wesentlich beeinflußt.

7. Die gleiche sicherheitspolitisch motivierte und interessierte Ausgangsbasis kann zu unterschiedlichen politischen Verhaltensmustern lateinamerikanischer militärischer Eliten führen, wobei Peru und Brasilien als aktuelle Beispiele gelten können.

8. Die direkte Fremdbestimmung und ausländische Beeinflussung politischen Verhaltens lateinamerikanischen Militärs auf dem Wege zur Macht, d. h. bei ihren politischen Interventionen, ist oft schwierig nachzuweisen, wenngleich im Zusammenspiel mit anderen Faktoren offensichtlich, wie der Fall Chile 1973 gezeigt hat.

Diese acht Thesen geben die erörterten Sachverhalte natürlich nur ausschnitthaft wieder. Gleichwohl kann nicht übersehen werden, daß sowohl bei der institutionellen Entwicklung als auch bei der professionellen Rollendefinition und schließlich auch dem politischen Verhalten des lateinamerikanischen Militärs fremdbestimmte Faktoren deutlich und weitreichend maßgebend waren und zum großen Teil auch noch sind. Die Abhängigkeitssituation des lateinamerikanischen Militärs ergibt sich, um es noch einmal hervorzuheben, keineswegs nur aus seiner Rüstungsabhängigkeit. Strategische und politische Ziele, Ausbildungs- und Sozialisationsmuster, Handlungs- und Verhaltensstereotype werden ihm im Rahmen einer hemisphärischen Hegemonialkonstellation offenbar wirksamer als anderswo oft von außen vorgegeben, wobei die Rüstungsabhängigkeit nur die materielle Infrastruktur darstellt, die vergleichsweise noch am ehesten zu überwinden wäre. Wo die sicherheitspolitische Abhängigkeit in ihren unterschiedlichsten Ausformungen Bestandteil einer politischen und ökonomischen hemisphärischen Hegemonialkonstellation ist, kann das Militär unter Umständen als eine abhängigere und stärker fremdbestimmte gesellschaftliche Gruppe gelten als manche der mit ihm im politischen Prozeß konkurrierenden zivilen counterparts.

Anmerkungen

1 Tilmann Toennies Evers u. Peter von Wogau, ›dependencia‹: Lateinamerikanische Beiträge zur Theorie der Unterentwicklung, Das Argument, H. 79, 1973, 404–54, 422. – Die hier vorgetragenen Überlegungen werden demnächst im Rahmen einer größeren Arbeit: Über die militärische Besetzung der Politik in Lateinamerika, breiter ausgeführt werden, die in dem Sammelband: Friedemann Büttner u. a., Militär und Entwicklung in der Dritten Welt, Bonn-Bad Godesberg 1977 erscheinen soll.

2 Ebd.

3 Ebd., 444.

4 Als empirische Beispiele werden im folgenden, auch mit dem Risiko der Vergröberung, nur einige historische Sachverhalte herausgegriffen, weil eine umfassende Darstellung in diesem Rahmen nicht möglich ist. Ich bin jedoch bemüht gewesen, bis zu einem gewissen Grad exemplarisch vorzugehen.

5 Für Chile beispielsweise bedeutete der »Salpeter-Krieg« rein quantitativ eine enorme Remilitarisierung. Während zuvor das traditionelle Heer nur noch 2400 und die *guardias cívicas* 1887 6687 Mann zählten, stieg das Heer 1879 auf 18 550 Mann und zählte Ende 1880, also einige Wochen vor der erfolgreichen Besetzung Limas, 41 413 Mann. Vgl. Alain Joxe, Las Fuerzas Armadas en el Sistema Político Chileno, Santiago 1970, 46

6 Vgl. Dario Cantón, La política de los militares Argentinos: 1900–1971. Buenos Aires 1971, 105; zum europäischen Militäreinfluß in dieser Epoche allgemein vgl. Fritz T. Epstein, European Military Influences in Latin America. Unpublished Manuscript, Library of Congress, Washington 1941. Ausführlich Gerhard Brunn, Deutscher Einfluß und deutsche Interessen in der Professionalisierung einiger lateinamerikanischer Armeen vor dem 1. Weltkrieg (1885–1914), Jahrbuch für Geschichte von Staat, Wirtschaft und Gesellschaft Lateinamerikas 6, 1969, 278–336.

7 John J. Johnson, The Military and Society in Latin America, Stanford 1967[3], 69 ff.; Edwin Lieuwen, Arms and Politics in Latin America, New York 1965, 31 ff.

8 Frederick M. Nunn, Emil Körner and the Prussianization of the Chilean Army. Origins, Process and Consequences, 1885–1920, Hispanic American Historical Review (HAHR) 50, 1970, 300–22; vgl. ders., Civil-Military Relations in Chile, 1891–1938, Ph. D. Diss., University of New Mexico, Albuquerque 1963.

9 Friedrich Katz, Einige Grundzüge der Politik des deutschen Imperialismus in Lateinamerika, 1898–1941, in: Deutscher Faschismus in Lateinamerika, 1933–1943, Berlin 1966, 9.

10 Alain Joxe, Las Fuerzas Armadas en el sistema político de Chile, Santiago 1970.

11 Ebd., 48.

12 Ebd., 47.

13 Lieuwen, 32.

14 Johnson, 70 f. Für Kolumbien vgl. J. León Helguera, The Changing Role of the Military in Colombia, in: Howard F. Cline Hg., Latin American History. Its Study and Teaching, 1898–1965, Bd. 2, Austin 1967, 785–89, 786; für Venezuela vgl. Winfield J. Burggraaff, The Venezuelan Armed Forces in Politics, 1935–1959, N. Y. 1972, 15.

15 Cantón, 97 ff., 132 ff.
16 Jorge Ochoa de Eguileor u. Virgilio Rafel Beltrán, Las Fuerzas Armadas hablan, Buenos Aires 1968, 32; Warren Schiff, The Influence of the German Armed Forces and War Industry on Argentina, 1880–1914, HAHR 52, 1972.
17 Robert A. Potash, The Army and Politics in Argentine, 1928–1945, Stanford 1969, 4.
18 Ebd.
19 Ebd., 3; Ochoa de Eguileor u. Beltrán, 34; zum weiteren deutschen Einfluß vgl. George Pope Atkins u. Larry V. Thompson, German Military Influence in Argentina, 1921–1940, Journal of Latin American Studies 4, 1972, 257–74.
20 Frederick B. Pike, The Modern History of Peru, New York 1967, 168 ff.
21 Carlos A. Astiz, Pressure Groups and Power Elites in Peruvian Politics, Ithaca 1969, 135.
22 Die übrigen Mitglieder der französischen Militärmission waren Armand Pottien, Conde de Vauvieneux (Artillerie), Ernesto Claudio Perrot (Infanterie) und Edouard Degrey (Kavallerie). Vgl. La Prensa. Suplemento Dominical. Lima, 11. 6. 1972, 6 ff.
23 Am 30. 11. 1823 wurde durch ein »Decreto Supremo« von Riva Aguero eine Academia Militar gegründet, sie funktionierte jedoch nicht. Am 30. 11. 1826 dekretierte Marschall Santa Cruz ein Colegio Militar, das ebenfalls nicht in Funktion trat. Am 30. 1. 1830 dekretierte Gamarra eine Escuela Militar, die mit der zentralen Marineschule fusioniert wurde. Sie war drei Jahre in Betrieb. Am 7. 1. 1850 dekretierte Marschall Castilla ein Instituto Militar, das am 24. 10. 1854 wieder geschlossen wurde. Das 1872 gegründete Nuevo Colegio Militar wurde 1879 ebenso wieder geschlossen wie die 1875 gegründete Escuela de Clases. 1888 wurden die Escuela de Clases in Chorilles sowie das Colegio Militar neu gegründet; sie existierten beide bis 1894. Vgl. El Comercio, Lima, 28. 11. 1956, 3.
24 Ebd.
25 Zitiert nach Víctor Villanueva, Ejército Peruano: del caudillaje anárquico al militarisn o reformista, Lima 1973, 133.
26 Im CIMP wurden die Escuela de Oficiales und die vier Escuelas de Armas (Infanterie, Artillerie, Kavallerie und Ingenieurwesen) zusammengefaßt. Vgl. La Prensa, Lima, 5. 12. 1949, 4.
27 Villanueva, 133.
28 Es sollte darauf hingewiesen werden, daß die in dieser Epoche in verschiedenen Ländern Lateinamerikas erlassenen Gesetze zur Einführung der Allgemeinen Wehrpflicht bis heute nicht stringent angewandt wurden. Die Wehrpflicht erfaßt in den meisten Ländern der Region bis heute lediglich das ländliche Proletariat und sonstige marginalisierte Gruppen, die oft gewaltsam – soweit möglich – zum Militärdienst gezwungen und rekrutiert werden. Allgemein gilt der Grundsatz, daß den Militärdienst nur derjenige verrichtet, der entweder arm oder dumm oder beides ist. Vor der Regierung Piérola rekrutierte man Mannschaften für das Heer, indem man Indios kidnappte. Auch danach griff man auf diese Methode wieder zurück. Vgl. Pike 174.
29 Comando Conjunto de las FF. AA., Breve reseña histórica del ejército peruano, Revista Militar del Perú 62/697, 1967, 32 ff., 39.
30 Ebd.
31 Ebd.
32 Ebd., 40.

33 Ebd.

34 Johnson, 70. Der Leiter der deutschen Militärmission in Bolivien, Major Hans Kundt, wurde zum Generalstabschef Boliviens ernannt und in dieser Funktion brachte er es bis zum General. Besonderen Eindruck scheinen u. a. die nach preußischem Vorbild abgehaltenen Militärparaden hinterlassen zu haben. Vgl. Alfondo Camacho Peña, Los militares en la política boliviana, Aportes 22, 1971, 41–95, 60. Nach dem Ersten Weltkrieg waren ebenfalls in Uruguay mehrere französische Militärmissionen hintereinander tätig. Vgl. Carlos Bañales Guimaraens, Las Fuerzas Armadas en la crisis Uruguaya, Aportes 9, 1968, 26–57, 36 f.

35 Warren Schiff, German Military Penetration into Mexico During the last Diaz Period, HAHR 39, 1959, 568–79.

36 John J. Johnson, The Political Role of the Brazilian Military, in: ders., Military, 177–243, 198 ff.

37 Frederick M. Nunn, Military Professionalism and Professional Militarism in Brazil, 1870–1970, Journal of Latin American Studies 4, 1972, 29–54, 35 ff.

38 Ebd., 40.

39 Ebd., 41. Zur gleichen Zeit zählte die argentinische Armee etwa 22 000, die chilenische 21 000, die peruanische 8 000, die bolivianische 5 500, die uruguayische 10 000 und die paraguayische 2 500 Mann.

40 Louis A. Pérez, Jr., Supervision of a Protectorate: The United States and the Cuban Army, 1898–1908, HAHR 52, 1972, 250–71.

41 Lieuwen, 176 ff.

42 Kritisch dazu Elizabeth H. Hyman, Soldiers in Politics: New Insights on Latin American Armed Forces, Political Science Quarterly 87, 1972, 401–18, 406 ff.

43 Vgl. Ochoa de Eguileor u. Beltrán, 33 f.

44 Vgl. grundsätzlich Charles Wolf, Jr., The Political Effects of Military Programs. Some Indications from Latin America. The RAND Corporation RM–3676–ISA, Santa Monica, Cal. 1963; Harold H. Hovey, Military Assistance to Latin America, in: ders., United States Military Assistance. A Study in Policies and Practices, New York 1965, 49 ff.; J. Duncan Powell, Military Assistance and Militarism in Latin America, Western Political Quarterly 18, 1965, 382–92; H. F. Walterhouse, Good Neighbors in Uniform, Military Review 45/2, 1965, 10–18; David Wood, Armed Forces in Central and South America, Adelphi Papers 34, London 1967; US-Congress, Survey of the Alliance for Progress. The Latin American Military. A Study Prepared at the Request of the Subcommittee on American Republics Affairs of the Committee on Foreign Relations. United States Senate, Washington, October 9, 1967 and US-Congress, United States Military Policies and Programs in Latin America. Hearings before the Subcommittee on Western Hemisphere Affairs of the Committee on Foreign Relations. United States Senate, Ninety-First Congress. First Session. Washington, June 24 and July 9, 1969.

45 Aufschlußreich für die Interessenlage der US-Militärpolitik gegenüber Lateinamerika heute ist David F. Ronfeldt u. Luigi R. Einaudi, Internal Security and Military Assistance to Latin America in the 1970s: A First Statement. A Report prepared for The Office of the Assistant Secretary of Defense/International Security Affairs. The RAND Corporation R–924–ISA. Santa Monica, Cal. 1971, bes. 36 ff.

46 Lieuwen, 206.

47 NACLA's Latin America & Empire Report 4/3, 1972, 25.

48 Ausführlich Alain Joxe u. Cecilia Cadena, El Armamentismo de los Países Dependientes: el caso latinoamericano, Estudios Internacionales, 4/14, 1970, 3–81.

49 Klaus Lindenberg, Zur politischen Funktion des Militärs in Lateinamerika, in: ders., Politik in Lateinamerika, Hannover 1971, 72.

50 Kompiliert aus NACLA's Latin America & Empire Report 6/3, 1972, 29 und The Institute for Strategic Studies, The Military Balance, 1970–1971, London 1970, 72–81.

51 NACLA's Latin America & Empire Report, 27 f.

52 Rockefeller Report on Latin America. Hearing before the Subcommittee on Western Hemisphere Affairs of the Committee on Foreign Relations. United States Senate. Ninety-First Congress. Washington, November 20, 1969, Appendix: Quality of Life in the Americas, 117 ff.; Kritisch dazu Joxe u. Cadena, 28 ff. sowie Manfred Mols, Quality of Life in the Americas. Der Bericht Nelson A. Rockefellers als offizielles Dokument für eine Neuorientierung der Lateinamerika-Politik der Vereinigten Staaten, Zeitschrift für Politik 17, 1970, 392–438, 424: »Das ›nationale Interesse‹ der Vereinigten Staaten verlangt noch Sicherheitsgarantien, denen weitere Überlegungen für die Qualität des Lebens in den Amerikas' unterzuordnen sind. Ruhe ist die erste hemisphärische Pflicht, und die Sicherheitsstreitkräfte (security forces) müssen dazu ausgestattet werden, in jedem Fall ›el orden establecido‹, die etablierte Ordnung, garantieren zu können.«

53 Joxe u. Cadena, 21 ff.

54 Vgl. Robert P. Case, El entrenamiento de militares latinoamericanos en los Estados Unidos, Aportes 6, 1967, 44 ff.

55 Die aufschlußreichste und detaillierteste Darstellung sowohl unter strategischen als auch unter entwicklungspolitischen Gesichtspunkten geben William F. Barber u. C. Neale Ronning, International Security and Military Power. Counter-Insurgency and Civic Action in Latin America, Columbus 1966. Vgl. außerdem Edward Bernard Glick, The Nonmilitary Use of the Latin American Military, in: Norman A. Bailey Hg., Latin America. Politics, Economics, and Hemisphere Security, New York 1965, 179 ff.; ders., Conflict, Civic Action, and Counter-Insurgency, Orbis 10, 1966, 899–910; ders., Peaceful Conflict. The Non-Military Use of the Military, Harrisburg 1967, 101 ff.; für Brasilien und Columbien vgl. Hugh Hanning, The Peaceful Use of the Military Forces, New York 1967, 65 ff. u. 73 ff.

56 Alain Rouquié, Le Rôle politique des Forces Armées en Amérique Latine. Etat des Travaux, Revue Française de Science Politique 19, 1969, 862 ff., 865 (in Anlehnung an Glick).

57 Hier zitiert nach Lyle N. McAlister, Changing Concepts of the Role of the Military in Latin America, in: The Annals of the American Academy of Political Science 360, 1965, 85–98, 93.

58 Ausführlich dazu Barber u. Ronning, 95 ff. und Oberstleutnant Gustav J. Gillert, Jr., Counter-Insurgency, Military Review 45/4, 1965, 25–33.

59 Allgemein zu diesem Sachverhalt in diesen Jahren vgl. u. a. Raymond Estep, U. S. Military Aid to Latin America. Documentary Research Division. Aerospace Studies Institute, Air University, Maxwell Air Force Base, Alabama 1966; Ernest Gruening, Military Aid to Latin America is Defeating

the Alianza para el Progreso. Remarks in the Senate, in: U. S. Congress, Congressional Record, Washington, D. C., August 1962, 14 409–40; Hovey, 49–75; Edwin Liewen, Neo-Militarism in Latin America: The Kennedy Administration's Inadequate Response, Inter-American Economic Affairs 16, 1963, 11 ff.; ders., The United States and Challenge to Security in Latin America, Columbus 1966; Horacio L. Veneroni, La asistencia militar de los Estados Unidos, Buenos Aires 1964; ders., Estados Unidos y las Fuerzas Armadas de América Latina; Buenos Aires 1971, bes. 74 ff.

60 Vgl. die Beispiele bei Barber u. Ronning, 117 ff. sowie Veneroni, 60 ff., 65 ff.

61 Barber u. Ronning, 144 ff., 170 ff.

62 Communist Subversion in the Western Hemisphere – Continued. A Statement by Assistent Secretary of State Edwin M. Martin before the Latin American Subcommittee of the House Committee on Foreign Affairs, February 18, 1963, in: Department of State Bulletin. 18.3.1963, 406 f.

63 U. S. Department of State, U. S. Policy Regarding Military Governments in Latin America. Statement by Assistant Secretary Martin. The Department of State Bulletin 49/1271, 4. 11. 1963 sowie Veneroni, 82 ff.

64 Ausführliche Literaturangaben bei Wolf Grabendorff, Bibliographie zu Politik und Gesellschaft der Dominikanischen Republik. Neuere Studien 1961–1971, München 1973.

65 Gerade im Falle Boliviens, wo das Militär aufgrund seiner Acción-Cívica-Programme durchaus Ansehen bei der indianischen Landbevölkerung genoß, hat sich die Effizienz einer gezielten und forcierten Spezialausbildung (zu »Rangers«) am schlagkräftigsten erwiesen. Vgl. statt anderer Klaus Esser, Guevaras Guerrilla in Bolivien, VjFES 37, 1969, 315–36, 326 f.

66 Susanne Jonas Bodenheimer, Guatemala: The Politics of Violence, in: NACLA's Latin American & Empire Report 6/2, 1972, 24 ff., 26; vgl. Gabriel Edgardo Aguilera Peralta, La violencia en Guatemala como fenómeno politico. Universidad de San Carlos de Guatemala 1970; Juan Maestre, Guatemala. Unterentwicklung und Gewalt. Frankfurt 1971; Special Operation Research Office, Role of the Guatemalan Military Establishment. Case Study in Insurgency and Revolutionary Warfare. Foreign Areas Studies Division, The American University, Washington, D. C. o. J.

67 Dies gilt insbesondere für Guatemala und Venezuela. Vgl. Robert F. Lamberg, Die castristische Guerrilla in Lateinamerika. Theorie und Praxis eines revolutionären Modells, Hannover 1971, 51 ff. und Klaus Lindenberg, Zur Krise der revolutionären Linken in Lateinamerika: Das Beispiel Venezuela, VjFES 33, 1968, 281–308.

68 Luigi R. Einaudi u. Alfred C. Stephan III, Latin American Institutional Development: Changing Military Perspectives in Peru and Brazil. RAND-Corporation (R–586–DOS), Santa Monica, April 1971, 23.

69 Revista Militar del Perú 48/6, 1951, 61–70, 63.

70 Ebd., 66.

71 Víctor Villanueva, El CAEM y la revolución de la Fuerza Armada, Lima 1972, 221. Diese Studie ist bislang die einzig ernstzunehmende im Hinblick auf die Entwicklung und die Bedeutung des CAEM.

72 General José del Carmen Marín, Preparación para el Alto Mando, Revista Militar del Perú 52/633–4, 1956, 1–15. Es handelt sich hier um die erste offizielle Darlegung der damaligen CAEM-Doktrin aus der Feder ihres Direktors.

73 Vgl. dazu die Rede des peruanischen Kriegsministers Alejandro Cuadra Rabines anläßlich der Schließung des akademischen Jahres 1960/61 im CAEM, Revista Militar del Perú 56/622, 1961, 148–50.
74 CAEM, Doctrina Política de Bienestar General, Revista Militar del Perú 62/690, 1966, 37–44.
75 Villanueva, 55 ff.
76 Oberst Edgardo Mercado Jarrín, El Ejército de hoy y su proyección en nuestra sociedad en período de transición, Revista Militar del Perú 60/685, 1964, 1–20, 7; vgl. das CAEM-interne Papier von Marcial Romero Pardo, El frente interno y la seguridad nacional. Conferencia en el CAEM, Centro de Altos Estudios Militares Lima, November 1960 (hektogr.).
77 Mercado Jarrín, 8.
78 Vgl. die ausführlichen Literaturangaben bei Klaus Lindenberg, Nasserismus in Lateinamerika? – Der Fall Peru, Vj FES 37, 1969, 289–314, sowie ders., Funktion, 63, Anm. 10.
79 Víctor Villanueva hat nachgewiesen, welchen Reglementierungen die zivilen Professoren bis in alle Einzelheiten von seiten der Direktion des CAEM unterworfen waren, so daß eine der CAEM-Direktion nicht genehme politische Position oder gar »Indoktrinierung« völlig ausgeschlossen war. Villanueva, 98 ff.
80 Vgl. die Themenliste und das Unterrichtsprogramm, abgedruckt bei Villanueva, 210 f., 212 ff.
81 Überprüfung der Revista Militar del Perú und anderer Publikationen von 1950 bis 1970 durch den Autor im Jahre 1972 in Lima. Eine ausführliche Diskussion des Sachverhalts wird der Autor in einer gesonderten Studie über das peruanische Militärregime vornehmen.
82 Einaudi u. Stepan, 24.
83 Alfred Stepan, The Military in Politics. Changing Patterns in Brazil, Princeton 1971, 174 ff.
84 Ebd., 176.
85 Glauco Carneiro, A Guerra de ›Sorbonne‹, in: O Cruzeiro, 24. Juni 1967, 20.
86 Stepan, 177.
87 General Augusto Fragoso, A Escola Superior de Guerra (Origem – Finalidade – Evolução), in: Segurança & Desenvolvimento, Revista da Associação dos Diplomados da Escola Superior de Guerra 18/132, 1969, 7–40; allgemein vgl. Bank of London and South America (BOLSA) 49, 1971, 2–9.
88 Dekret Nr. 53 080, vom 4. 12. 1963, 2. Kapitel, Abschnitt 1.
89 Vgl. die Sondernummer über »nationale Sicherheit« der Revista Brasileira de Estudos Políticos 20, 1966, deren Autoren der ESG verbunden waren. Vgl. ebf. General Umberto Peregrino, O Pensamento da Escola Superior de Guerra, Cadernos Brasileiros 38, 1966, 29–38.
90 Einaudi u. Stepan, 82.
91 General Golbery do Couto e Silva, Planejamento Estratégico. Río de Janeiro 1955, 28; ders., Geopolítica do Brasil, Río de Janeiro 1967, 198 f.
92 Einaudi u. Stepan, 84.
93 U. S. Counter-Revolutionary Apparatus: The Chilean Offensive, in: NACLA's Latin-America & Empire Report 8/6, 1974.
94 Covert Action in Chile 1963–1973. Report of the Select Committee to Study Governmental Operations with Respect to Intelligence Activities. United States Senate. Washington 1975.

95 Edmar Morel, O Golpe Començou em Washington, Rio de Janeiro 1965. Zum Stand der Diskussion vgl. Stepan, 124 ff.

96 Interview des Autors mit Carlos Delgado (SINAMOS), Lima/Peru, Oktober 1972.

97 Interview des Autors mit Dr. Víctor Paz Estenssoro, La Paz/Bolivien, 18. November 1971.

Anhang

Abkürzungsverzeichnis

Bs.As.	Buenos Aires
CAEM	Centro de Altos Estudios Militares
EHR	Economic History Review
ESG	Escola Superior de Guerra
HAHR	Hispanic American Historical Review
Hg.	Herausgeber
HM	Historia Mexicana
Jb.	Jahrbuch
Jb.LA	Jahrbuch für Geschichte von Staat, Wirtschaft und Gesellschaft Lateinamerikas
KZSS	Kölner Zeitschrift für Soziologie und Sozialpsychologie
MS	Maschinenschrift
N.Y.	New York
Ph.D. Diss.	Ph.D. Dissertation
RHMC	Revue d'Histoire Moderne et Contemporaine
VjFES	Vierteljahresberichte: Probleme der Entwicklungsländer (Friedrich-Ebert-Stiftung)
VSWG	Vierteljahrsschrift für Sozial- und Wirtschaftsgeschichte
ZfG	Zeitschrift für Geschichtswissenschaft
ZfGS	Zeitschrift für die gesamte Staatswissenschaft

Summary

Dependency theories have become fashionable during the last decades in most of the social sciences dealing with Latin American studies. They try to explain the underdevelopment of the Latin American states, economies and societies within the context of worldwide imperialistic domination, dependence, and exploitation. Unlike most conceptualisations of »modernization« and »social change«, dependency theories have stressed the need to focus on international economic relations as the primary source of explanation; and unlike the »classical« theories of imperialism, they have tried to include the analysis of the domestic social and power structures of the »periphery« countries.

In their present state, however, dependency theories – whether of marxist, nationalist or mixed origins – seem to provide a still far too general framework of explanation, and at times some of the dependency theorists have even contributed to the emergence of ideologies or propaganda slogans which have not always respected historical reality. In order to become an instrument of reliable scientific analysis, dependency theories require much more differentiation than has been presently achieved.

In this volume a modest attempt is made to proceed to a clearer notion of the phenomenon of »dependency«, and to a better understanding of what the explanatory potential and the shortcomings and limits of dependency theories are. The autors have tried to test some of the basic assumptions of dependency theories by confronting them with a detailed analysis of some sectors of Latin American economic and social history. These efforts result in proposals for modification or alternative theoretical approaches.

In the first part of the book an historian (H. J. Puhle) asks, whether »dependency« can be a useful paradigm of historical research; a political scientist (Ph. J. O'Brien) engages in a systematic critique of the generalities of dependency theories, and an economist (H. Sautter) examines their economic validity. In the second part several aspects of dependency theories are exposed to criticism by means of four case studies. Two of them refer to the period of colonial history: R. Liehr gives a comprehensive analysis of the hispano- american hacienda system; H. Pietschmann investigates the commercial activities of the colonial district officials. K. Stenzel sees the emergence of independent republican Venezuela as an example of abortive modernization, and K. Lindenberg tries to answer the question of how »dependent« the Latin American military has been during the last hundred years.

Autorenverzeichnis

Reinhard Liehr, Jg. 1939, Studium der Geschichte, Politischen Wissenschaft, Germanistik u. Philosophie; Dr. phil., Wiss. Assistent an der Fakultät f. Geschichtswissenschaft der Universität Bielefeld. Veröffentlichungen: Stadtrat und städtische Oberschicht von Puebla am Ende der Kolonialzeit (1787-1810), Wiesbaden 1971; Aufsätze zur spanischen Kolonialgeschichte.

Klaus Lindenberg, Jg. 1940, Studium der Politikwissenschaft, Geschichte u. Soziologie; Dipl.-Pol., Leiter des Instituto Latinoamericano de Investigaciones Sociales (ILDIS) in Caracas, Venezuela. Veröffentlichungen: (Hg.), Politik in Lateinamerika, Hannover 1971; Parteien und Wahlen in Venezuela 1973, Bonn 1973; Aufsätze zur Entwicklung und Funktion von Parteien und Militärs in Lateinamerika.

Philip J. O'Brien, Jg. 1940, Studium der Volkswirtschaft und Philosophie; M.A., Lecturer in Political Economy of Latin America, Institute of Latin American Studies, University of Glasgow. Veröffentlichungen: (Hg.), Allende's Chile, London 1976; (Co-Autor), Chile: The State and Revolution, London 1976.

Horst Pietschmann, Jg. 1940, Studium der Geschichte, Romanistik u. Philosophie; Dr. phil., Wiss. Assistent an der iberischen u. lateinamerikanischen Abteilung des Historischen Seminars der Universität Köln. Veröffentlichungen: Die Einführung des Intendantensystems in Neu-Spanien im Rahmen der allgemeinen Verwaltungsreformen der spanischen Monarchie im 18. Jht., Köln 1972; Aufsätze zur hispanoamerikanischen Kolonialgeschichte.

Hans-Jürgen-Puhle, Jg. 1940, Studium der Geschichte, Politischen Wissenschaft, Soziologie, Philosophie; Dr. phil., Professor für neuere Geschichte und Politikwissenschaft an der Universität Münster. Veröffentlichungen: Agrarische Interessenpolitik und preußischer Konservatismus im wilhelminischen Reich (1893-1914), Hannover 1967 (^{2}1975); Politik in Uruguay, Hannover 1968; Tradition und Reformpolitik in Bolivien, Hannover 1970; Von der Agrarkrise zum Präfaschismus, Wiesbaden 1972; Politische Agrarbewegungen in kapitalistischen Industriegesellschaften. Deutschland, USA und Frankreich im 20. Jht., Göttingen 1975; (Hg.), Perspectivas del Progreso, Hannover-Santiago de Chile 1969; Revolution und Reformen in Lateinamerika, Geschichte und Gesellschaft 2/2, 1976; Aufsätze zur deutschen, amerikanischen und lateinamerikanischen Geschichte des 19. u. 20. Jhts.

Hermann Sautter, Jg. 1938, Studium der Volkswirtschaftslehre; Dr. rer. pol., Wiss. Mitarbeiter am Ibero-Amerika-Institut für Wirtschaftsforschung an der Universität Göttingen. Veröffentlichungen: Konsequenzen der Agrarpolitik europäischer Industrieländer für Argentinien, Göttingen 1971; Strukturveränderungen im argentinischen Außenhandel unter dem Einfluß der europäischen Handelspolitik, Stuttgart 1973; Aufsätze zur weltwirtschaftlichen Arbeitsteilung.

Konrad Stenzel, Jg. 1948, Studium der Geschichte, Soziologie, Politischen Wissenschaft; M.A., Mitarbeiter des Forschungsinstituts der Friedrich-Ebert-Stiftung, Bonn. Veröffentlichungen: Aufsätze zur neueren Lateinamerikaforschung.

Personenregister